Chalat Saeed
mit Martin Redies

Ich wähle die Freiheit

Chalat Saeed
mit Martin Redies

Ich WÄHLE *die* FREIHEIT

Wie ich Zwangsehe und Unterdrückung
überlebte und neue Hoffnung fand

adeo

Inhalt

Ein Vorwort

Ich bin Nigin, ich bin die Tochter von Chalat Saeed. Meine Mutter hat mir erlaubt, dieses Vorwort zu schreiben. Sie denkt, dass ich es besser schreiben kann als sie, obwohl das nicht stimmt.

Meine Mutter ist eine Näherin aus Sulaimaniyya im nördlichen Irak, sie hat nur sechs Jahre lang die Schule besucht. Ich aber werde in sehr vielen Jahren eine Rechtsanwältin in Deutschland sein. Wir haben beide zum christlichen Glauben gefunden, jede auf ihre Art. Ich habe mit Christen gesprochen und so ihren Glauben kennengelernt. Meine Mutter aber ist anders zum Christentum gekommen. Erst hat sie sich vom Islam als der Religion der Männer abgewandt. Danach dachte sie, dass es keinen anderen Glauben für sie gibt. Im Nordirak gibt es keine Christen, dort gibt es nur den Islam. Meine Mutter war mit ihrem Glauben, der nur ihr gehört hat, wie eine Blume in der Wüste. Wo kein Glaube war, ist er entstanden. Und gewachsen ist er aus nichts, wie ein Wunder. Erst viel später hat sie das Christentum als Religion der Frauen entdeckt.

Sie ist eine einfache Frau, die sich von ihrem Mann, einem gewalttätigen Muslim, befreit hat. Für mich ist sie eine Heldin. Über Frauen wie meine Mutter wurde nie geschrieben.

Mit Nadia Murad aber – einem jesidisch-kurdischen Bauernmädchen aus dem Nordirak – ist zum ersten Mal eine dieser einfachen Frauen an die Weltöffentlichkeit getreten. Mit dem Friedensnobelpreis wurde ihr Mut belohnt. Dieser Friedensnobelpreis macht auch meine Mutter stolz. Er war sehr wichtig, denn es gibt viele Millionen dieser Frauen, die in ihrer muslimischen Ehe Rechtlose sind. Sie sind in den Augen ihrer muslimischen Männer eine Arbeitskraft – putzen, kochen, Kinder kriegen. Genauso wie Nadia Murad ist auch meine Mutter verkauft worden, wie ein Stück Vieh.

Noch etwas Besonderes steht in diesem Buch. Es wird sonst nie darüber berichtet, was jungen Mädchen in ihren eigenen Familien zugefügt wird. Meist wird der Eindruck erweckt, als würde eine Kurdin in einer behüteten Umgebung aufwachsen. Doch das ist falsch. Sobald die Mädchen ihre erste Periode bekommen, werden sie von ihren männlichen Verwandten mit roher Gewalt auf die Heirat vorbereitet. Der spätere Ehemann soll ein völlig gefügiges Mädchen erhalten. So verlangt es die „Ehre" der Familie. Eine Mädchenidylle gibt es im Nordirak nicht. Eine kurdische Pippi Langstrumpf existiert nur in Büchern. Meine Mutter und ich aber werden ein *ehrliches* Buch schreiben.

Ich verstehe, dass eine junge Jesidin nicht öffentlich über ihre männlichen Verwandten reden will. Auch meine Mutter hat deshalb sehr mit sich gerungen. Aber ich, Nigin, habe ihr gesagt, dass wir das millionenfache Schicksal von jungen Mädchen überall auf der Welt nicht verschweigen dürfen. Wir müssen die *ganze* Wahrheit erzählen. Hier also ist, was meine Mutter berichten will: Ihre große Schwester wurde von den eigenen Brüdern schwer misshandelt. Sie, die jüngere Schwester, musste dabei zusehen. Wir wollen auch nicht verschweigen, dass meine Mutter von ihrem *eigenen* kurdischen Bruder verkauft wurde.

Von drei Dingen wird meine Mutter also berichten: von den Misshandlungen, denen sie als junges Mädchen in ihrer eigenen kurdischen Familie ausgesetzt war, von ihrer Ehe mit einem gewalttätigen Muslim und von ihrem Weg zum Glauben.

Ein Neuanfang

Ich werde Ihnen eine Geschichte erzählen. Die Geschichte einer Frau, die leiden muss. Die Geschichte einer Frau, die kämpft. Die Geschichte einer Frau, die glaubt. An sich, an den Vater, am Ende an Gott. Beginnen soll meine Geschichte damit, dass ein deutscher Mann an unserer Tür klingelte.

Als ich ihm die Tür aufmachte, sagte er: „Sie dürfen nicht einfach öffnen, Frau Saeed. Fragen Sie immer erst, wer dort ist."

„Gut", sagte ich.

„Verstanden", sagte Nigin, meine Tochter.

„Ihr Mann ist jetzt unten im Büro", sagte der Mann. „Der Sozialarbeiter sucht einen Platz für ihn in einem Camp. Dann wird die Polizei ihn dorthin bringen."

„Er wird nicht wiederkommen?"

„Nein, wenn Sie es nicht wollen, wird er nicht wiederkommen."

„Er wird wiederkommen! Ich kenne ihn."

„Der Hausmeister wird gleich kommen und ein Sicherheitsschloss anbringen."

„Er kennt den Hausmeister", sagte ich misstrauisch.

„Dieser Hausmeister mag keine kurdischen Männer." Er lachte. „Ich kenne den Hausmeister besser."

„Wollen Sie nicht hereinkommen?", fragte ich.

„Ihr Mann kommt nicht wieder. Sie brauchen keine Angst mehr zu haben, Frau Saeed."

„Ja, kommen Sie bitte herein“, sagte Nigin.

Dann saßen wir an unserem Tisch in der Diele. Vor einer Stunde noch war mein Mann hier gewesen. Er hatte Nigin heftig ins Gesicht geschlagen und mich an den Haaren durch die Wohnung gezogen. Nur Niga schlägt er nicht, weil er denkt, dass sie als Einzige fromm ist.

„Ich bringe euch in den Irak zurück!“, hatte er geschrien.

Nigin hatte sich auf der Toilette eingeschlossen und den deutschen Mann angerufen. Mein Mann hat gegen die Tür gehämmert. „Du Schlampe, komm raus!“, hat er gebrüllt. „Du wirst dieses Kopftuch tragen!“

„Nein!“, hat sie gerufen. „Ich trage das Kopftuch nicht!“

„Ich werde dich einsperren, wenn ich dich noch einmal ohne Kopftuch sehe.“

„Dann schreie ich und dann werden Leute kommen. Du kannst mich nicht zwingen, das Kopftuch zu tragen!“

„Ich bringe euch in den Irak zurück!“, hat er geschrien. „Schlampe, du wirst sehen, was dir dort passiert!“

Ich weiß nicht, wie lange es gedauert hat. Ich hatte Angst, dass Nigin vielleicht auf der Toilette keinen Empfang für ihr Handy hatte. Ich hatte Angst, dass er die Tür eintreten würde. Ich hatte Angst um sie, nicht um mich.

Mit einem Mal war er wieder ruhig. Dann war es, als wäre er plötzlich ein anderer Mensch geworden. Aber er konnte sofort wieder wütend werden, wenn ihn etwas störte. Er war unberechenbar. Das war das Schlimmste an ihm.

Die Polizisten klingelten nicht, weil der Hausmeister ihnen die Tür geöffnet hatte. Dann standen sie – ein Mann und eine Frau – in der Wohnung. Außerdem der Hausmeister, der Sozialarbeiter und der deutsche Mann.

„Was ist vorgefallen?“, fragte der Polizist.

„Nichts“, sagte mein Mann.

„Er schlägt meine Mutter und mich“, sagte Nigin.

Der Polizist sah seine Kollegin an. Er wusste nicht, was er tun sollte.

„Schlägt er ihre andere Tochter auch?", fragte die Polizistin.

„Nein", sagte ich.

Dann ging die Polizistin mit Niga in ein Zimmer. Dort blieben sie eine lange Zeit. Es war ruhig, weil mein Mann still war. Die Männer sahen ihn an, er schaute auf den Boden.

Ich hatte eine solche Freude in mir! Endlich hatte ich Hilfe bekommen! Ich kam mir vor wie in einem Traum. Was konnte ich für die Männer und die Frau Gutes tun? Sollte ich ihnen Tee machen und Gebäck bringen? Aber der deutsche Mann sah mich streng an und kniff die Augen zusammen. Weil ich unsicher war, tat ich nichts.

Als die Polizistin aus dem Zimmer kam, sagte sie zu ihrem Kollegen: „Wir nehmen den Mann mit."

Ich hätte schreien können vor Freude. Nigin stieß mich von der Seite an. Ich weiß nicht – es kann sein, dass ich tatsächlich geschrien habe. Ich kann mich nicht mehr erinnern. Wenn ich daran denke, dann ist es, als wäre ich für einen Moment ohnmächtig geworden.

„Er will in den Irak zurückgehen", sagte ich zu dem deutschen Mann.

„Wenn er will, soll er."

„Aber er will uns *mitnehmen*!", rief Nigin.

„Wenn ihr nicht wollt, muss er allein gehen. Es gibt Gesetze."

„Wir wollen nicht!", sagte ich ganz schnell.

„Es gibt Gesetze", sagte Nigin. „Ich habe davon gehört."

„Er wird uns töten!" Als ich das sagte, kam es mir vor, als würde ich das Blut überall sehen. Blut auf dem Boden, Blut auf dem Tisch, Blut an den Händen. Er hat mich in Sulaimaniyya geschlagen.

„Nein", sagte der Mann. „Er ist nicht dumm, ich habe ihn beobachtet."

Ich machte uns Tee, Nigin holte Gebäck aus der Vorratskammer.

„Ich denke, er ist gefährlich. *Richtig* gefährlich – er ist keiner, der nur mit Muskeln droht", sagte der deutsche Mann.

„*Nichts machen, nichts machen*, haben Sie gesagt, als ich Sie angerufen habe. Und ich habe gedacht, Sie rufen die Polizei nicht, weil Sie Angst vor ihm haben, wie die Leute im Irak." Nigin lachte vor Erleichterung. „Dabei haben Sie gemeint, *wir* sollen nichts machen."

„Dieser Mann hat gelernt, sich unter Kontrolle zu halten." Er hatte Nigin nicht zugehört. „Ein merkwürdiger Mann. Kein kurdischer Holzkopf, ganz anders ist er."

„Einmal hat er sich den Fuß gebrochen, und er ist zum Krankenhaus gelaufen", erzählte ich.

„War er Soldat?"

„Nein", sagte ich, „er war von Daesh[1]."

„Daesh? Was ist das?"

„Daesh ist IS", sagte Nigin.

„Wir wissen es nicht genau", sagte ich.

„Doch, wir wissen es!" Nigin sah den Mann an, als sei sie heute schon achtzehn Jahre alt geworden.

Dann aßen wir Gebäck und tranken Tee. Mit einem Mal fiel Nigin etwas ein. Sie rannte in ihr Zimmer und kam mit dem Kopftuch in der Hand zurück.

„Kommen Sie, kommen Sie!", rief sie dem Mann zu.

Sie rannte auf den Balkon. Als wir hinter ihr standen, warf sie das Kopftuch in die Luft. Es segelte am Balkon der afghanischen Familie vorbei, dann glitt es nach links, dort, wo die Kurden aus Syrien mit ihrem kranken Sohn wohnten, streifte den Balkon der deutschen Familie darunter und landete auf der kleinen Terrasse vor dem Büro des Hausmeisters.

„Wer ist dort?", fragte ich und lauschte an der Tür. Ich hörte ein lautes Schluchzen, dann kein Geräusch. „Ich mache erst auf, wenn ich weiß, wer dort ist", sagte ich.

Dann wieder ein Schluchzen. „Mina ist es, ich bin Mina!", rief es leise hinter der Tür.

„Bist du allein?", fragte Nigin.

„Ja, ich bin allein!", rief Mina.

„Wir haben nämlich ein Sicherheitsschloss bekommen", erklärte Nigin.

Vorsichtig steckte ich den Schlüssel ein. Erst oben, dann unten, wie der Hausmeister es uns gezeigt hatte. Langsam drehte ich ihn um.

Mina war das Tuch halb vom Kopf gerutscht. Mit roten Augen, einem verquollenen Gesicht, nass von Tränen, stand sie vor uns.

„Hat dein Mann dich geschlagen?", fragte ich.

Mina brachte kein Wort heraus. Wir setzten sie an den Tisch, nahmen ihr das Kopftuch ab und brachten ihr ein Glas Wasser.

Währenddessen schloss Nigin das neue Sicherheitsschloss sorgfältig wieder zu. Sie legte den neuen Schlüssel auf den Tisch, damit Mina sehen konnte, dass sie nun in Sicherheit war.

Mina sah es und begann wieder zu schluchzen. Sie war meine erste Freundin in Deutschland geworden, eine Kurdin aus Syrien.

„Mina, du hast doch gesagt, dein Mann schlägt dich nicht. Was ist passiert?" Ich legte meinen Arm um sie.

„Dein Mann, dein Mann", schluchzte Mina.

„*Mein* Mann?", fragte ich. „Was ist? Ist er zurückgekommen?"

Mina trank das ganze Glas Wasser in einem Zug aus.

„Ich habe gesehen, wie dein Mann von der Polizei weggebracht wurde. Und alle Nachbarn haben es gesehen, wenn sie ein Fenster zum Hof haben! Nur die Familien auf der anderen Seite nicht, aber die wissen es jetzt, weil alle darüber reden. Sie sagen, du hast die Polizei gerufen. Stimmt das?"

„Ja, das ist richtig", sagte Nigin, weil ich in der Küche war, um Tee zu machen.

„Aber warum denn?"

„Er hat meine Mutter und mich geschlagen. Da haben wir die Polizei gerufen. Und die Polizei ist gekommen, und sie haben ihn mitgenommen. Eine sehr nette Polizistin war das und ein sehr großer Polizist."

Schnell kam ich an den Tisch, weil ich Nigin nicht mit Mina allein lassen wollte.

„Aber es war doch nur ein Streit", flüsterte Mina.

„Nein, ich will nicht, dass er wiederkommt", sagte ich.

Da begann Mina wieder zu schluchzen.

Niga war in den Raum getreten. „Warum weint sie?"

„Keine Ahnung", sagte Nigin. „Sie sagt es nicht."

Auf ihr Handy schauend ging Niga wieder in ihr Zimmer.

„Warum weinst du denn?", fragte ich sie. „Es ist doch nicht *dein* Mann!"

„Verstehst du denn nicht?"

„Du weinst um den *falschen* Mann", sagte ich.

Nigin lachte laut.

Mina sah mich an, als würde sie nicht verstehen. „Ich weine doch für *dich*."

„Aber ich – ich weine nicht. Siehst du nicht, ich lache sogar!" Ich zeigte ihr, wie glücklich ich war.

„Aber er ist dein *Mann*", flüsterte Mina. „Und du meinst es doch nicht ernst mit der Scheidung."

„Er hat meine Mutter –", sagte Nigin.

Aber ich unterbrach sie schnell. „Er hat mich geschlagen, Mina. Er hat mir im Irak das Nasenbein gebrochen, mein Ohr ist kaputt, so ein Mann ist er! Und hier kommt die Polizei, um mir zu helfen – wie lange habe ich darauf gewartet! Ein Glückstag ist heute, wie ein Geburtstag, nur schöner. Du hättest mir ein Geschenk mitbringen sollen!"

„Aber er ist dein Mann." Sie sah mich endlich ohne Tränen an.

„Es gab keine Stunde, in der er ein guter Mann war", sagte ich. „Ich brauche keinen schlechten Mann!"

„Er ist der Vater deiner Kinder."

„Es gab keine Stunde, in der er –", begann Nigin.

„Nigin!“, sagte ich streng. „Sprich nicht so über deinen Vater!“

„Ist aber wahr!“, sagte sie trotzig.

„Da siehst du, was aus deinen Kindern wird, wenn sie keinen Vater haben.“ Mina zeigte auf Nigin.

„Und was ist aus mir geworden!?“, fragte Nigin frech. „Ich helfe allen Kurden, weil sie kein Deutsch sprechen können! Im Krankenhaus, beim Sozialamt – nichts können sie allein! Immer rufen sie: *Nigin, komm! Nigin, komm!*“

„Die Leute im Haus sagen, Nigin ist eine Schlampe“, flüsterte Mina.

„Ach!“, sagte Nigin. „Das merke ich mir!“

„Sie sagen, auch du bist eine Schlampe, Chalat. Dein Mann wollte nur, dass du und deine Tochter ein Kopftuch tragt.“

„Ich trage kein Kopftuch in Deutschland!“, rief Nigin.

„Da siehst du, Chalat.“ Sie zeigte auf Nigin. „Die Leute haben recht.“

„Er war ein schlechter Mann, Mina“, sagte ich. „Er hat mich eingesperrt, verstehst du nicht? Ich bin eine Kurdin, aber ich kenne kein einziges kurdisches Dorf, weil ich immer im Haus sein musste. Nicht einmal in den Bergen war ich. Nicht einmal Geld durfte ich haben, alles hat er mir abgenommen!“

„Du musst mit ihm reden“, sagte sie leise.

„Was weißt du denn schon von ihm, Mina.“ Ich legte meinen Arm wieder um ihre Schulter. Ich war dankbar, dass sie gekommen war. Sie hatte es wie eine Freundin gut gemeint.

„Wir werden uns von ihm scheiden lassen“, sagte Nigin.

Da begann Mina wieder, hemmungslos zu weinen.

Am nächsten Morgen gingen Niga und ich einkaufen. Sie sollte wie ein normales Mädchen aufwachsen. Sie sollte lernen einzukaufen und den Haushalt zu machen. Wenn sie das alles konnte, dann war ein Vater nicht wichtig.

„Komm, Niga, wie lange dauert es denn, bis du fertig bist?"

„Warum denn *ich*?", fragte sie.

„Weil Nigin unterwegs ist."

„Kannst du nicht allein gehen? Ich helfe dir beim Auspacken, versprochen!"

„Nein, Niga, wir müssen jetzt ohne einen Vater zurechtkommen."

„Streit hat es doch nur wegen Nigin gegeben", sagte sie trotzig. „Warum zieht sie nicht einfach ein Kopftuch auf und nimmt es draußen ab? Warum geht sie nicht in ihr Zimmer und tut so, als würde sie beten?"

„Wir schaffen das, Niga!"

„Echt jetzt – muss ich *einkaufen*?"

Als der Aufzug kam, wäre noch Platz für uns mit unserem kleinen Wagen gewesen, aber die Irakerin sagte: „Kein Platz mehr." Dann drehte sie uns den Rücken zu.

„Hast du das gesehen, Niga?", fragte ich.

„Nein", sagte Niga.

„Weil du nur auf dein Handy schaust!"

Die Frauen hatten mich angestarrt, und als die Tür sich schloss, hatten sie begonnen zu flüstern.

Der nächste Aufzug war leer.

Draußen warf ich einen Beutel in den Abfall. Auf dem Weg zum Supermarkt kam uns die nette Familie aus Syrien entgegen. Der Mann grüßte nur ganz kurz, dann ging er an uns vorbei. Dabei war Nigin mit seiner Frau fast einen ganzen Tag lang im Krankenhaus gewesen.

„Sie reden über uns", sagte ich leise.

Im Geschäft zeigte ich Niga, wo sie die einzelnen Sachen finden konnte. „Da Vater weg ist, wirst du auch allein einkaufen müssen", sagte ich.

„Er hat doch nichts getan, überhaupt nichts – warum muss ich auf einmal *einkaufen* gehen?"

„Du musst deine Mutter unterstützen", sagte ich. „Wir müssen zusammenhalten."

„Ja, Mutter", sagte sie.

„Ich meine es ernst, Niga!", sagte ich streng zu ihr.

Im Gang sah ich eine kurdische Familie aus Erbil. Als sie uns sahen, drehten sie uns den Rücken zu und gingen in einen anderen Gang. Kurz schaute die Frau mich an. Ich sah, dass sie ihren Mund bewegt hatte. Sie hatte sehr leise etwas gesagt. Nichts Nettes.

„Sie werden uns immer schlecht ansehen", sagte ich zu Niga.

Dann erledigte ich schnell meine restlichen Einkäufe. Niga würde sich allein zurechtfinden. Sie war ein kluges Mädchen.

Als wir in der Schlange standen, trat die Frau vor mir aus der Reihe, als habe sie noch etwas vergessen.

„Wir sollen ins Büro des Hausmeisters kommen", sagte Niga plötzlich und zeigte mir die Whatsapp-Nachricht von Nigin.

Als wir in der Schlange warteten, spürte ich die Blicke der Frauen in meinem Rücken.

Es gab einen dicken Hausmeister für die Bewohner und einen jungen Hausmeister für die Flüchtlinge. Er mochte Nigin, weil sie ihm oft geholfen hatte, wenn die kurdischen Flüchtlinge nichts verstanden. Manchmal kam sie zu ihm in eine Wohnung, manchmal rief er sie an. Dann hielt er den Flüchtlingen das Handy ans Ohr.

„Die Polizisten haben ein Näherungsverbot für Ihren Mann ausgesprochen", erklärte er mir nun.

„Zehn Tage!", sagte Nigin.

„Sie müssen zu einem Rechtsanwalt gehen. Er wird beantragen, dass Ihr Mann nicht mehr zurückkommen darf."

„Ich habe schon einen Termin für uns gemacht", sagte Nigin.

Ich nickte stumm. Wozu brauchte ich einen nutzlosen Mann, wenn ich eine solche Tochter hatte?

Es kam ein Anruf für Nigin. Sie bekam oft diese Anrufe vom Sozialbüro, wo die Flüchtlinge hingingen, wenn sie Probleme hatten.

Der Hausmeister lehnte sich zurück und grinste.

„Wie heißt die Familie?", fragte Nigin. „Ah, diese Familie ist es. Ich kenne sie, ja. – Wann soll ich mitkommen? – Moment, ich schaue in meinen Terminkalender." Nun grinste auch Nigin, sie legte den Hörer auf den Tisch.

„Die kurdische Familie aus dem vierten Stock, Mutter."

„Sie haben Niga und mich nicht in den Aufzug gelassen. Aber Nigin, sei bitte –"

Nigin nahm den Hörer auf. „Ich sehe gerade, dass ich keinen Termin frei habe. – Nein, auch nicht für das Krankenhaus – Nein, nicht für diese Familie." Dann legte sie auf.

„Nigin, was soll ich zu den Leuten sagen, wenn ich sie sehe?" Ich war besorgt, dass Nigin meine Situation bei den Nachbarn noch schlimmer machen würde.

„Sag ihnen, sie sollen sich bei mir entschuldigen, weil sie mich eine Schlampe genannt und dich geschnitten haben, dann habe ich – vielleicht – einen Termin frei."

Beide Hausmeister prusteten vor Lachen.

„Bei einem Mann war ich schon, um ihn zur Rede zu stellen", sagte der junge Hausmeister. „Er sagt, er hat nichts gegen deine Mutter gesagt, aber er hat gehört, dass die anderen Männer über sie reden."

„Wie heißt er?", fragte Nigin, als sei sie seine Chefin.

„*Sheikh Mustafa*, die 96 in der Fünften. Ich dachte, wenn einer hier das Kalifat[2] ausruft, dann dieser Mufti mit dem komischen Namen."

„Nigin, das ist der Mann von Mina! Er mag uns. Er heißt *Sheikh* nach seinem Vater."

„Stimmt", sage Nigin, „das war der falsche Mann."

„Egal, jetzt weiß er es auch", sagte der junge Hausmeister.

„Was ist das für ein Kalifat, Nigin?“ Ich verstand nichts mehr.

„Ihre Tochter hat uns erzählt, dass die Freunde Ihres Mannes im Irak ein Kalifat errichten wollten. Und jetzt wollen sie hier ein Kalifat errichten.“ Der dicke Hausmeister lachte schallend und schlug mit der Hand auf den Tisch. „Ein Kalifat im Biegerpark!“

„Nigin!“, sagte ich streng. „Was erzählst du denn!?“

„Wir werden den Kampf gegen diese Leute aufnehmen, die schlecht über euch reden“, sagte der junge Hausmeister. „Nicht wahr, Nigin?“

„Zuerst gehen wir zur Familie Rahid aus dem Irak!“, rief Nigin.

Ich wusste, dass sie die Tochter der Familie Rahid nicht ausstehen konnte. Obwohl sie nur ein gesundes Auge hatte, sah sie auf uns herab.

„Ich komme mit!“, sagte der dicke Hausmeister.

„Wir werden den Mann *falten*“, sagte der junge Hausmeister.

„Das werden wir“, sagte Nigin.

Nigin verließ mit den beiden Hausmeistern das Büro. Vorneweg ging sie über den großen Hof. Jeder, der ein Fenster hatte, konnte sie sehen. Und wer kein Fenster hatte, würde bald hören, dass sie, das kurdische Flüchtlingsmädchen, zur Wohnung der Familie Rahid ging, um den Mann vor seiner Frau, vor den Söhnen und vor seiner Tochter, die nur ein gesundes Auge hatte, zur Rede zu stellen wegen dem, was er über sie und unsere Familie gesagt hatte.

Hatte er gewagt zu widersprechen? Niemand wusste davon. Sheikh Mustafa hielt es für ausgeschlossen.

Als Nigin mit den beiden deutschen Hausmeistern die Wohnung dieses Mannes verließ, zog sie die arabisch-islamisch-männliche Stammesehre hinter sich her. Jeder und jede der zuschauenden Nachbarn wusste, wessen Ehre es war, die sie langsam wie einen nassen, arabisch beschrifteten Aufnehmer quer über den Innenhof zog.

Sheikh Mustafa war der erste Mann, der sagte, es geschehe dem Mann recht, der sich in Dinge eingemischt habe, die ihn in

Deutschland nichts angingen. Und die Frauen – ja, die Frauen schauten sich an. Sie wussten nicht, was sie davon halten sollten. Etwas war geschehen, das nicht hätte geschehen dürfen. Und die Männer dieser Frauen – ja, sie fragten sich zum ersten Mal, ob diese ihre Frauen nicht heimlich einen Traum hatten, den sie nicht mit ihrem Mann teilen wollten.

Das kurdische Mädchen wirft ihren Vater an einem Tag aus der Wohnung und fordert am nächsten Tag den stolzesten der stolzen Iraker zu einem Duell auf die Ehre heraus, weil er sie als Schlampe bezeichnet hat. Und wofür sie im Irak getötet worden wäre – hier schlich sich der Mann wie ein mit dem Schuh geprügelter Hund vom Feld!

In vielem war den Frauen Deutschland wie ein Wunder erschienen, aber dieses kurdische Mädchen – sie war das größte Wunder!

Sheikh Mustafa sagte sogar, dass Nigin allein diesen Mann bezwungen hätte – die Hausmeister seien nicht mehr als Schiedsrichter gewesen. Er kenne die Mutter, sie sei eine anständige Frau und eine gute Freundin seiner Frau. Überhaupt seien Kurdinnen anders als Araberinnen. Und ein Muslim, der seine Frau schlage, sei ein Ungläubiger. Auch das sagte Sheikh Mustafa.

„Niga", sagte ich, als wir in der Wohnung waren und die Einkäufe einräumten. „Niga, das wird kein gutes Ende nehmen."

Niga nickte, weil sie Musik hörte.

„Niga, nimm die Stöpsel aus dem Ohr, wenn deine Mutter mit dir spricht", sagte ich streng. „Sei froh, dass dein Vater nicht hier ist."

„Ja, Mutter", sagte sie.

„Ich meine es ernst", sagte ich.

Als ich mich gerade an den Tisch setzen wollte, klingelte es. Weil Niga Musik hörte, machte ich die Tür auf. Eine deutsche Frau stand da. Das war ein Glück, denn ich hatte vergessen, vorher zu fragen, wer da sei.

„Frau Saeed?", fragte sie. „Ich bin Monika und habe etwas für Sie."

Sie zeigte nach unten, wo eine Nähmaschine vor ihren Füßen stand, wie ich sie aus dem Irak kannte. Eine moderne Maschine, wie ich sie mir nach dem ersten Jahr von meinen Einnahmen als Näherin gekauft hatte.

„Ich habe von einem Bekannten gehört, dass Sie im Irak ein Nähstudio hatten", sagte sie und trug die Maschine in meine Wohnung.

„Das ist meine Tochter Niga, sie hört gerade Musik", sagte ich.

„Hi", sagte Niga. Dabei hätte die Frau mehr Respekt verdient. Ich wollte lieber nicht darüber nachdenken, wie Niga ihre Lehrer begrüßte.

„Diese Maschine – ich kann damit nichts mehr anfangen", sagte Monika.

Schon oft hatte ich mich gefragt, wie ich mir das Geld für eine solche Maschine zusammensparen konnte. Und nun stand sie wie ein Wunder vor mir.

„Sie brauchen nichts dafür zu tun", sagte Monika. „Sie ist ein Geschenk."

Ich glaube, ich habe vor Freude geweint.

„Sie weint wieder", sagte Niga, rollte mit den Augen und ging in ihr Zimmer.

„Ich habe gestern meinen Mann aus der Wohnung geworfen", sagte ich. „Die Polizei ist gekommen!"

„War es sehr schwer für Sie?", fragte Monika teilnahmsvoll.

„Nein, nein, es war ein Glückstag, und heute ist ein zweiter Glückstag." Vor lauter Tränen konnte ich kaum sprechen.

Dann machte ich Monika und mir einen Tee. „Mein Mann hat mir das Nasenbein gebrochen", sagte ich. Ich ging ins Schlafzimmer und schaute in meinen Papieren. „Hier, sehen Sie", sagte ich. „Dies ist das Attest von dem Arzt im Irak."

„Unglaublich“, sagte Monika. „Haben Sie keine Anzeige erstattet?“

„Ich habe die Anzeige zurückgezogen“, sagte ich.

Monika sah mich ungläubig an.

„Wir wären sonst geschieden worden“, erklärte ich.

„Und wollten Sie die Scheidung nicht?“

„Nein, denn bei einer Scheidung hätte seine Familie meine Kinder bekommen. Das ist Gesetz im Irak.“

„Unglaublich“, sagte Monika.

„Und das Trommelfell war auch geplatzt.“ Ich zeigte auf das Attest. „Hier steht es!“

Und dann weinte ich. Dabei hatte Monika mir gerade eine neue Nähmaschine geschenkt, und nun musste sie mich trösten.

„Was für eine Geschichte“, sagte Monika mitfühlend.

„Sie hatte wirklich ein Nähstudio“, sagte Niga, die leise hereingekommen war. „Es war bei uns im Haus.“

„Und mein Mann hat mir das Geld abgenommen“, fügte ich hinzu.

„Nicht zu fassen!“

„Aber ich war froh, dass ich nicht mehr allein war. Endlich war ich mit anderen Frauen zusammen.“

„Sind Sie denn Muslima?“, fragte Monika.

„Mein Mann ist Muslim“, sagte ich. „Er ist strenggläubig.“

„Glauben Sie an Gott?“, fragte sie.

„Nicht an Allah“, sagte ich. „Er ist der Gott meines Mannes.“

„Beten Sie?“, fragte Monika.

„Ja, sehr oft“, sagte ich.

Sie nickte und sagte nichts mehr. Wir saßen noch lange zusammen. Draußen wurde es irgendwann dunkel.

Als Nigin kam, war Monika sehr erstaunt. „Ist das Ihre Tochter?“, fragte sie mich.

„Ich bin Nigin“, sagte Nigin.

„Ich habe von dir gehört“, sagte Monika. „Du hilfst den Leuten.“

„Im Moment habe ich keine Termine frei“, sagte Nigin.

Monika sah sie neugierig an. „Ich komme wieder, Frau Saeed“, sagte sie dann. „Ich habe noch ein winzig kleines Anliegen.“

Nach einigen Tagen kam Monika wieder zu uns. Sie hatte Nigin auf dem Parkplatz getroffen. Nigin trug ein Paket.

„Ich bin es, Nigin“, damit klopfte sie an der Tür.

Als das Paket auf dem Tisch lag, befühlte Nigin die weiche Oberfläche mit einem Finger.

„Ich habe etwas für Sie, Frau Saeed“, sagte Monika. „Es ist aber keine Kleinigkeit, ich hatte da eine falsche Vorstellung.“

„Das macht nichts“, sagte ich. „Ich helfe sehr gerne.“

„Es ist ein Vorhang, der gekürzt werden muss.“

„Ich habe schon Vorhänge im Irak gemacht“, sagte ich. „Nigin und Niga können mir helfen, dann lernen sie etwas für den späteren Haushalt, wenn sie einmal heiraten.“

„Ich heirate nicht“, sagte Nigin.

„Ich heirate auch nicht“, sagte Niga, „wenn *sie* nicht heiraten muss.“

„Ich meine es ernst“, sagte Nigin.

„Alle sagen *Ich meine es ernst*“, sagte Niga. „Was ist los mit euch?“

„Wenn ich Arbeit habe, dann denke ich nicht so viel nach“, sagte ich.

Vorsichtig legten wir den Vorhang auseinander. Er war gewaltig. Wenn Monika an unserem Balkon stand, dann ging er durch das Wohnzimmer, die ganze Diele, und immer noch hielt Niga in der Küche ein Stück von ihm in der Hand.

„Alles weiß“, sagte Niga.

„Eine ganze Wohnung in Weiß“, sagte Monika.

Der Stoff war wunderbar leicht in meinen Händen. „Wie ein Traum ist dieser Vorhang“, sagte ich. „Ein weißer Traum.“

„Kann ich ihn jetzt loslassen?", fragte Niga.

„Niga, stell dir vor, der Vorhang würde draußen die Treppe herunterlaufen, auf die Straße, immer weiter wie ein Fluss, den niemand aufhalten kann."

„Das ist ein schöner Gedanke", sagte Monika.

„Ich lasse ihn dann los", sagte Niga.

„Eine ganze Welt in Weiß", sagte ich.

„Monika ist eine Christin", sagte Nigin. „Sie hat es mir gerade gesagt."

Jetzt sah ich das Kreuz, das Monika um den Hals trug. „Der Vorhang ist für unsere Kirche", sagte sie.

„So weiß?", fragte ich erstaunt. „In einer Kirche?"

„Wir glauben an das Licht", erklärte Monika. „Deshalb ist alles hell, voller Farbe, *herrlich* sagen wir, schön für den *Herrn*."

Ich stellte mir den Vorhang vor, wie er vor einem langen Fenster hing und das Licht von draußen zu *herrlichem* Licht werden ließ.

„In unserer Moschee war alles dunkel", sagte Nigin. „Wie in einem Keller."

„Aber das Licht kommt doch von Gott!? Wir ziehen unsere schönsten Kleider an, wenn wir in die Kirche gehen!"

„Im Islam müssen die Frauen sich verhüllen – richtig schwarz einwickeln!"

„Will Allah sie denn nicht sehen?", fragte Monika. „Hat er nicht Freude an ihrer Schönheit, die er erschaffen hat?"

Niga sah Monika an, als könne sie nicht glauben, dass sie diese Frage gestellt hatte.

„Ich glaube, an Frauen hat Allah überhaupt keine Freude", sagte Nigin.

„Aber warum nicht?", fragte Monika. „Frauen sind doch das Leben!"

„Nein, im Islam sind sie nur Frauen", sagte Niga knapp.

„Im Irak gibt es sehr viele schlechte Männer in den Moscheen", sagte ich. „Es gibt gute Männer, aber sie gehen nicht in die Moschee."

„Ihr habt viel erlebt", sagte Monika. „Wir wissen alle diese Dinge nicht."

„Ist der christliche Gott *streng*?", fragte Nigin.

„Streng?", fragte Monika. „Wie meinst du das?"

„Allah zwingt mich, ein Kopftuch zu tragen. Zum Beispiel."

„Und überhaupt zu Sachen, die nicht schön sind!", sagte Niga.

„Allah ist wie ein Gefängnisaufseher. Und mein Vater schlägt mich, weil er an Allah glaubt und Allah das so will", sagte Nigin.

„Dein Vater schlägt dich? Auch die Kinder?" Monika sah mich entsetzt an.

„Jetzt nicht mehr!" Nigin grinste sie an. „Er ist jetzt in einem Camp."

„Ist das nicht schwer für dich?", fragte Monika.

„Ich hoffe, es ist schwer für *ihn*!", sagte Nigin frech. „Im Camp kann er *Männer* schlagen."

„Nigin meint es nicht so", sagte ich leise.

„Doch, sie *meint* es so!", rief Nigin.

„Ihr werdet sehen, eine Kirche ist ganz anders", sagte Monika.

„Ich werde den Vorhang zu der Kirche bringen, wenn er fertig ist", sagte Nigin. „Wir haben es besprochen."

Monika schrieb eine Adresse auf eine Karte. Niga war von der Küche her unter dem Vorhang hindurchgegangen. Ich wollte versuchen, sie daran zu hindern, aber der Stoff war sehr fein.

„Ich bin ein Gespenst!", rief Niga.

„Sei vorsichtig, Niga!", rief ich.

„Nein, sie ist ein Engel!", rief Nigin.

„Ich bin eine tote Frau. Ihr müsst Angst vor mir haben!"

Langsam ging die tote Frau in das Wohnzimmer. Ich hoffte nur, dass sie wusste, wie empfindlich der Stoff war.

Jetzt breitete die tote Frau die Arme aus. „Ein Engel!", rief Nigin.

„Quatsch nich'!", rief die tote Frau.

Der Vorhang bedeckte nun das ganze Wohnzimmer. „Huuh!", rief Niga. „Huuh!"

„Weiß", rief ich. „Alles weiß!"

„Licht – so viel Licht!", rief Nigin.

Nigin brauchte sehr lange, bis sie von der Kirche zurückkam. Dabei war die Kirche nicht weit entfernt, nicht weiter als zehn Minuten zu Fuß.

„Nigin hat das Handy ausgeschaltet", sagte Niga. „Ich kann sie nicht erreichen."

„Was soll ihr schon passiert sein?", sagte ich leichthin. Aber ich machte mir große Sorgen. Es war gut, dass meine Kinder kein Kopftuch mehr tragen mussten, aber sie nahmen sich Freiheiten wie deutsche Frauen. Der Vater war fort, aber ich hatte ihn nicht ersetzen können. Niga hörte nur auf eine Person – das war Nigin! Und Nigin? Sie hörte auf *niemanden*! Aber ich dachte bei mir, dass es besser war, keinen Mann zu haben als *diesen* Mann.

„Vielleicht muss sie die Gardine aufhängen", sagte Niga.

„Nein, die Gardine wird gewaschen und dann feucht aufgehängt."

„Ach so", sagte Niga und hatte es bereits wieder vergessen.

„Merk dir das!", sagte ich.

„Okay", sagte Niga.

Endlich schellte es. „Nigin, ich bin's, Nigin", rief es in die Anlage. Ich drückte ihr auf.

„Ich bin Nigin!", klopfte es. Also schloss ich auf.

Nun stand sie in der Tür – rot im Gesicht, weil sie gelaufen war. „Setzt euch", sagte sie. „Ich muss euch etwas erzählen."

Ich stellte ihr ein Glas Wasser hin. Selbst Niga war gespannt, was Nigin in der Kirche erlebt hatte.

„Die Kirche ist ein großes Gebäude. Unten war eine Frau, die mir sagte, dass ich die Gardine oben hinlegen solle."

Niga sah wieder auf ihr Handy.

„Dann stand ich in einem großen Raum mit hellem Holzboden. Dort, wo die Christen beten. Viele rote Stühle, in der Mitte ein breiter Gang. Alles sehr schön, wie die Christin es gesagt hat. Ein hölzernes Pult. Hinten eine blaue Wand, davor ein Kreuz aus dunklem Holz. Rechts ein langes Fenster ohne Vorhang. Sollte ich den Vorhang dorthin legen? Ich wusste es nicht und setzte mich auf einen der Stühle. Da hörte ich hinter mir eine Stimme. Ein älterer Mann, ein wenig dick. Er trug ein violettes Hemd, einen weißen Kragen, aber eine Jeans. Mir kam es so vor, als sei er die ganze Zeit schon dort gewesen. Er war unsichtbar gewesen, ganz sicher! ‚Ich bin gekommen, um deine Fragen zu beantworten', sagte er. Das war schon sehr merkwürdig, findet ihr nicht!?"

„Sehr merkwürdig." Ich sagte es auch für Niga.

„‚Haben Sie Zeit?', fragte ich den Mann. – ‚So viel Zeit, wie du Zeit hast', sagte er. – ‚Ich kenne eine Christin', sagte ich. ‚Warum ist sie eine Christin? Das möchte ich wissen.' – ‚Es gibt viele Gründe', sagte der Mann. – ‚Ich will den wichtigsten Grund wissen', sagte ich. – ‚Das Allerwichtigste ist, dass Jesus ein Mensch war', sagte er. – ‚Mohammed ist auch ein Mensch', sagte ich."

„Nigin, in einer Kirche unterbricht man doch den Mann nicht!", rief ich.

Niga sah erschrocken von ihrem Handy auf.

Aber Nigin hatte meine Ermahnung nicht gehört. „‚Das Allerwichtigste ist, dass Jesus ein Mensch war *und* dass er Gottes Sohn ist', sagte der Mann. – ‚Das ist das Allerwichtigste?' fragte ich. – ‚Mit Abstand!', sagte der Mann. – ‚Aber warum?', fragte ich. – ‚Weil Gott uns durch ihn nah ist', sagte der Mann. ‚Jesus führte ein Leben wie wir, er litt, er starb, er wurde geboren. Er ist ein Mensch wie du gewesen.' – ‚Wie ich?', fragte ich. – Er sagte feierlich: ‚Der Gott der Christen ist dir viel näher als Allah. In den

Büchern der Juden und im Koran', erklärte er, ‚spricht Gott zu einem Propheten. Seine Botschaft wird den Menschen von einem Menschen überbracht. Das Christentum aber ist völlig anders.' – ‚Wegen Jesus, der Mensch ist wie wir, aber auch Gottes Sohn ist?', fragte ich. – ‚Jesus ist wie du', sagte der Mann. ‚Aber in seinen Augen siehst du Gott.'"

Ich fühlte, dass ich etwas gehört hatte, was für mich bestimmt war. Mein Hals schnürte sich zusammen, mein Herz schlug wie wild. Nie wieder würde mich das loslassen, was ich eben gehört hatte. Ein Gott, der nicht nur Gott ist. Ein Gott, so nah wie das eigene Leben. Ein Gott, dem ich begegnet war, ohne es zu wissen. Ohne zu verstehen, hatte ich Tränen in den Augen.

Nigin sah mich erstaunt an.

„Schöne Worte sind das, Nigin", flüsterte ich. „Sprich weiter, Kind."

„‚Gibt es keine Vorschriften von Gott?', fragte ich den Mann. – ‚Nein', sagte er, ‚keine Vorschriften. Wenn du an Jesus glaubst und sein Leben annimmst, bist du eine Christin.' Dann stand er auf und ging. Und ich ging erst, nachdem ich lange dort gesessen hatte."

Ich wischte mir die Tränen aus den Augen.

„Und wisst ihr, was merkwürdig ist?", fragte Nigin und stieß Niga an.

„Nein, weiß ich nicht", sagte Niga.

„Als ich die Frau unten gefragt habe, wer der Mann gewesen sei, da hat sie gesagt, niemand sei an ihr vorbeigekommen, weder hereingekommen noch hinausgegangen. Der Pfarrer komme erst später."

„Vielleicht war es Jesus, wenn er solche Sachen sagt." Niga duckte sich, weil Nigin einen Kugelschreiber nach ihr warf.

„Jedenfalls, jetzt bin ich Christin", sagte Nigin.

Ich umarmte Nigin, weil ich so glücklich für sie war.

„Was kann ich eigentlich werden, wenn ich *keine* Christin werden will?", fragte Niga.

An vielen Tagen habe ich um mein schreckliches kurdisches Leben geweint. Mein Mann hatte unser Leben verlassen müssen –

eine Last war von mir genommen worden, aber nun kamen Dinge hoch, wie befreit von ihm. Schöne Dinge, die ich gerne in mein neues Leben mitnahm, aber auch ein Schmerz, der meinen Kopf ausfüllte, als gebe es nur ihn.

Heute war so ein Tag, an dem es mir vorkam, als flösse nicht Blut in meinem Körper, sondern Traurigkeit.

Immer kam Nigin in mein Zimmer, wenn ich zu lange allein dort war. „Du hast wieder geweint", sagte sie.

„Nein, mir geht es gut."

„Lüg mich nicht an", sagte sie. „Ich sehe an deinen roten Augen, dass du geweint hast."

Sofort kamen die Tränen wieder. Und dann wartete Nigin an meiner Seite, bis ich etwas sagen konnte.

„Es ist meine Schuld, dass ihr ein Leben ohne einen Vater habt", sagte ich.

„Es ist besser so", sagte sie.

„Warum habe ich nicht einen anderen Mann heiraten können? Warum musste es Umar sein? Was wäre es für ein schönes Leben gewesen mit einem guten Mann!?"

„Es ist nicht deine Schuld!"

„Ich werde meiner Familie niemals verzeihen, dass sie mich verkauft haben", sagte ich. „Mein ältester Bruder hat mich, seine Schwester, an diesen Mann verkauft, um sich selbst eine Frau kaufen zu können. Ich werde ihm niemals vergeben können und auch meiner Mutter nicht."

Nigin wusste, dass es mir besser gehen würde, wenn ich reden konnte.

„Eine große Familie waren wir – und nun habe ich nichts mehr", sagte ich traurig.

„Ah, hier seid ihr." Niga schaute kurz herein und ging dann wieder.

„Ohne diese Familie hätte ich die Schule zu Ende machen können", sagte ich. „Weißt du, ich kannte ein Mädchen, die jetzt Journalistin ist.

Aber sie hatte großes Glück. Ihre Familie war arm, und weil ihre Mutter krank war, haben die Brüder sie nicht verkauft. Wer hätte ihnen sonst den Haushalt gemacht, nicht wahr!? Und später hat sie ein Stipendium bekommen, weil sie immer selbst gelernt hat. – Ich hätte jetzt Lehrerin oder Ärztin sein können."

„Mutter, wenn du Lehrerin wärst, hättest du uns nicht bekommen. – Siehst du, jetzt lachst du wieder."

„Ich denke nur manchmal, dass ich ein anderes Leben hätte führen können", sagte ich. „Aber natürlich bin ich glücklich, solche Kinder zu haben!"

„Wir werden ein schönes Leben in Deutschland haben", sagte Nigin.

Dann ließ sie mich allein, weil ich schlafen wollte. „Ich schaue aber, ob du wirklich schläfst. – Die Tür bleibt offen!", sagte sie streng.

„Wer braucht einen Mann, wenn er eine solche Tochter hat?", fragte ich.

Und wir lachten über unsere merkwürdige Familie.

Als ich schlief, hatte ich einen Traum. Und eine deutliche Erinnerung daran, wie ich sie sonst nicht habe.

Ich befand mich in einem großen Haus. Es war dunkel dort, die Fenster waren so klein, dass sie sehr wenig Licht hereinließen. Wie kleine Scharten waren sie – niemand hätte hinausklettern können. Ich war allein, denn ich hörte nur die Geräusche von draußen – ein dunkles Grollen wie von dem Müllwagen, wenn er die Abfalltonnen unter unserem Fenster leert.

Da spürte ich, dass der Boden unter meinen Füßen sich bewegte – erst wie ein sanftes Schütteln, dann immer heftiger, bis die Bodenplatte unter mir aufsprang und die Decke über meinem Kopf mit einer dichten Staubwolke einstürzte. Ich konnte nichts sehen und kaum atmen. Meine Beine schmerzten, mein rechter Arm war verdreht, weil etwas Schweres darauf lag. Als das Beben zu Ende war, lag ich völlig eingeklemmt zwischen Teilen des Hauses. Nur den linken Arm konnte ich bewegen.

„Gott, hilf mir", flüsterte ich. „Mein Leben soll nicht zu Ende sein. Gott, höre mich!"

Als ich um Hilfe gerufen hatte, spürte ich, wie meine Hand von einer anderen Hand erfasst wurde. Langsam wurde ich aus den Trümmern gezogen, die durch eine große Kraft beiseitegeräumt wurden. Am Ende ging es ganz schnell. Ich wurde ein wenig in die Luft geworfen und landete auf meinen Füßen neben den Trümmern, die einmal ein Haus gewesen waren.

Ich stand in einer völlig leeren Landschaft. Eine Wüste, die der Abend mit seinem Licht bedeckt hatte. So stand ich dort, als sich der Himmel auftat wie eine große Tür.

Da hörte ich eine Stimme sagen: „Chalat, ich bin Jesus. Komm, lass dich taufen!"

„Bist du Isa, der Sohn von Maryam?"

„Ja, der bin ich. Die Christen nennen mich Jesus, den Sohn der Maria."

Ich war sehr erstaunt, dass Jesus mich auf Kurdisch angesprochen hatte, aber so war es.

Als ich erwachte, saß Nigin neben mir und sagte auf Kurdisch: „Ich bin es, Nigin. Schläfst du schlecht?"

Ich erzählte ihr, was für einen Traum ich hatte.

„Ich werde dem Pfarrer von deinem Traum erzählen", sagte sie. „Und Jesus hat wirklich gesagt, dass du dich taufen lassen sollst?"

„Auf Kurdisch, ja."

Zuerst aber wurde Nigin getauft. Es war an einem wunderschönen, sehr blauen Sonntag –

„Halt!“, rief Nigin, die mir gegenüber am Tisch saß.

„Was ist, Kind?“, fragte ich. „Es war doch ein wunderschöner Tag, oder?“

„Es ist *meine* Taufe“, sagte sie.

„Das weiß ich“, antwortete ich ihr sanft.

„Wenn du die Taufe jetzt verrätst – was soll dann in *meinem* Buch stehen?“

„Das verstehe ich nicht, Nigin. Die Geschichte, die ich erzähle – deine Taufe gehört doch dazu.“

„Nein, gehört sie nicht“, sagte Nigin. „Ich habe ein Recht auf eine Persönlichkeit. Ich habe mich erkundigt.“

„Kind, denk dir nicht immer solche Sachen aus!“, sagte ich streng.

„Ich will *meine* Taufe in *meinem* Buch stehen haben!“

Aber du weißt doch gar nicht, ob du ein Buch –“

„Egal!“, sagte Nigin. „Wenn es kein Buch gibt, dann weiß der Leser auch nicht, wie meine Taufe war. – Pech gehabt!“

Ich war ratlos. „Und was soll jetzt hier stehen?“

„Hier soll stehen, dass hier die Taufe von Nigin *nicht* steht, weil sie in *ihrem* Buch stehen wird.“

„Meinst du das ernst?“, fragte ich.

„Völlig!“, sagte Nigin.

Wenn sie mich so anschaut, wie sie mich jetzt anschaut, dann weiß ich, dass ich sowieso nachgeben werde. Deshalb steht hier, lieber Leser, folgende Nachricht von Nigin:

Die Taufe von Nigin fand an einem wunderschönen, sehr blauen Sonntag statt. – Wenn Sie, lieber Leser, mehr über diese Taufe erfahren wollen, dann müssen Sie das Buch von Nigin Saeed kaufen. Es wird unter dem Titel „Ich bin Nigin“ erscheinen. Wenn es nicht erscheint, dann ist das sehr schade, denn es war wirklich eine ganz besondere Taufe.

Die Taufe von Nigin war wirklich wunderschön gewesen. Und als wir vor der Kirche standen, war der Himmel immer noch wunderbar blau. Der Himmel hat sich so fein gemacht wie die Leute, die in der Kirche gesessen hatten, dabei war Nigin nur ein einfaches kurdisches Mädchen. Nur ganz wenige wussten, dass sie etwas Besonderes war – einer davon war Gott, in dessen Namen sie getauft wurde.

„Nigin, es war wirklich eine schöne Taufe. Es war, als seien die Menschen nur für dich –"

„Ich möchte nicht darüber sprechen!", sagte Nigin streng.

Niga sah sie verwundert an. Nigin sprach eigentlich gern über Dinge, in denen es um Nigin ging.

„Ich habe eine Recht auf eine Persönlichkeit", sagte sie zu Niga.

„Was?"

„Vergiss es!", sagte Nigin.

„Okay, mach ich."

Als wir in unserer Diele saßen, zeigte mir Nigin stolz ihr Taufbuch. Aber auch darüber darf ich wegen ihrer Persönlichkeit nicht berichten.

„Hast du mit dem Pfarrer über meine Taufe gesprochen?", fragte ich sie.

„Ich habe ihm erzählt, dass Jesus dir gesagt hast, dass du dich taufen lassen sollst." Nigin machte eine Pause, als müsse sie ihre Worte wählen. „Ich habe ihm auch gesagt, dass Jesus ein Kurde war." Sie hob die Hände. Was hätte sie tun können?

„Er hat Kurdisch *gesprochen*", sagte ich.

„Niemand außer Kurden spricht Kurdisch." Sie nahm mir das Taufbuch wieder aus der Hand.

„Es war *Jesus* – kein Kurde!", rief ich empört.

„Der Pfarrer hat gesagt: Lass uns mit der Taufe deiner Mutter noch ein wenig warten."

So war es also zwischen den beiden entschieden worden.

„Ich frage, weil ich einen Grund habe", sagte ich.

„Was denn für einen Grund?" Jetzt war Nigin neugierig geworden.

„Ich hatte wieder einen Traum", sagte ich.

„Erzähl", sagte sie. „Ich werde dem Pfarrer berichten, was du träumst. Er mag deine Träume sehr, hat er gesagt."

Also erzählte ich ihr meinen Traum und stellte mir vor, wie der Pfarrer an unserem Tisch saß und zuhörte.

„In diesem Traum war ich in einer Kirche. In der Mitte der Kirche war ein roter Teppich, rechts und links standen viele schön gekleidete Menschen."

Nigin sah mich an, als denke sie angestrengt an ihre Persönlichkeit.

„Es gab bunte Fenster, aber keine Vorhänge. In dieser Kirche gab es keine Kanzel wie in unserer Kirche. Vor mir ging eine weiß gekleidete Gestalt über den Teppich, und ich folgte ihr, als sei es so abgemacht. Da sah ich, dass vorne ein Taufbecken stand, so wie in unserer Kirche – vielleicht ein wenig breiter, der Stein ein wenig dunkler. Als wir das Taufbecken erreicht hatten, drehte sich die Gestalt um, und ich sah, dass Jesus vor mir hergegangen war. Aber als ich in sein Gesicht schauen wollte, da strahlte es wie eine Sonne. – ‚Ich bin Jesus', sagte er auf Deutsch. ‚Heute ist dein Fest, Chalat. Komm zu mir, denn ich werde dich taufen.' – Und als ich meinen Kopf beugte, hat er die Hand in das Becken getaucht und meinen Kopf berührt, sodass die Tropfen von seiner Hand auf mein Gesicht liefen. – ‚Du bist die Blume in der Wüste', hat er gesagt. ‚Wie dein Vater durch dich ein Leben hatte, wie du eine Blume warst auf seinem Grab, so wirst du durch Christus ein Leben haben. Das Christentum ist wie eine Mutter, die dich beschützt. Es ist wie eine Henne, die ihre Küken beschützt, nicht wie eine Katze, die nur um sich selbst besorgt ist.' – Alle Leute haben laut geklatscht. Und von diesem Geräusch bin ich wach geworden, Nigin."

Nigin schaute sehr ernst.

„Was denkst du?", fragte ich besorgt.

„Wenn Jesus dich in dem Traum getauft hat, dann muss ich mit dem Pfarrer sprechen", sagte sie. „Dann dürfen wir nicht länger warten."

„Tu das, mein Kind", sagte ich. „Sprich mit ihm."

In der ersten Reihe saß Monika. Daneben ihr Mann, der mir aufmunternd zunickte. Die Menschen, die sich schön gekleidet hatten, waren in fröhlicher Stimmung. Sie freuten sich, dass sich eine Frau aus dem Irak in ihrem Glauben taufen ließ. Vielleicht dachten sie, wie nah der Irak ihnen heute war. Sicherlich dachten sie, dass Gott niemanden alleinlässt, nicht einmal eine Frau in Kurdistan – dort, wo der christliche Gott nicht oft angerufen wird.

Auch für ihn sei diese Taufe nicht wie andere, hatte der Pfarrer zu Nigin gesagt. Eine Frau, die von Jesus selbst getauft worden sei – das kenne er so nicht. Und Traum oder Kirchensonntag mache da keinen Unterschied.

Hinter mir standen Nigin und Niga. Die Menschen hatten gesungen, der Pfarrer hatte mit ihnen gebetet, nun sprach er von der Kanzel zu den vor mir Sitzenden und manchmal auch zu mir. Die Bibel hatte er auf das Pult gelegt, er sprach frei.

„Ich möchte Ihnen eine Geschichte erzählen", sagte der Pfarrer. „Die alten Bücher kennen viele wundersame Geschichten, aber unter all diesen ragt das Buch Ruth merkwürdig hervor. Es ist eigentlich schnell erzählt: Wegen einer Hungersnot verlässt ein Mann Juda. Er nimmt seine Frau Naomi mit und seine beiden Söhne. Er geht ins Land der Moabiter – Feindesland, ein Land mit einer fremden Religion. Dort nehmen sich seine Söhne Ehefrauen. Als der Mann stirbt und schließlich auch die Söhne sterben, beschließt Naomi, ins Land Juda zurückzukehren.

Die eine Schwiegertochter beschließt, in ihrer Heimat zu bleiben, die zweite, Ruth, aber will Naomi begleiten. Sie lässt es sich nicht ausreden. *Wo du hingehst, da will ich auch hingehen. Dein Volk ist mein Volk, und dein Gott ist mein Gott.* – Ja, diese Worte kennen wir von vielen Anlässen, gesprochen wurden sie von Ruth, der Moabiterin. Es ist ja nicht so, dass sie ihren Glauben gering schätzt, es ist nicht so, dass sie ihr Volk gering schätzt. Nein, es ist nur, dass sie etwas *anderes* höher schätzt – ihre menschliche Zuneigung zu Naomi. Zwei Frauen, die sich gegenseitig wichtiger sind als die von Menschen errichteten Grenzen.

Zwei Frauen aus der Fremde kommen nach langer Wanderung nach Juda. Mittellos, ohne Mann. Die eine ist dort einmal zu Hause gewesen. Die andere, die Moabiterin Ruth, ist ihr in Treue gefolgt. Und so beginnt diese Geschichte damit, dass Naomi und Ruth Fremde vor den Heimischen sind. Naomi wanderte in ein fremdes Land aus und kommt in ein fremdes Land zurück. ‚Ist das die Naomi?', fragen die Leute in Juda. – ‚Nennt mich nicht Naomi', sagt sie. In Juda ist sie eine Fremde geworden. Nicht anders als Ruth, die eine zweifach Fremde ist.

Und wenn wir auf Chalat schauen, dann ist sie eine Fremde. Sie ist die Ruth in dieser Geschichte. Aber Naomi – das sind *wir*. Auch wir sind wie Naomi Fremde, denn die Welt – wenn wir der Bibel glauben – besteht aus *Wegen*. Außer der Hungersnot und der Vertreibung ist nichts sicher. Nichts ist gewiss als das, was Naomi und Ruth verbindet. Nichts ist gewiss als das, was uns und Chalat verbindet.

Dein Weg ist mein Weg – was für ein unglaublicher Ausspruch! Gibt es nur *Wege* auf der Welt, nichts Festes? Und vielfach – das wissen wir – wird dieser Gedanke im Neuen Testament wiederholt! Jesus spricht zu fremden Fischern: Folgt mir nach! Und die Fischer lassen ihren alten Vater im Boot sitzen, ohne sich nach ihm umzuschauen. Sie gehen jetzt einen anderen Weg – nichts ist gewiss, nicht einmal die Liebe der Söhne zu ihrem Vater.

Chalat, die heute getauft wird, geht nun *unseren* Weg. Deshalb steht sie neben mir, und wir verstehen, was es für sie bedeutet.

Hiermit also taufe ich dich, Chalat Saeed, auf den Namen des Vaters, des Sohnes und des Heiligen Geistes."

Es war mir, als habe Gott die Zeit angehalten.

Die von Tropfen glänzende Hand des Pfarrers.

Das Taufbecken, der uralte Stein.

Die Blicke der Menschen.

Gott, der sein Wort gesprochen hatte.

Die Klavierspielerin ohne Bewegung.

Die Stille nach einem langen Weg.

Ruth, die Irakerin.

Licht schwimmt auf meinen Augen.

TEIL I – Eine kurdische Familie

Für dieses Buch habe ich viele Gespräche geführt. Meine beiden Töchter Nigin und Niga saßen dabei und haben übersetzt. Ich sah die Verwunderung in ihren Augen und habe mir gedacht: „Wie müssen sich erst die Deutschen über dieses Leben wundern, wenn meine eigenen kurdischen Kinder sich so dabei erschrecken?“

Ich bin eine Kurdin aus dem Nordirak. Mein Leben war typisch für das Leben einer Frau dort. Frauenrechte gibt es bei uns nicht. Nicht einmal eine Vorstellung davon. Frauen sind nicht etwa Bürger zweiter Klasse – nein, sie sind nicht anders gestellt als die Haustiere. Dieses Buch handelt von den Frauen – den starken Frauen, den mutigen Frauen, den Frauen, die sich niemals aufgeben, den Frauen, die füreinander einstehen.

Mit meiner Geschichte will ich dem Leser ein Fenster öffnen und ihn hineinschauen lassen in mein irakisches Leben wie in ein Nachbarhaus, dessen Fenster normalerweise fest von innen verschlossen sind.

Ein stolzer Vater

Hier also beginne ich: An meinem ersten Schultag. Ich stand vor dem Spiegel und probierte die Schuluniform an, die mir meine Mutter genäht hatte.

Es war eine weiße Bluse, die meine Mutter an den Armen noch ein wenig kürzen wollte. Es war ein schwarzer knielanger Rock und eine rote Haarschleife, die ich trug. Als meine Tante mich sah, hatte sie in die Hände geklatscht – so schön fand sie meine Kleidung.

„Dein Vater wäre so stolz auf dich gewesen", sagte meine Mutter.

Mein Bruder, der drei Jahre älter war, kam nicht in unser Zimmer, obwohl er von meiner Mutter gerufen wurde.

„Er geht nicht gern zur Schule", sagte meine Mutter. „Aber, Chalat, du gehst gern zur Schule, nicht wahr?"

„Ich glaube ja", sagte ich. „Aber ich kenne die Schule noch nicht."

„Alle Mädchen dort sehen so hübsch aus wie du. Und alle Mädchen freuen sich", sagte meine Mutter. „Wie gerne wäre ich auf eine Schule gegangen, aber es war eine andere Zeit."

„Gab es keine Schule?", fragte ich.

„Doch, die Schule, die du besuchen wirst, gab es damals schon. Aber meine Mutter hat gesagt, ein Mädchen muss nicht in eine Schule gehen, wenn sie im Haus von Nutzen ist."

„Bin ich nicht von Nutzen?", fragte ich sie.

„Doch, natürlich", sagte sie. „Du bist ein fleißiges Mädchen. Aber heute ist es so, dass alle Mädchen zur Schule gehen – früher war es so, dass kein Mädchen zur Schule ging. Es ist einfach so, dass es anders war. Ich kann es nicht erklären."

Aber meine Mutter musste nichts erklären. Ich war froh, dass ich in meiner Zeit geboren worden war, nicht in der Zeit meiner Mutter. Ich betrachtete meine wunderschöne Uniform und freute mich über meine Zeit.

„Wie stolz wäre dein Vater gewesen, wenn er dich jetzt sehen könnte", wiederholte meine Mutter.

Er kann mich sehen, dachte ich. *Dort, wo er ist, kann er mich immer sehen.*

„Als er ging", sagte meine Mutter, „da hat er zu deiner Tante und mir gesagt: *Alles von mir ist in Chalat.*"

„Warum hat er das gesagt?", fragte ich, obwohl ich wusste, wie er es gemeint hatte.

„Ich weiß nicht", sagte meine Mutter. „Er hat manchmal so gesprochen, dass ich ihn nicht verstanden habe."

Sie zog mir vorsichtig die Bluse über den Kopf und prüfte, ob die Nadeln sich gelöst hatten. „*Ich werde Chalat immer beschützen*, hat er gesagt. – Ist das nicht merkwürdig? Wie kann ein Toter ein lebendiges Mädchen beschützen!? Aber solche Sachen hat er gesagt!"

Ich wusste, dass mein Vater bei mir war. Er verstand es, ich verstand es – zwischen uns war ausgemacht, dass er mich nie verlassen würde. Meine Mutter konnte es nicht verstehen, meine Tante nicht und keiner meiner Brüder. Ich hatte ein Geheimnis mit meinem Vater und durfte nicht darüber sprechen.

„Was stehst du vor dem Spiegel?", fragte meine Mutter. „Chalat, was hast du für Gedanken?"

Ich schaute mich im Spiegel an. Es machte nichts, dass ich klein war und viel weniger stark als mein Bruder.

Vorsichtig zog mir meine Mutter den gebügelten Rock aus. So stand ich vor dem Spiegel in einer schwarzen Strumpfhose, in einem weißen Unterhemd, mit nackten dünnen Armen und einer roten Haarschleife. Wie ein Geschenk, das meine Mutter der Schule machen wollte.

Am nächsten Morgen ging ich mit meiner Mutter und meiner Tante zur Schule. Mein Bruder machte ein mürrisches Gesicht und ging zu seinen Freunden, die auch nicht gerne zur Schule gingen. Er sagte, er werde täglich auf die Hand geschlagen, aber den Grund sagte er nicht. Ich hatte mir vorgenommen, viel fleißiger zu sein als er.

Meine Tante hatte sich ein Kleid angezogen, das ich noch nie an ihr gesehen hatte. Es war schwarz bis zu den Füßen. Um den Hals trug sie einen breiten Schal in den kurdischen Farben.

„Wie Wildblumen sind die Farben der Kurden", sagte meine Mutter.

Jeder, der uns entgegen kam, hätte meine Tante für meine Mutter gehalten, weil sie uns vorausging und gekleidet war wie für eine Feier.

Auf dem Weg zur Schule lag der Friedhof, auf dem mein Vater lag. Ich zog meine Mutter dorthin.

„Nein", sagte meine Tante streng. „Was sollen die Leute denken, wenn wir zu einem Friedhof gehen?"

„Nur kurz", bettelte ich. „Heute ist ein besonderer Tag!"

„Was für verrückte Gedanken das Kind hat!", schimpfte meine Tante. „Sie soll nicht mehr an diese Dinge denken!"

„Nur vorbeigehen", bettelte ich weiter. „Ich werde nicht mit ihm sprechen."

„Sprechen? Was redest du da?"

„Mutter, du hast gesagt, er wäre stolz auf mich gewesen."

„Nein, komm jetzt!", sagte meine Mutter. „Dort drüben ist die Schule."

Ich sah eine lange Mauer und Mädchen, die daran entlangliefen. Sie gingen unter einem hohen Torbogen hindurch. Es war eine Schrift darauf. Viele schwarze Buchstaben, die ich in dieser Schule lernen würde.

Der Schulhof war sehr groß. Er war umgeben von einer Mauer und bestand nur aus Steinen. Aber ich verstand: Es gab keine Blumen, weil die Schüler in ihren bunten Kleidern darauf herumliefen. Wozu brauchte es Blumen? Selbst die Lehrerinnen trugen bunte Kleider.

Meine Mutter und meine Tante mussten sich zu den anderen Frauen stellen. Sie durften zuschauen, wie wir von unserem

Lehrer begrüßt wurden. Langsam las er unsere Namen vor. Jedes Kind trat nach vorne. Auch ich wurde aufgerufen. Der Lehrer lächelte, weil ich die Hand gehoben hatte, als er meinen Namen gesagt hatte.

Ich hatte meinen Lehrer sofort gern. Von ihm würde ich alles lernen wollen, was er wusste. Ich hoffte nur, dass er meinen Bruder nicht kannte, denn ich war nicht faul wie er.

Mein Lehrer hatte einen Bart wie Saddam, aber er trug keine Uniform, sondern ein sehr weißes Hemd. „Stellt euch zu zweit auf", sagte er. „Wir gehen jetzt in unseren Klassenraum."

Die Jungen waren zu dumm, um sich so aufzustellen, wie er es wollte. Er hob seine Hand und zeigte ihnen zwei Finger. Das Mädchen neben mir fasste meine Hand. Ich glaube, sie war ein wenig ängstlich. Ganz feucht war ihre Hand.

Wir hatten einen sehr großen und sehr weißen Klassenraum. Wie schön diese Schule war! Die Bänke und Stühle waren fast neu. Es gab große Fenster, aber ich würde immer zum Lehrer schauen, niemals aus den Fenstern.

Vorne war eine Bank, auf der niemand saß.

„Wer von euch möchte ganze vorne sitzen?", fragte er.

Ich meldete mich.

„Chalat, dann komm mit deiner Nachbarin nach vorne."

Er kannte bereits meinen Namen. Ich war sehr stolz und zog meine Nachbarin an der Hand nach vorne. Ihren Namen hatte er nicht gewusst.

Am nächsten Morgen ging ich schon allein zur Schule. Im Garten blickte ich mich noch einmal um und winkte. Auch meine Mutter winkte mir. Ich sah, wie stolz sie auf mich war.

Wie schön ist es, dass Mädchen zur Schule gehen dürfen, dachte ich.

Als sie nicht mehr schaute, bückte ich mich und pflückte zwei Blumen in den Farben der Kurden – gelb, rot und einen kleinen grünen Zweig dazu. Ich versteckte sie in meinem Ranzen, denn es gab kein anderes Schulmädchen, das Blumen in der Hand hielt.

Gerade als ich die Schule sehen konnte, schlüpfte ich durch das Tor vom Friedhof und ging schnell durch die Reihen der Gräber hindurch. Vor dem Grab meines Vaters blieb ich stehen.

„Wenn du mich doch sehen könntest", sagte ich zu ihm. „Wenn du die Blumen sehen könntest, die ich auf dein Grab lege."

Auf einem anderen Grab lagen auch Blumen. Alle anderen Toten waren einsam. Niemand dachte an sie.

„Ich habe einen sehr netten Lehrer", sagte ich zu meinem Vater. „Er hat sich meinen Namen gemerkt. Nun sitze ich ganz vorne." Ich legte die Blumen auf seine Füße. „Ich muss jetzt gehen, ich darf nicht zu spät kommen, aber ich werde jeden Morgen herkommen. Du sollst wissen, was jeden Tag passiert."

Schnell schlüpfte ich wieder durch das Tor und ging auf der Straße mit den anderen Kindern zur Schule, um neue Buchstaben zu lernen.

Vor dem Schultor wartete mein Bruder Awer auf mich. „Wo warst du?", fragte er.

„Ich war auf dem Friedhof", sagte ich.

„Na gut", sagte er. „Ich muss immer wissen, wo du bist, weil ich auf dich aufpassen soll. Das hat Goran gesagt." Goran war mein ältester Bruder, viel älter als ich und Awer.

„Jeden Morgen gehe ich zum Friedhof", sagte ich.

Da kam ein Freund und zog ihn mit sich fort.

Auf dem Schulhof rannten die Jungen, die Mädchen machten Hüpfspiele. Nur ein Mädchen stand allein. Sie hatte sehr schwarze Haare und war sehr blass.

„Wie heißt du?", fragte ich sie.

„Yussa", sagte sie leise.

„Das ist kein kurdischer Name", sagte ich.

„Meine Mutter ist Araberin", sagte sie. „Sie kommt aus Bagdad."

„Mein Vater ist gestorben", sagte ich.

Yussa umarmte mich, weil sie sah, dass ich sehr traurig wurde.

„Ich bringe meinem Vater jeden Tag Blumen. Es ist mein Geheimnis", sagte ich.

„Ich habe zwei Mütter", sagte Yussa. „Eine richtige und eine andere." Auch sie hatte ein trauriges Geheimnis. Und ohne dass ich etwas sagen musste, war Yussa meine Freundin geworden. Sie saß mit mir ganz vorne, direkt vor unserem Lehrer.

„Nehmt euch ein Beispiel an Chalat und Yussa", sagte der Lehrer zu den Jungen. „Wenn ihr nicht aufpasst, dann wissen sie bald viel mehr als ihr."

Weil der Lehrer einen Buchstaben vergessen hatte, durfte ich ihn an die Tafel malen. Und immer wenn ein Junge etwas Falsches sagte, dann meldete ich mich.

Diese Jungen waren nicht meine Brüder. Vor ihnen hatte ich keine Angst.

Meine Mutter hatte eine Schwester in Arbat. „Wir verstehen uns nicht, aber wir sind Schwestern", sagte sie. Deshalb waren wir mit dem Bus dorthin gereist. Nur ich und meine Mutter.

Alle Kinder dieser Tante waren größer, nur ein Mädchen war so alt wie ich. „Ich bin froh, dass mein Vater lebt", sagte sie. „Du bist bestimmt traurig, dass dein Vater tot ist. Aber sag meiner Mutter nicht, dass ich mit dir darüber gesprochen habe."

„Ich gehe meinen Vater jeden Tag besuchen", sagte ich.

„Auf dem Friedhof?", fragte dieses dumme Mädchen. „Wie traurig das für dich ist! Mein Vater kommt gleich von der Arbeit."

Meine Mutter hatte mir Geld gegeben, damit ich Eis für mich und das Mädchen kaufen konnte. Aber ich hatte keine Lust, diesem Mädchen Eis zu kaufen.

„Ihr werdet euch bestimmt gut verstehen“, hatte meine Mutter gesagt. „Sie ist deine Cousine.“

Aber ich kaufte dem Mädchen kein Eis.

In der Straße, wo das Mädchen wohnte, gab es sonst keine Kinder. Nur dieses Mädchen. Von der Busstation waren wir durch diese langweilige Straße gelaufen, bis wir zu ihrem Haus gekommen waren.

„Ich habe viele Freundinnen in unserer Straße“, sagte ich. „Es muss traurig sein, in einer Straße ohne Kinder zu wohnen.“

Das Mädchen sagte nichts, aber sie weinte fast.

„Alle Mädchen in meiner Straße sind netter als du“, sagte ich. „Selbst Gulan ist netter, obwohl sie keiner mag.“

Und da weinte das Mädchen.

Ich befühlte das Geld in meiner Tasche und überlegte, was ich tun konnte. „Mir ist langweilig mit dir“, sagte ich. „Du bist das langweiligste Mädchen, das ich kenne.“

Da rannte das Mädchen fort.

Nun überlegte ich, was ich ohne sie tun konnte. Das Busfahren hatte mir viel Spaß gemacht. Der Busfahrer war sehr nett zu mir gewesen. Meine Mutter durfte nicht sagen, wohin sie fahren wollte. Er wollte es von mir hören.

„Von Sulaimaniyya nach Kolabi und umsteigen nach Arbat“, sagte ich leise.

Aber er verstand nicht. Da musste ich es sehr laut rufen.

„Ah“, sagte er und lachte. „Ein Kind allein?“

„Nein, ein Kind und meine Mutter“, rief ich so laut, wie ich konnte.

Der Busfahrer hatte sehr ernst genickt, mein Geld genommen und mir zwei Tickets gegeben. „Nicht verlieren“, hatte er gesagt. „Sonst musst du wieder aussteigen.“

Eine Ziege hat hinter uns gesessen. Sie hatte mit dem Kopf durch die Sitze geschaut und mit ihrem Bart meine Schulter gekitzelt. „Sie will dein Busticket essen“, hatte die Frau hinter uns gesagt.

Also ging ich jetzt die Straße entlang, die wir gekommen waren. Ich wollte ein Eis essen und Busse schauen. Die Straße von dem langweiligen Mädchen führte auf eine Straße, die nicht langweilig war.

„Wenn du zu den Bussen willst, musst du dort entlanggehen", sagte eine Frau mit zwei großen Einkaufstüten zu mir. Sie gab mir ein Gebäck.

Ich aß das Gebäck und ging dort entlang. Mir war nicht mehr langweilig. Es standen viele Busse dort, aber es gab kein Eis. Frauen sah ich mit Tieren und Kindern. Männer, die rauchten. Männer, die ein Teeglas hielten. Soldaten in Uniformen, Schülerinnen in Uniformen, bärtige Männer. Es war schön zu sehen, wenn ein Bus losfuhr. Die Leute winkten. Die Kinder schrien. Dann kam ein neuer Bus auf den Platz gefahren und ließ die Leute einsteigen.

Ich entdeckte meinen Bus. Der Fahrer erkannte mich und rief mich. „Willst du wieder Bus fahren?", fragte er.

Ich nickte.

„Wo ist deine Mutter?"

Ich zeigte ihm das Geld, das ich für das Eis hatte. „Von Sulaimaniyya nach Kolabi und umsteigen nach Arbat", rief ich, so laut ich konnte.

Er musste sehr lachen.

„Ein Kind und keine Mutter!", rief ich noch lauter.

Da lachte er noch mehr. Er nahm das Geld und gab mir ein Ticket. Ich steckte es vorsichtig in meine Tasche. Wenn eine Ziege das Ticket fraß, musste ich aussteigen. Das wollte ich nicht.

Eine sehr dicke Frau setzte sich neben mich, aber das war nicht schlimm, weil auf meinem Sitz noch Platz war. Es war eine schöne Fahrt. Hinter mir saß keine Ziege, und neben mir saß eine Frau, die Datteln, Gebäck von ihrer Mutter, Baklava mit Pistazien und gesalzene Mandeln mit mir aß.

Der Busfahrer brachte mich bis zu unserer Straße. Als ich ausstieg, hupte er zweimal. Alle Kinder in der Straße schauten, als ich ohne meine Mutter aus dem großen Bus ausstieg. Ich war sehr stolz auf mich und ging an ihnen vorbei, als sehe ich sie nicht.

„Chalat, ganz allein!", flüsterten sie.

„Sie fährt ohne Mutter mit dem Bus!"

„Ihre Mutter erlaubt ihr, allein zu reisen!"

„Wo kommt sie her, ganz allein?"

Chalat kam von einer langen Reise zurück. Chalat ging auf ihr Haus zu, aber leider war das Haus verschlossen. Niemand war da, der Chalat öffnen konnte. Chalat klopfte, Chalat schlug gegen die Tür, Chalat kratzte an der Tür, Chalat rief – aber niemand machte ihr auf. In ihrem Haus war niemand, und Chalat hatte keinen Schlüssel.

Weil die Kinder auf der Straße zu lachen begannen, kletterte ich an der Tür hoch. Da hörten sie auf zu lachen und schauten mir beim Klettern zu. Ein Kind, das allein von einer Reise zurückkam, an der Tür hochkletterte, um vom Dach in das Haus einzusteigen – da gab es viel zu schauen.

Als ich es fast geschafft hatte, spürte ich, dass ich nicht weiterkam. Mein Kleid hatte sich an dem Regenrohr unter mir verhakt. Da war ein Nagel oder so etwas. Ich konnte mich nicht hinunterbeugen, weil ich Angst hatte. Und ich kam nicht weiter hinauf. Ich hing zwischen Dach und Tür und konnte mich nicht bewegen. Ich hing am Haus fest wie ein angeklebter Vogel, die Arme ausgebreitet, der Rock flatternd.

„Sie ruft, aber es kommt niemand." Die Kinder schauten zu mir hoch.

Ich schaute auf die Kinder unter mir. Sie waren ganz klein. Ich schaute hoch. Die Wolken waren ganz nah.

„Da kommt ihre Mutter!", riefen die Kinder. „Ihre Mutter hat Tränen im Gesicht!" – „Ihre Mutter ist ganz bleich." – „Ihre Mutter bekommt keine Luft."

„Chalat – was machst du da oben?", rief meine Mutter.

„Ich hänge fest", rief ich.

„Wie kommst du da hin?"

„Sie ist geklettert!", riefen die Kinder.

„Warum bist du allein weggefahren?"

„Mir war langweilig!"

„Ohne mir Bescheid zu sagen!"

Ich nickte vorsichtig. Das Regenrohr wackelte ein wenig.

„Zur Strafe bleibst du da oben", rief meine Mutter. „Zwei Stunden bleibst du da oben. Zur Strafe! Bis zum Abend!"

Ich hörte, wie meine Mutter die Tür des Hauses aufmachte und die Tür hinter ihr zuschlug. Wieder zitterte das Regenrohr, an dem ich hing.

Die Kinder schauten zu mir hoch. Irgendwann verloren sie das Interesse an mir.

Als meine Mutter das Haus verließ, rief ich: „Es tut mir leid, Mutter! Ich will hier runter!"

Meine Mutter blickte die Straße entlang. „Ich habe Chalats Stimme gehört", sagte sie zu sich. „Ganz deutlich, ganz nah."

„Hier bin ich!", rief ich.

„Aber Chalat ist doch allein mit dem Bus nach Bagdad gefahren", sagte meine Mutter zu sich. „Wie kann ich ihre Stimme hören? Ich bilde mir etwas ein."

„Nein, hier bin ich!", rief ich. „Mutter, schau hoch, dann siehst du mich!"

„Habt ihr Chalat gesehen?", fragte sie die Kinder.

„Nein", riefen sie und lachten.

Dann sah ich meinen Bruder Awer.

„Awer, hilf mir runterzukommen. Ich bin es, Chalat."

„Habt ihr gehört, dass unser Regenrohr spricht?", fragte Awer die Kinder.

„Ja, es hat gesprochen", riefen sie.

„Wir werden dieses sprechende Regenrohr verkaufen", sagte er. „Wir werden dieses Regenrohr an die Regierung verkaufen. Nicht einmal in Amerika gibt es ein sprechendes Regenrohr."

„Kaugummis gibt es in Amerika, aber kein sprechendes Regenrohr!", riefen die Kinder.

„Von dem Geld kaufen wir Kaugummis", sagte Awer.

Die Kinder jubelten.

„Awer, ich bin es, Chalat", rief ich leise.

Als meine Schwester Schuxan mich sah, wusste sie von nichts.

„Was machst du da oben, Chalat?", rief sie entsetzt.

„Ich – weiß es nicht", sagte ich.

„Das ist sehr gefährlich!", rief meine Schwester. „Komm sofort da runter, sonst sage ich Mutter, dass du auf die Regenrinne geklettert bist."

„Mutter weiß aber, dass ich hier oben bin."

„Awer, komm sofort!", rief meine Schwester. „Chalat ist auf die Regenrinne geklettert!"

Awer stand neben ihr und grinste. „Das ist ein Vogel, Schwester. Er wird wieder fortfliegen."

„Awer, bist du verrückt geworden?! Das ist Chalat!"

„Chalat ist nach Bagdad gefahren", sagte Awer.

„Nach Bagdad?!", rief meine Schwester.

„Ich weiß es von Mutter."

„Siehst du nicht, dass Chalat Angst hat?"

„Nein, ich habe keine Angst", sagte ich leise.

„Kümmere dich nicht um den Vogel, Schuxan", sagte Awer. „Er wird wieder fortfliegen."

Dilan

In der zweiten Klasse kam ein neues Mädchen zu uns.

„Wo willst du sitzen?", fragte der Lehrer.

„Vorne", sagte das Mädchen.

„Dann stellen wir einen Tisch für dich nach vorne", sagte der Lehrer lachend. „Da sitzt du aber allein."

„Macht nichts", sagte das Mädchen.

„Sie heißt Dilan", sagte der Lehrer zu uns.

Das Mädchen legte alte Hefte auf den Tisch. Eine Tasche hatte sie nicht. Ihre Schuhe waren mit unterschiedlichen Bändern zugebunden.

In der Pause ging ich zu dem Mädchen.

„Hallo, Dilan", sagte ich. „Ich heiße Chalat, ich bin die beste Schülerin in der Klasse."

„Ich bin immer die beste Schülerin gewesen", sagte Dilan.

„Du bist sehr frech", sagte ich.

Dilan drehte sich um und stand in der Pause allein auf dem Hof. Sie hatte keine Freundinnen. Es machte ihr nichts aus, allein zu sein. Sie hatte unordentliche Haare.

„Ich will nicht mehr vorne sitzen", sagte Yussa leise zu mir.

„Warum denn nicht?"

„Einfach so", sagte Yussa. „Ich frage den Lehrer, ob er es erlaubt."

Als der Lehrer kam, sagte er: „Yussa, du kannst dich dorthin setzen. Dann sitzen Chalat und Dilan nebeneinander."

Weil ich neben Dilan saß, konnte ich genau in ihre zwei Hefte schauen. Es hatte schon jemand in den Heften geschrieben. Dann war die Schrift ausradiert worden. Seiten waren entfernt worden, denn das Heft war dünner als meins.

An der Wand hing ein kleiner Spiegel, in dem ich Dilan beobachten konnte. Etwas an ihr war anders. Sie war kein Mädchen-Mädchen. Wild war sie, irgendwie. Die Haare hingen ihr über die Augen. Sie musste hindurchschauen. Und ihr Mund war verschlossen, weil sie wollte, dass er verschlossen war. Sie hatte große Ohren und ein Kinn, das in der Mitte ein kleines Tal hatte.

Dann begegnete ich ihrem Blick im Spiegel. Sie hatte mich ertappt. Schnell schaute ich weg. Was interessierte mich an ihr?

Nach der Stunde sagte der Lehrer: „Dilan und Chalat, kommt mal bitte zu mir. Die anderen Kinder gehen in die Pause."

So standen wir vor dem Lehrer. Dilan war so groß wie ich. Beide waren wir klein.

„Dilan hat ihren Vater verloren", sagte der Lehrer. „Sie hat keine Eltern mehr."

Ich sah Dilan an, aber ich sah nur ihre Ohren, denn sie sie starrte vor sich hin.

„Chalat hat auch keinen Vater", sagte er.

Am liebsten hätte ich geweint, so traurig war ich.

„Viele Kinder haben keinen Vater", sagte der Lehrer, „aber ihr beiden seid klug, ihr seid stark. Ihr seid anders. Vertragt euch! Das wollte ich nur sagen."

Ich ging vorneweg, Dilan folgte mir. Ich brauchte ihr Gesicht nicht zu sehen, um zu wissen, dass sie es hasste, mir folgen zu müssen.

„Der Lehrer hat gesagt, wir sollen Freundinnen werden", sagte ich.

„Er hat gesagt, wir sollen uns vertragen", sagte Dilan. „Das ist etwas anderes!"

Ich öffnete meine Frühstücksbox. Sie blieb einfach neben mir stehen.

„Du denkst wohl, ich habe nicht gesehen, dass du in dem Heft schon etwas stehen hast?"

„Mein Bruder hat mir gesagt, ich soll sein Heft von früher nehmen. Wir haben kein Geld für ein neues Heft."

Weil sie so ehrlich war, wusste ich nicht, was ich sagen sollte. „Warum sagt der Lehrer, dass du schlau bist?"

„Er hat mit den Lehrern von meiner alten Schule gesprochen." So einfach war das für sie.

Ich schaute in meine Frühstücksbox. Eine winzigen Moment lang schaute auch sie hinein. Einen winzigen Moment – und ich wusste, dass sie Hunger hatte. Einen winzigen Moment lang hatte ich hinter ihre Augen geschaut. Da wusste ich, an wen mich das Mädchen erinnerte: Sie war wie meine Tante. Es war nicht ihr Aussehen, es war etwas anderes.

Ich stellte die Box zwischen uns. „Iss jetzt, gleich ist die Pause vorbei", sagte ich.

„Was meinst du?"

Die Box stand zwischen uns. „Du weißt, was ich meine", sagte ich.

Ja, sie war wie meine Tante. Wenn Dilan groß war, würden die Männer Angst vor ihr haben.

Es war nicht, weil sie klug war. Es war etwas anderes.

Morgens frühstückten wir zusammen. Meine Brüder sahen uns streng dabei zu, weil wir Frauen waren.

„Schau nicht aus dem Fenster, während du isst, Chalat", sagte mein Bruder Awer. „Das ist haram[3] für eine Frau!"

Aber meine Mutter lachte ihn nur aus. Auch meine älteren Brüder lachten.

„Wenn Awer später eine Frau hat, dann wird er ihr nichts erlauben", rief Goran, mein ältester Bruder.

Aus der Küche schaute Schuxan, meine ältere Schwester, herein, weil wir so fröhlich waren, denn meine Brüder hatten oft Streit miteinander, und dann hatte meine Mutter Streit mit ihnen.

Als sie gegangen waren, hatten wir noch ein wenig Zeit. Awer musste noch seine Schulsachen suchen, ich hatte sie unter dem Stuhl liegen.

„Sah er so aus?", fragte ich meine Mutter und zeigte auf das Bild von meinem Vater, das an der Wand neben den Kalligrafien hing.

„Nicht wahr, Chalat, dein Vater war ein schöner Mann", sagte sie. „Du hast ihn nicht gekannt, aber er hat gesagt: Chalat ist mein letzter Atemzug."

Ich stellte mir vor, wie mein Vater einen tiefen Atemzug machte. Und weil sie in die Küche gegangen war, schaute ich meinen Vater an, der ein sehr schöner Mann gewesen war.

Dann setzte sich meine Mutter wieder zu mir und sagte: „Ich habe gesehen, dass du wachträumst, Chalat."

„Was ist das – *wachträumen*?", fragte ich sie.

„Ich bin aufgewacht in der Nacht, weil du dich aus dem Bett bewegt hast", sagte sie. „Da habe ich dich beobachtet. Du bist zum Fenster gegangen, wie eine Schlafende. Dort war der halbe Mond, auf den du geschaut hast. Er hat die weißen Berge mit seiner Spitze berührt."

„Warum bin ich dorthin gegangen?" Ich wusste es nicht. Ich konnte mich nicht einmal erinnern, aus dem Fenster geschaut zu haben.

„Du hast geträumt, Chalat", sagte meine Mutter sanft. „Du hast nach deinem Vater geschaut, denke ich."

„Aber er liegt auf dem Friedhof", sagte ich leise.

„Ich weiß nicht", sagte meine Mutter. „Vielleicht liegt er dort nicht immer. Manchmal steht er auf und besucht uns im Schlaf. Auch ich träume von ihm."

„Dann ist das Grab nur ein Bett für ihn?"

Meine Mutter lächelte.

„Dann ist es nicht schlimm, dass ich zum Fenster gehe, um wachzuträumen?"

Meine Mutter sah mich nachdenklich an. Erst wollte sie nicht sagen, was sie dachte. „Eine Frau, die so träumt – sie wird ihren eigenen Weg gehen", sagte sie dann.

„Es ist doch gut, wenn ich meinen eigenen Weg gehe", sagte ich.

Meine Mutter gab mir schweigend meine Tasche. Es war Zeit, dass ich zur Schule ging.

Bevor ich aus unserem Gartentor ging, pflückte ich drei Blumen. Dann rannte ich los, denn wenn ich noch zum Friedhof wollte, dann musste ich mich beeilen. Ich wollte niemals das letzte Mädchen in der Schule sein.

Dass ich eine Wachträumerin war, hatte ich schon vergessen, als ich vor dem Grab meines Vaters stand. Kalt war der Boden, als ich ihn berührte, um meine Blumen auf das Grab zu legen. Schön waren die Blumen anzuschauen auf dem Grab. Es gab kein anderes Grab, auf dem Blumen lagen, nur auf dem Grab meines Vaters. Dort lagen meine Blumen.

Nach dem zweiten Schuljahr gab es Zeugnisse. Der Lehrer war sehr stolz auf Yussa, mich und Dilan.

„Ihr seid die Besten in der Klasse“, sagte er und sah sich um. Jeder wusste, wie gut wir waren.

„Wer sind die besten der Jungen?“, fragte Ilay.

„Es gibt nur eine Klasse!“, sagte der Lehrer. „Jeder Junge muss sich so anstrengen wie die Mädchen!“

Weil Ilay lachte, sah der Lehrer ihn streng an.

Unsere Zeugnisse waren auf sehr dickes Papier geschrieben. Sie trugen einen goldenen Stempel. Vorsichtig steckten wir sie in unsere Tasche.

Dilan hatte keine Tasche. „Ich muss nach Hause“, sagte sie. „Ich kann nicht mit euch gehen.“

Dann gingen wir sehr stolz aus der Schule. Auch die Schüler der anderen Klassen wussten jetzt, dass wir die besten Schülerinnen waren.

„Meine Mutter hat mir Geld gegeben. Lass uns etwas Süßes kaufen“, sagte Yussa.

„Ich muss meinem Vater noch sagen, welche Noten ich habe“, sagte ich.

„Dein Vater ist doch tot, oder? Hast du nicht gesagt, er ist tot?“

„Komm mit, Yussa“, sagte ich.

Also gingen wir zum Friedhof, und da verstand Yussa.

„Das ist sein Grab“, sagte ich. „Da, wo die Blumen liegen.“

Wir standen dort, und Yussa schwieg, weil sie mit mir fühlte. „Du hast die Blumen dorthin gelegt“, sagte sie.

Ich holte mein Zeugnis und einen Stift aus der Tasche. Mit dem umgedrehten Stift schrieb ich meine drei Fächer und meine drei Noten auf das Grab. Dann standen wir und schwiegen. Am Ende sahen wir zu den Bergen von Sulaimaniyya auf, schneebedeckt und nah.

„Dort liegen die kurdischen Götter begraben", sagte ich. „Zu ihren Füßen liegt mein Vater, begraben wie ein Kämpfer."

„Haben die Kurden andere Götter als Allah?", fragte Yussa.

„In diesen Bergen hat mein Vater gekämpft", sagte ich. „Die Berge sind die Freunde der Kurden. Es gibt keine Feinde, die sich trauen, in den Bergen mit ihnen zu kämpfen."

„Ist dein Vater in den Bergen gestorben?", fragte Yussa.

„Ja", sagte ich, „alle Peschmerga[4] sterben in den Bergen."

„Mein Vater ist auch Kurde", sagte Yussa, als wir durch die Reihen der aufgehäuften Gräber gingen.

„Ich weiß", sagte ich. „Du bist eine halbe Kurdin."

Überall vergessene Namen auf den Gräbern – nirgendwo Blumen, die jeden Tag gebracht wurden.

„Mein Vater schlägt meine Mutter", sagte Yussa. „Heute hat er ihr Haare ausgerissen. Richtige Büschel lagen neben ihr auf dem Bett. Meine Mutter hat sehr geweint. Als ich sie gestreichelt habe, hat sie geweint. Wie ein Kind."

Ich wusste nicht, was ich sagen sollte.

„Die Kurden sind schrecklich. Das sagt meine Mutter."

Wir setzten uns auf eine Bank, die schief an der Mauer stand.

„Ich verrate dir ein Geheimnis", sagte Yussa. „Wirst du es für dich behalten?"

„Ich schwöre", sagte ich ernst.

„Wir werden wieder nach Bagdad gehen. Meine Mutter will nicht mehr in Sulaimaniyya leben. Sie hat Angst um ihr Leben."

„Wird dein Vater nicht nach euch suchen?", fragte ich.

„In Bagdad traut er sich nicht, sie zu schlagen. In Bagdad hat er Angst vor meinem Onkel. Mein Vater ist ein Feigling, sagt meine Mutter. Nur in Kurdistan schlägt er sie."

Ich war sehr traurig, weil ich eine sehr gute Freundin verlieren würde.

„Mein Vater ist immer bei mir", sagte ich stolz.

„Er ist doch tot!", sagte Yussa.

„Für mich ist er nicht tot", sagte ich. „Er geht mit mir jetzt nach Hause. Nur abends kehrt er zu seinem Friedhof zurück."

„Glaubst du das wirklich?", fragte Yussa.

Ja, ich glaubte es wirklich.

„Komisch", sagte Yussa, „so etwas zu glauben. Glauben alle Kurden, dass die Toten leben?"

„Mein Vater hat es geglaubt, ich glaube es. Von den anderen Kurden weiß ich es nicht."

„Meine Mutter sagt, alle Kurden schlagen ihre Frauen."

„Manchmal schlägt Goran meine Schwester Schuxan mit dem Stock", sagte ich. „Dann weint sie, und ich kann nichts tun."

Wir gingen auf den großen Marktplatz. So viele Frauen waren dort mit ihren Kindern, dass niemand dachte, dass wir ohne Mutter dort waren.

„Ich will eine Köchin werden", sagte Yussa vor einem Stand mit Gewürzen.

„Ich will eine Näherin werden", sagte sie vor einem Stand mit Stoffen.

„Ich will eine Bäckerin werden", sagte sie vor einem Tisch mit Fladen.

„Ich will Süßigkeiten essen", sagte ich, und wir lachten.

Wir suchten uns einen Stand, wo die Süßigkeiten in großen Körben auf dem Boden standen.

„Das Mädchen mit dem Vogel auf der Schulter, such dir etwas aus!"

Ich sah Yussa an. Sie sah mich an.

Dann flüsterte sie: „Er hat recht. Ein Vogel sitzt auf deiner Schulter."

Ich sah zur Seite und sah einen kleinen klugen Vogelkopf, schwarze Augen, einen roten Schnabel und einen weiß-braunen Kopf.

Zwiitsch, Zwiitsch, sagte der Vogel. *Zwiiitsch.*

„Bring mir Glück, kleiner Geistvogel", sang der Verkäufer und zeigte auf seine Schulter. „Komm zu mir, kleiner Vogel, komm, komm."

Aber der Vogel blieb auf meiner Schulter sitzen. Als Yussa die Hand nach ihm ausstreckte, flog er auf. Als sie die Hand wieder wegzog, kam er zurück und landete wieder auf meiner Schulter.

„Ein Geistvogel", sagte der Verkäufer. „Ganze Schwärme von ihnen gibt es auf dem Friedhof."

„Dann ist er mir von dort gefolgt", sagte ich. „Ich gehe oft auf den Friedhof."

„Der Geist eines Verstorbenen ist mit dem Vogel", erklärte der Verkäufer mir. „Such dir etwas aus, Vogelmädchen, du wirst meinem Geschäft Glück bringen."

„Zwei von den Roten", flüsterte Yussa. „Oder besser drei von den Blauen."

Er gab uns die Bonbons. Als ich ihm Geld geben wollte, nahm er die Hände auf den Rücken. „Ich habe mir etwas gewünscht, Vogelmädchen", sagte er. „Ich nehme kein Geld von dir."

Glücklich gingen wir über den Markt. Kinder aus unserer Klasse hatten uns gesehen. Neugierig fragten sie Yussa, was der Mann gesagt hatte. Und Yussa zeigte ihnen den Vogel auf meiner Schulter.

Andere Kinder kamen hinzu. „Der Vogel ist der Geist eines Toten, der Glück bringt", erzählte Yussa ihnen. „Sogar der Süßigkeitenverkäufer hat sich etwas gewünscht. Schnell, wünscht euch etwas. Ehe er fortfliegt, wünscht euch etwas!"

Der Vogel schaute die Kinder mit seinen klugen Augen an und zwiitschte. Er hatte jedes Wort verstanden und las die Wünsche der Kinder in ihren Augen, um sie zu erfüllen.

Kultura

In diesem Sommer wurden neun Mädchen in unserer Straße sehr krank, weil meine Tante zu uns kam.

Beim Essen sagte Goran, mein ältester Bruder, zu meinen anderen Brüdern: „Wir gehen gleich in die Moschee. Und wir bleiben dort bis zum Abend."

„Ich möchte aber auf der Straße spielen", sagte Awer, mein jüngster Bruder. „Ich habe mich verabredet mit einem Freund."

„Wenn eure Tante kommt, werden alle Männer und Jungen in der Moschee sein", sagte Goran. „Ich möchte nicht darüber sprechen. Es ist eine Sache der Frauen, was heute passiert."

Meine Brüder nahmen einen Korb mit Essen mit und gingen aus dem Haus. Draußen sahen wir andere Männer und ihre Söhne mit Esskörben. Wenn ich aus unserem Gartentor schaute, dann sah ich nur Frauen und Mädchen.

„Was passiert denn, wenn die Tante kommt?", fragte ich meine Mutter.

„Was haram bei den Frauen ist, muss weg", sagte sie.

„Ist es so wie ein Fest?", fragte ich.

„Sei still!", sagte meine Mutter. „Geh mit deiner Schwester auf der Straße spielen."

Als ich aus dem Gartentor ging, trat meine Tante mit acht Nachbarinnen ein. Sie gingen hintereinander. Meine Tante war so ernst, dass sie mich nicht einmal ansah. Sie hatte eine weiße Tasche dabei. Sie trug ein weißes Kleid und ein weißes Kopftuch.

„Geh auf der Straße spielen, Chalat", sagte sie im Vorbeigehen. „Komm erst ins Haus, wenn ich dich rufe!"

Die Straße war voller Mädchen, keine Jungs. Nur wir kleinen Kinder wussten, was wir spielen wollten. Die großen Mädchen standen und redeten miteinander. Manche von ihnen weinten. Andere saßen nebeneinander auf einer Mauer.

„Was wollen wir spielen?", fragte ich meine Schwester.

„Geh weg, Chalat!“, sagte sie. „Spiel mit den Kindern!“

So, wie sie heute war, kannte ich meine Schwester Schuxan nicht. Sie war sonst immer freundlich zu mir. „Ist es wegen der Tante?“, fragte ich.

Meine Schwester war sehr bleich im Gesicht. Also war es wegen der Tante, aber ich wusste immer noch nicht, was es war.

„Was ist haram?“, fragte ich. Wenn etwas haram war, warum sprach Goran nicht darüber? „Was ist unsere Kultur?“, fragte ich.

Da schubste meine Schwester mich weg, wie sie es sonst nicht tat.

Die acht Frauen und meine Mutter traten auf die Straße und schauten sich um. Als ein Mädchen wegzulaufen begann, fingen zwei Frauen es wieder ein. Die Mutter nahm das weinende Mädchen fest an der Hand. Jede Mutter nahm ihr Mädchen an der Hand. Auch meine Mutter fasste meine Schwester am Arm. Dann gingen sie durch das Gartentor wieder zurück in unser Haus.

Jedes Mädchen wurde fest von ihrer Mutter an der Hand gefasst. Nur meine Tante war im Haus geblieben.

„Wollen wir in eurem Garten Verstecken spielen?“, fragte mich das Nachbarsmädchen.

„Nein, wir dürfen nicht in den Garten, hat meine Mutter gesagt.“

Also standen wir am Tor und schauten. Wir sahen meine Tante und meine Mutter in einem Zimmer mit drei anderen Frauen stehen, aber als die Tante uns sah, zog sie mit einem bösen Gesicht den Vorhang zu. In einem anderen Zimmer saßen die anderen Frauen und alle Mädchen. Es war kein Fest, denn sie waren alle sehr still. Ich hatte gedacht, die Frauen würden etwas kochen, weil es ein Fest in unserer Kultur war. Aber sie saßen ganz still da und warteten auf etwas. Wieder schaute eine Frau böse aus dem Fenster, weil wir etwas sehen wollten. Dann zog sie den Vorhang zu.

„Deine Tante schneidet das Pipi bei den Mädchen ab", sagte das Nachbarsmädchen zu mir. „Mit einer Rasierklinge für den Bart der Männer." Sie grinste, weil ich nichts wusste. „Ich weiß es, weil ich eine große Schwester habe", sagte sie frech.

Da hörte ich einen spitzen Schrei. So lang und so schrecklich laut, dass das Mädchen meine Hand ergriff. Dann beugte sie sich vor und spuckte etwas aus dem Magen aus. Schnell zog ich meine Hand zurück.

Die anderen Kinder hatten aufgehört zu spielen.

Und wieder ein lauter und schrecklich langer Schrei.

Vor unseren Augen krümmte sich die Straße vor Schmerzen. Die Busstation, die Moschee – dieser Schrei würde überall zu hören sein.

Neun schreckliche Schreie.

Neun Ewigkeiten von Schmerz.

In diesem Sommer besuchten wir das Dorf meiner Tante.

„Dort ist es." Meine Mutter zeigte auf die Berge.

„Liegt dort Schnee?", fragte ich.

„Der Schnee kann immer kommen. Der Schnee verlässt dieses Dorf nicht. Deshalb müssen wir ihr helfen, die Ernte einzubringen."

„Kämpfen dort die Peschmerga?"

„Die Peschmerga sind unsichtbar", sagte meine Mutter streng. „Niemand weiß, wo sie sind."

„Die Tante weiß nicht, wo sie sind?"

„Nicht einmal deine Tante weiß, wo sie sind", sagte meine Mutter. „Saddam kommt und foltert die Leute dort, aber sie wissen nichts."

„Sie sind sehr tapfer", sagte ich.

„Es ist gefährlich, tapfer zu sein. Es ist besser, dumm zu sein", sagte meine Mutter.

Unsere Tante holte uns in einem anderen Dorf ab. „Der Esel ist krank, das dumme Vieh“, sagte sie. „Wir bringen die Ernte ein, und dieser Esel ist krank.“

„Was hat er denn?“, fragte ich mitleidig.

„Er hinkt. Wie groß du geworden bist, Chalat“, sagte meine Tante und streichelte mir über die Haare.

Mein jüngster Bruder war mitgekommen und meine Mutter.

„Ich habe ein Zeugnis bekommen“, sagte ich.

„Halt die Klappe“, sagte Awer.

Es war sehr heiß in diesem Dorf. Wir sahen sehr wenige Menschen auf unserem Weg. Ein paar Esel schauten, warum meine Tante ohne ihren Esel gekommen war. Die Berge waren so hoch, dass die Wolken an ihnen festklebten.

„Gibt es noch höhere Berge?“, fragte ich.

„Nein, dies sind die höchsten Berge der Welt“, sagte meine Tante.

„Warst du einmal dort oben über den Wolken?“, fragte ich.

„Darüber spreche ich nicht“, sagte meine Tante.

„Wo sind die Menschen?“, fragte Awer.

„Sie sind bei der Ernte“, sagte meine Tante. „Nur der kranke Esel ist noch im Dorf. Was für ein dummes Vieh!“

Die Tante hatte keine Kinder, deshalb hatte sie ein kleines Haus. Es war ein kleines Haus, und daneben stand ein noch kleineres Haus. Das war das Haus des Esels. In dem Haus war eine kleine Tür, aber der Esel streckte den Kopf aus dem Fenster. Er hatte große traurige Augen und einen grauen Bart.

„Blödes Vieh!“, sagte Awer.

„Willst du bei dem Esel bleiben, Chalat?“, fragte meine Mutter.

„Der Esel hat es gern, wenn jemand mit ihm spricht“, sagte meine Tante.

„Ich bleibe bei dem Esel. Ich spreche mit ihm“, sagte ich.

Meine Tante verteilte ein paar lange Messer. „Wir schneiden heute die Gurken“, sagte sie. „Macht keinen Unfug. Die Messer sind scharf.“

Lange sah ich ihnen nach, wie sie über die Straße gingen. Dann hatte der Berg sie unsichtbar gemacht.

„Du bist ein kluger Esel“, sagte ich.

Der Esel sah mich an. Seine Augen waren traurig, aber sie waren auch lieb. Er streckte den Kopf aus dem Fenster, damit ich ihn streicheln konnte. Er hatte sehr weiches Fell unter dem Kinn. Wie groß sein Kopf war!

„Wenn du krank bist, Esel, werde ich dich gesund machen. Sogar Vögel fliegen auf meine Schulter!“

Der Esel klopfte mit dem Huf gegen die Wand seines Hauses.

„Ich muss meine Tante fragen, wie du heißt. Ich werde dich nicht *Esel* nennen. Nein, wenn wir Freunde werden wollen, dann brauchst du einen richtigen Namen.“

Sehr still war das Dorf. Ich hatte nicht gedacht, dass die Berge so still sind.

„Ich bin Chalat. Mein Vater hat in den Bergen gekämpft. Er war ein Peschmerga. Vielleicht kennst du ihn. Er ist groß und hat ein schmales Gesicht. Ach ja, und er hat graue Haare an den Schläfen.“

Der Esel fraß vorsichtig das trockene Gras, das ich ihm gab. Er hatte sehr große und sehr gelbe Zähne.

Ich und der Esel mussten auf das ganze Dorf aufpassen. Wenn die Feinde klug waren, dann würden sie jetzt angreifen. Ein kranker Esel und ein sehr kleines Mädchen aus der großen Stadt – wie hätten sie das Dorf verteidigen können?

Meine Tante und meine Familie kamen mit großen Gurken zurück. In Taschen hingen sie ihnen über die Schultern. Der Esel schaute sehr traurig. Ich glaube, er war auch traurig, weil er hungrig war. Oder er war traurig, weil er immer nur Gras essen musste.

„Wie heißt der Esel?“, fragte ich.

„Ein Esel, der nichts taugt, hat keinen Namen!“ Meine Tante war sehr böse mit dem Esel.

„Aber der Esel ist krank“, sagte ich.

„Dieses Kind Chalat ist verrückt“, sagte mein jüngster Bruder.

„Still, Awer – sei still!“, sagte meine Mutter zu ihm.

„Dieser Esel wird verkauft“, sagte meine Tante.

„Verkauft?!“, rief ich und brach in Tränen aus.

„Oder getauscht gegen ein Schaf, das gesund ist.“

„Kann ich den Esel haben?“, fragte ich leise.

„Und was bekomme ich von dir?“, fragte meine Tante.

„Einen gesunden Esel!“

„Abgemacht!“ Meine Tante hielt sich vor Lachen die Seite. „Wo ist der gesunde Esel?“

„Ich nehme den kranken Esel mit zu uns nach Hause, und wenn er gesund ist, gebe ich ihn zurück. Abgemacht?“

Meine Mutter streichelte mir über das Haar und sah meine Tante an.

„Du musst ihn füttern und sauber machen“, sagte sie.

„Ich spreche auch mit ihm“, sagte ich.

Alle lachten. Sogar meine Tante freute sich, dass ich den Esel gerettet hatte.

Über die Straße des Dorfes kehrten die Frauen von der Ernte zurück. Dann kamen ihre Männer. Sie verbeugten sich vor meiner Tante. Neugierig sahen sie uns an.

Wenn die Männer einen Esel dabeihatten, dann fragten sie: „Wie geht es dem Esel?“

„Ich habe ihn an das Mädchen verkauft“, antwortete meine Tante und zeigte auf mich. „Ich bekomme von ihr einen gesunden Esel.“

„Das ist gut“, sagten die Männer. „Ein guter Tausch für dich.“

Sie gingen weiter und erzählten ihren Eseln lachend, was sie gehört hatten.

„Wohnst du hier alleine, Tante?“, fragte Awer.

„Frag nicht, Awer!“, sagte meine Mutter.

„Warum nicht?“, fragte Awer.

„Ich habe einen Mann“, sagte meine Tante.

„Und wo ist dein Mann?“, fragte er.

„Frag nicht, Awer!“, sagte meine Mutter wieder. „Deine Tante ist eine starke Frau!“

„Ich bin allein“, sagte meine Tante. „Deshalb helft ihr mir bei der Ernte.“

Jetzt wusste ich, warum die Männer des Dorfes Achtung vor meiner Tante hatten. Sie war eine Frau und ein Mann.

In der Nacht schlief ich im Stall. Es war sehr wenig Platz in dem Haus meiner Tante. Als wir gegessen hatten, rollten wir den Teppich ein. Meine Mutter machte uns Kindern eine Schlafgelegenheit hinter dem Stapel der Gurken. Mein Bruder war sehr müde von der Arbeit. Aber auch meine Tante und meine Mutter redeten nicht lange. Immer wieder schwiegen sie. Dann hörte ich, wie sie leise miteinander flüsterten: „Still, das Kind darf nicht hören, was wir sprechen.“

Als es dunkel war, stand ich sehr leise auf, stieg vorsichtig über meine Brüder und schlich mich in den Stall zu dem Esel. Dort legte ich mich an den warmen Rücken des Esels und schlief ein.

Es war sehr dunkel, als ich aufwachte, weil die Schnauze des Esels ganz nah an meinem Gesicht war. Draußen hörte ich Stimmen. Männerstimmen und die Stimme meiner Tante. Sehr leise schlich ich mich zur Tür und sah durch eine breite Ritze hinaus. Ein Mond, so schmal wie der Spalt in meiner Tür, erhellte die Nacht.

„Seid leise – sehr leise. Meine Familie ist hier. Sie wissen nichts.“ Es war die Stimme meiner Tante.

Ich zählte drei Männer. Sie hatten ihre Gewehre an einen Baum gelehnt. Deutlich sah ich die sichelförmigen Magazine. Meine Tante gab ihnen zwei Taschen.

„Dein Mann lässt dich grüßen“, sagte einer der Männer. „Saddams Männer suchen nach ihm. In jeder Polizeistation hängt sein Bild.“

„Gebt ihm dies von mir“, sagte meine Tante. „Gewaschen und genäht.“ Sie gab den Männern einen Karton.

Die Männer nahmen die Sachen, die Gewehre und verschwanden. Ich legte mich an den warmen Rücken des Esels.

Drei Männer mit seltsamen Gewehren.

Und Berge, die sie versteckten.

Der Esel war gern bei uns im Garten. Ich glaube, er mochte unsere Stadt ein wenig.

„Dein Esel wird gesund“, sagte meine Mutter. „Bald kann er wieder laufen. Die Tante wird glücklich sein.“

Meine Mutter hatte eine grüne Creme in einer silbernen Dose zubereitet. Damit bestrich sie das Fell über dem Huf.

„Kannst du mich hübsch machen?“, fragte ich meine Schwester.

„Hast du wieder verrückte Ideen?“, fragte Schuxan.

„Ich möchte Gurken verkaufen.“

Sie hatte uns frische Gurken zubereitet, und ich hatte ihr geholfen, sie mit Sumac-Puder zu bestreichen. So hatten sie wunderbar geschmeckt. Und das Gewürz kam aus unserem Garten.

„Ich brauche ein silbernes Tablett und eine Schleife für mein Haar“, sagte ich. „Eine rote Schleife.“

„Du musst sie auf der Straße vor unserem Haus verkaufen“, sagte Schuxan. „Mutter wird schimpfen, wenn du weiter fort gehst.“

„Nur dort“, versprach ich. „Mit den Kindern aus der Straße. Deine Sumac-Gurken schmecken toll. Ich werde sie verkaufen!“

Meine Schwester holte mir ein weißes Kleid aus dem Schrank, das ihr gehört hatte. „Das ist mein Kleid“, sagte sie, „aber es passt mir nicht mehr.“

„Danke“, sagte ich.

„Eine Schleife, wirklich?“

„Unbedingt brauche ich eine Schleife!“

„Wir haben keine Schleife.“

„Doch, haben wir!“ Meine Mutter hatte eine kleine Schachtel mit bunten Keksen für uns mitgebracht. Die Süßigkeiten hatten wir gegessen, aber die Schachtel war so schön, dass meine Mutter sie leer in das Regal gestellt hatte. Und um die Schachtel war ein rotes Band. Meine Schwester bürstete den Puderzucker aus dem Band, und so hatte ich eine wunderschöne Schleife für mein Haar.

Ich bekam einen Teller voll Gurken von ihr gemacht.

„Yussa muss den Esel halten, sonst frisst er die Gurken“, sagte ich.

„Der Esel?“ Meine Schwester verstand nichts.

„Der Esel ist krank. Ich verkaufe Gurken für ihn.“

„Aber der Esel ist gesund“, sagte sie.

„Zum Gurken Verkaufen ist er krank genug. Er muss nur traurig auf die Gurken schauen, weil er sie nicht essen darf.“

Meine Schwester musste sehr lachen.

„Bin ich hübsch genug?“, fragte ich Yussa.

Sie hatte Angst vor den gelben Zähnen des Esels.

„Bin ich hübsch genug?“, fragte ich noch einmal.

Sie nickte, aber sie schaute nur auf den Bart des Esels.

Auf der Straße stellten wir uns hintereinander.

„Hallo, jedermann in der Straße!“, rief ich. „Wir verkaufen Gurken, leckere Sumac-Gurken!“

Zwei Kinder streichelten den Esel. Als ein Mann kam, rief ich: „Kaufen Sie Gurken, weil mein Esel krank ist!“

Der Mann machte sich eine Zigarette an und betrachtete den Esel. Der Esel betrachtete ihn. Als der Mann den Rauch ausstieß, atmete der Esel ihn ein. „Ein kranker Esel also“, sagte er.

Er gab mir Geld, und ich gab ihm ein paar Gurken auf einem Papier. „Hmm“, sagte der Mann. „Sehr leckere Sumac-Gurken sind das!“

„Vielen Dank", sagte ich.

Ein großer Junge wollte die Gurken umsonst probieren. Eine Frau kaufte Gurken für ihre beiden Kinder. Eine Nachbarin gab uns Geld und vergaß die Gurken mitzunehmen. Und viele Leute schauten und lachten.

„Hallo, jedermann", rief ich. „Kaufen Sie bitte die leckeren Sumac-Gurken von mir, weil mein Esel krank ist!"

Awer kam mit unserem Nachbarsjungen, um zu schauen. „Was tust du da, Chalat?", fragte er.

„Ich verkaufe Gurken, weil der Esel krank ist."

„Aber der Esel ist nicht mehr krank", sagte Awer.

„Der Esel kann wieder laufen, aber er ist immer noch krank", sagte ich.

Awers Freund hatte eine Gurke genommen. „Komm, Awer", sagte er. „Wir gehen mit deiner Schwester zur Kreuzung und verkaufen Gurken."

Dort, wo ein Café mit vielen Leuten war – dort stellte sich der Junge mit Awer hin. „Kommen Sie, Leute", hörte ich ihn rufen. „Ein sehr hübsches Mädchen verkauft sehr leckere Sumac-Gurken."

Und weil ich auch rief und weil der Esel traurig guckte, kamen so viele Leute zu uns, dass Yussa Gurken nachholen musste.

„Sehen Sie!", rief der Junge. „Ein sehr hübsches Mädchen mit einer Schleife im Haar verkauft Sumac-Gurken. Sehen Sie, sehen Sie!"

Der Junge war unser Nachbarsjunge. Der aus dem Zaunloch.

Berge, die Geschichten erzählen

Weil der Esel wirklich gesund war und weil er sehr viel fraß, mussten wir ihn zu meiner Tante zurückbringen.

„Bringt den Esel weg!", rief Goran. „Er hat versucht, den Koran zu essen."

Ja, der Esel hatte versucht, den Koran zu essen, weil Goran ihn auf dem Tisch im Garten vergessen hatte. Aber er war ein Esel, kein Muslim. Wie sollte er wissen, was ein Koran ist?

„Wir bringen ihn weg, Goran", sagte meine Mutter. „Dieser Esel gehört meiner Schwester."

„Ach, diese …" sagte Goran und ging in sein Zimmer.

„Sie macht ihm Angst, deine Tante", flüsterte meine Mutter. „Weil sie eine sehr starke Frau ist."

Ich hatte keine Angst vor meiner Tante. Aber mein ältester Bruder, der immer wütend war und sogar meine Mutter mit dem Stock schlug – er hatte Angst vor ihr.

„Warum hat Goran Angst vor der Tante?", fragte ich meine Mutter.

Wir gingen den Weg, der zum Dorf meiner Tante führte. Es gab einen Bus, aber der Esel war ein Esel, er durfte nicht Bus fahren. Als der Bus an uns vorbeifuhr, wäre der Esel beinahe von ihm überfahren worden.

„Siehst du die Berge, Chalat?"

Die Berge waren sehr hoch. Selbst der Bus war sehr klein geworden, je näher er ihnen kam. Nicht größer als ein Schuh war er jetzt. Ein Schuh voller Staub.

„Deine Tante – sie ist wie die Berge", sagte meine Mutter. „Aber das verstehst du nicht."

„Nein", sagte ich. „Das verstehe ich nicht." Ich dachte an die Nacht, in der ich die Tante belauscht hatte. „Ich möchte so werden wie meine Tante", sagte ich. „Ich möchte, dass Goran Angst vor mir hat."

Wir setzten uns auf einen Baum, der neben der Straße lag. Der Esel fraß von dem Gras. Ihm war es egal, wohin wir gingen, wenn er nur essen konnte.

„Manchmal reden die Berge", sagte meine Mutter. „Sie erzählen Geschichten, manchmal."

Ich schaute zu ihnen hoch. Dort versteckten sich die Männer, die ich belauscht hatte.

„Deine Großmutter – ich will dir von ihr erzählen."

„Hat sie in dem Dorf gewohnt, wo jetzt die Tante wohnt und der Esel?“

Meine Mutter zeigte eine Stelle auf dem Berg. „Siehst du die helle Stelle? Dort ist ein kleiner Fluss, wo sie ihr Geschirr gewaschen hat. Lange ist es her. Jeden Morgen ging sie dorthin.“

Meine Mutter schwieg, und ich schaute, ob ich den kleinen Fluss sehen konnte.

„Ja, das war unsere Mutter. Sie war, glaube ich, etwas über zwanzig Jahre alt, und natürlich war sie verheiratet. Und sie war – das haben alle gesagt – von sehr großer Schönheit. Warum sollte sie nicht so schön sein, wie es noch kein Mädchen vor ihr gewesen war?“

„Hat sie eine Schleife im Haar getragen?“, fragte ich.

„Durfte sie das nicht?“, fragte meine Mutter. „Die Berge sind so hoch, dass die Wolken sich daran stoßen. Die Felder sind grün, wenn sie Wasser getrunken haben. Deine Großmutter war schön. Was war falsch daran, eine Schleife im Haar zu tragen?“

Alle Esel, die ich kannte, zogen Karren. Nur mein Esel tat nichts. Er war ein besonderer Esel.

„Zwei Männer hatten auf sie gewartet. Als sie sich über das Wasser beugte, sind sie gekommen und haben sie zu Boden gerissen, um ihr etwas anzutun.“

Ich schaute meine Mutter entsetzt an.

„Zwei Männer und eine wehrlose Frau.“ Meine Mutter nickte.

Eine schöne Frau mit einer Schleife im Haar. Zwei Männer, die ekelhaft waren.

„Und was ist passiert?“, fragte ich.

„Deine Großmutter hat sie mit dem Messer getötet – beide Männer.“

Ich starrte vor mich hin. Zwei Männer lagen auf dem Boden. Und meine Großmutter stand über ihnen, die blutigen Hände, das blutige Messer.

„Die Berge erzählen manchmal Geschichten. Eine dieser Geschichten handelt von deiner Großmutter“, sagte meine Mutter.

Meine Tante und der Esel waren sehr glücklich, als sie sich sahen.

„Ein schöne Haarklammer hast du“, sagte meine Tante und strich mir über das Haar. Sie kraulte den Bart des Esels. Meine Mutter ging schon in das Haus. Als ich hinterhergehen wollte, hielt die Tante mich auf. „Wir bringen den Esel in den Stall, nicht wahr“, sagte sie. „Es war eine lange Reise für ihn.“

Der Esel freute sich, wieder in seinem Stall zu stehen. Er stellte sich ans Fenster und sah hinaus. Die Straße, die Felder, die Berge – alles erkannte er wieder. Die große Stadt hatte er gesehen und nun war er müde.

„Ich habe eine Haarklammer gefunden“, sagte die Tante. „So eine Haarklammer, wie du sie trägst.“

Ich wusste nicht, was ich sagen sollte.

„Hier in diesem Stall habe ich sie gefunden. Ist das nicht seltsam?“

Ich nickte. Das war eigenartig.

„Es kommt mir so vor, als hättest du hier geschlafen – in der Nacht, als ihr hier wart.“

„Ich glaube … das kann sein“, sagte ich.

Wie mich meine Tante ansah! Da wusste ich, warum die Männer Angst vor ihr hatten. „Aber du hast fest geschlafen“, sagte meine Tante ganz ruhig.

„Sehr fest geschlafen“, sagte ich.

„Manchmal schicken die Berge Träume“, sagte sie.

„Träume“, wiederholte ich und nickte.

„Ja, Träume“, sagte meine Tante. „Wir sollten diese Träume schnell vergessen.“

Wir gingen langsam ins Haus. Meine Tante ging hinter mir her. Ich spürte, dass sie nachdachte. Ihr Schweigen ging mir nach.

Meine Mutter hatte Tee gemacht. Drei Gläser. Auch für mich ein Glas schwarzen Tee, wie ihn die Frauen tranken.

„Was weiß sie?“, fragte meine Tante.

Meine Mutter sah erstaunt auf. „Ich habe ihr die Geschichte von unserer Mutter erzählt."

„Welche?"

„Dass sie zwei Männer erstochen hat."

Langsam schob mir meine Tante ein Glas Tee hin. „Das ist nicht die ganze Geschichte", sagte sie.

Meine Mutter schwieg.

„Willst du die ganze Geschichte hören, Chalat?", fragte meine Tante.

Ich nickte.

„Die Familie der toten Männer war eine große Familie. Die beiden Männer, die von unserer Mutter erstochen worden waren, waren Cousins. Also kam die Familie zu unserem Haus. Sie hatten keine Anzeige erstattet bei Saddam. Er war unser Feind – seine Polizisten, seine Soldaten waren die Feinde der Kurden."

„Aber Großmutter musste sich gegen die Männer wehren", sagte ich.

„Eine Frau hat zwei Männer erstochen. Es gibt nichts, was ihr das Recht dazu gibt."

Ich bekam Angst, weil ich an meine Großmutter dachte.

„Unsere Familie musste Land abgeben, ein großes Feld, ein Haus, das an seinem Rand stand."

Ich sah aus dem Fenster, die braunen Berge, die grünen Felder, die versuchten, an ihnen hochzuklettern.

„Außerdem musste unsere Familie ein unverheiratetes Mädchen abgeben."

Meine Tante und meine Mutter schwiegen. Sie drehten ihre Teegläser und sahen auf den Tisch.

„Sie war eine Schwester deiner Großmutter. Ein sehr junges, sehr hübsches Mädchen."

Der Tee schmeckte bitter.

„Das Mädchen – die jüngere Schwester deiner Großmutter – musste mit der Familie gehen", erklärte meine Tante.

„Am nächsten Morgen", sagte meine Tante langsam, „lag vor unserem Haus auf der Türschwelle ein blutiges Messer."

Vor Schreck verschüttete ich den Tee.

„Keine Gerechtigkeit", sagte meine Tante.

Meine Mutter wischte den Tisch trocken. Meine Tante schenkte mir bitteren Tee nach.

„Sieh dich vor, Chalat", sagte sie. „Manchmal kommen Träume von den Bergen, manchmal kommen Geschichten, aber immer sind sie voller Blut."

Am letzten Tag dieses Sommers bin ich auf einen Apfelbaum in unserem Garten geklettert. Es gab niemanden, der an ihm hochklettern konnte, außer einem Mädchen, das klein und mutig genug war. Und Dilan, meine Freundin in der Schule, wollte zuschauen.

„Machst du mich hübsch?", fragte ich meine Mutter.

„Du willst doch nur auf den Baum steigen. Wozu soll ich dich hübsch machen?"

„Machst du auch Dilan hübsch?", bat ich meine Mutter.

„Kommt, ihr beiden", sagte meine Mutter.

Ich zog ein weißes Kleid an und steckte eine gelbe Narzisse in meine Haare.

„So fällt sie herunter", sagte meine Mutter. Dann band sie die Blume mit einem dünnen Band fest. „Wir stecken Dilan in ein Bad mit Seife", sagte meine Mutter.

Dilan musste alle Kleider ablegen. Dann kam sie in die Wanne.

„Das lohnt sich aber!", sagte meine Mutter und kniff ihr in die Wangen. „Die Haare auch – alles an diesem Mädchen werden wir abwaschen."

„Sie ist das klügste Mädchen in der Klasse", sagte ich.

„Ich denke, du bist das klügste Mädchen, Chalat?"

„Dilan weiß alles, selbst wenn sie nicht gelernt hat", sagte ich.

„Wir geben ihr ein Kleid von dir", sagte meine Mutter.

In diesem Sommer war sie meine beste Freundin geworden. Ich wollte Dilan auch besuchen, aber sie wollte nicht. Sie kam immer zu uns.

„Bei euch ist es sehr schön", sagte sie. „Ihr habt so viele schöne Dinge." Und dabei aß sie die Äpfel, die auf den Boden gefallen waren. Wenn sie eine faule Stelle hatten, dann biss sie ganz vorsichtig darum herum.

„Wir werden meine Tante besuchen", sagte ich. „Dann zeige ich dir den Esel. Ich zeige dir die Berge und das Feld, wo die Gurken wachsen."

Ich glaube, Dilan freute sich so, dass sie nichts sagen konnte.

In diesem Sommer, an seinem schönsten Tag, bin ich auf unseren Apfelbaum geklettert. Ein weißes Kleid, eine Narzisse im Haar, die nicht herunterfiel. Mein zweiter Bruder – weil er der Größte in der Familie war – hob mich zum ersten Ast. Von dort aus kletterte ich hoch und schaute erst nach unten, als ich sehr weit oben war.

„Noch weiter?", rief ich.

„Nein!", rief meine Mutter. „Das reicht!"

Aber ich kletterte weiter hoch. Unter mir waren die Menschen ganz klein geworden. Meine Mutter und meine Schwester hielten sich die Hand vor den Mund. Meine Brüder lachten. Die Kinder von der Straße winkten. Die Frauen blieben stehen und zeigten auf mich. Selbst die Autos blieben stehen und hupten. Ich konnte auf alle Dächer sehen.

„Du sollst nicht winken", rief meine Mutter. „Pflück ein paar Äpfel und komm herunter – aber vorsichtig!"

Ich sah, wie Goran in den Garten kam. Er schaute den Baum hoch.

„Chalat ist auf den Baum geklettert!", rief Awer. „Ganz allein!"

„Das gehört sich nicht für ein Mädchen", schimpfte Goran. „Mädchen gehören ins Haus und nicht auf den Baum!"

Vorsichtig nahm ich die Äpfel vom Zweig und warf sie in unseren Garten.

„Wir können nicht so hoch klettern wie sie", sagte mein Bruder Awer.

Ganz viele Äpfel warf ich in unseren Garten. Im Garten unseres Nachbarn stand der Junge und schaute hoch.

Einen schönen Apfel warf ich ihm zu. Den schönsten Apfel. Groß und rot wie ein kleiner Ball. Der Junge rannte und fing den Apfel auf.

Ich warf viele Äpfel zu meiner Familie herunter. Als ich wieder zu dem Jungen sah, schaute er immer noch zu mir hoch.

Vorsichtig kletterte ich die Zweige herunter. Ganz unten ließ ich mich in die Arme meines Bruders fallen. Meine Mutter nahm mich sofort in die Arme. Dilan bekam ein kleines Netz und fünf große Äpfel. Ich schaute zu, wie meine Mutter und meine Schwester die Äpfel in einen großen Korb taten.

„Ist die Blume noch richtig in meinem Haar?", fragte ich.

Meine Mutter sah mich ernst an.

„Was ist?", fragte ich.

„Dilan ist wohl sehr arm?", fragte sie.

„Weiß nicht. Ich darf nicht zu ihr nach Hause kommen."

Meine Mutter löste die Blume vorsichtig aus meinem Haar. „Dilan ist sehr dünn", sagte sie.

Ich nickte. Dilan war immer hungrig. Ich hatte ihr von meiner Box abgegeben. Weil ich nicht hungrig war.

„Wer macht das mit ihr?", fragte meine Mutter leise.

Ich schaute meine Mutter erschrocken an.

„Hast du nicht ihren Rücken gesehen? Da war ein Abdruck."

Seife hatte ich gesehen – Seife, Seife und wenig von Dilan.

„Ein Messer wurde erhitzt und auf ihren Rücken gedrückt."

Ich hatte nichts gesehen und wusste so wenig.

„Rede nicht drüber, Chalat“, sagte meine Mutter. „Es geht uns nichts an.“

Tickets nach Bagdad

Ich stand mit Dilan und Yussa auf dem Pausenhof. Wir waren drei beste Freundinnen.

„Du bist krank“, sagte ich zu Yussa. Ihre Haut war bleich. Ihre Augen schauten nach innen.

„Ich bin nicht krank“, sagte Yussa. „Ich bin gerne in der Schule.“

„Was ist mit dir?“, fragte Dilan. Sie sah Dinge an Yussa, die ich nicht sah.

„Ich habe immer Angst“, sagte sie.

„Wovor?“, fragte ich.

„Dein Vater – was hat er getan?“, fragte Dilan.

„Er hat meine Schwester verkauft.“ Yussa sah uns nicht an. Sie sah auf den Boden. „Der Mann ist alt und schlecht zu ihr.“

„Warum hat dein Vater das getan?“, fragte ich sie.

„Er hat die Feier nicht bezahlen können. Mein Bruder – der Sohn von der anderen Frau – ist beschnitten worden. Alle seine Freunde von der Moschee waren da. Mein Vater hat Schulden gemacht, da hat er meine Schwester verkauft.“

Dilan sagte nie etwas. Das war schrecklicher, als wenn sie etwas gesagt hätte.

„Meine Mutter hat Angst, dass mein Vater mich auch verkauft. Aber sie traut sich nicht, ihm zu widersprechen. Sie hat selbst so viel Angst.“

Am nächsten Tag standen wir wieder zusammen. Die anderen Mädchen spielten, aber wir hatten traurige Dinge zu besprechen.

„Stell dich vor uns hin, Dilan“, sagte Yussa leise. „So ist es richtig.“

Sie nahm meine Hand, und ich fühlte, dass sie mir Geldscheine gegeben hatte. „Nimm sie, bitte“, sagte sie. „Los, mach schon!“

Also steckte ich die Geldscheine vorsichtig in meine Tasche. Dilan nickte. Ehe Yussa etwas gesagt hatte, wusste sie, wofür das Geld war.

„Bagdad – für deine Mutter und dich?“, fragte sie leise.

Yussa biss sich auf die Lippen.

„Ich gehe mit Chalat. Morgen bekommst du die Tickets.“

Yussa sagte nichts mehr. Die Tränen liefen ihr über die Lippen und auf das Kinn.

Nach der Schule ging ich mit Dilan zum Busbahnhof.

„Arme Yussa“, sagte ich. „Was wird sie in Bagdad machen?“

„Sie muss es tun. Nur ihre Familie kann sie beschützen. Niemand wird ihr in Kurdistan helfen.“

Ich sah Dilan überrascht an. Dilan redete nicht wie ein Mädchen. Ich dachte daran, dass sie geschlagen wurde und dass sie immer hungrig war.

„Wir haben eine Wohnung“, sagte Dilan. „In diesem Monat können wir die Miete nicht bezahlen.“ Sie sagte es, als hätte ich danach gefragt.

Als wir zu dem Busbahnhof kamen, traute ich mich nicht zu sagen, dass ich Polizistin werden wollte. Ich hatte eine Freundin, die Angst hatte, an einen schlechten Mann verkauft zu werden. Ich hatte eine andere Freundin, die keine Angst hatte. Aber ich wusste nicht, ob nicht alles viel schlimmer bei ihr war.

Ich war froh, dass die Polizistin heute keinen Dienst hatte.

Dilan hatte bereits einen Plan. „Du gehst nach vorne und kaufst die Tickets. Wenn sie dich fragen, wo deine Mutter ist, dann schau zu mir. Die Frau neben mir wird winken. Dann denkt der Verkäufer, dass sie deine Mutter ist.“

Am Schalter stellte ich mich geduldig an. Eine Frau schob mich zur Seite, weil sie mich nicht gesehen hatte. Aber ich hatte Zeit.

„Lassen Sie das Kind doch“, sagte eine andere Frau.

„Oh, was macht ein so kleines Kind hier?“ Die Frau, die mich verschoben hatte, war sehr freundlich und ließ mich wieder in der Reihe stehen.

Der Verkäufer musste sich über den Schalter beugen, um mich sehen zu können.

„Den Bus morgen Abend nach Bagdad. Für meine Mutter und mich“, sagte ich.

„Und wo ist deine Mutter?“, fragte er. „Du bist noch sehr klein für eine so lange Reise.“

Ich schaute mich nach Dilan um. „Dort ist meine Mutter“, sagte ich.

Die Frau neben Dilan winkte mir zu. Ich winkte zurück. „Sehen Sie, Herr Ticketverkäufer?“

Der Mann lachte und gab mir die Tickets. „Ich muss fragen“, sagte er. „Es ist eine Vorschrift.“

Ich schob die Tickets in meine Tasche.

„Ich schreibe dir die Zeit auf“, sagte er und gab mir einen Zettel.

„Danke“, sagte ich und winkte mit dem Zettel der Frau neben Dilan zu.

„Vielen Dank, dass sie meiner Schwester gewunken haben“, sagte Dilan zu der Frau. „Sie kann nicht gut sehen.“

Wir fassten uns an der Hand wie zwei Schwestern und gingen zu dem Übergang. Dort warteten wir, dass der Polizist uns ein Zeichen gab.

„Ich will Polizistin werden“, sagte ich. „Polizisten regeln den Verkehr. Polizisten regeln alles.“

„Ich will nicht heiraten“, sagte Dilan leise. „Wenn ich nicht heiraten muss, dann überlege ich mir danach, was ich machen will.“

„Go!“, rief der Polizist und winkte uns.

„Du erinnerst mich an meine Tante, Dilan“, sagte ich, als wir die Straße überquert hatten.

„Warum?“, fragte Dilan.

„Sie ist eine Frau, die ein Mann ist“, sagte ich.

„Oh", rief Dilan, „ich mag deine Tante!"

„Ich bin sehr traurig", sagte ich.

„Yussa wird es in Bagdad besser gehen", sagte Dilan. „Ganz bestimmt."

Als ich eine Blume auf das Grab meines Vaters gelegt hatte, wie ich es an jedem Morgen tat, stand mein Bruder Awer am Ausgang und wartete auf mich.

„Was machst du da?", fragte er.

„Und was machst du?", fragte ich.

„Ich passe auf dich auf", sagte er. „Goran hat es gesagt. Damit du nicht mit Männern sprichst."

„Du bist verrückt!", sagte ich und ging einfach ohne ihn los.

„Meinst du, ich habe Lust, auf kleine Mädchen aufzupassen!", rief er hinter mir her.

Ich ging so schnell, wie ich konnte. Awer lief nicht gerne. „Hey!", rief er. „Ich muss wissen, was du bei unserem toten Vater machst."

Ich wartete, bis er vor mir stand. „Untersteh dich zu sagen, dass er tot ist!", fuhr ich ihn an. „Er wohnt hier, ich spreche mit ihm, und er kann jederzeit sein Grab verlassen."

„Du spinnst", sagte Awer, „und ich sage es Goran."

„Wenn Goran mich schlägt, dann wird Vater kommen und dich schlagen. Er hat gesagt, ich bin sein letzter Atemzug."

„Wie – er kommt? Was?"

„Nachts, wenn du schläfst. Dann hat Vater Zeit und kommt, um dich zu verprügeln."

Awer überlegte. „Okay, ich muss Goran ja nicht alles sagen."

„Nein, das musst du nicht."

In der Pause sagte ich zu Dilan: „Mein Bruder passt jetzt auf mich auf, dass ich nicht mit anderen Männern spreche!"

„Du?“, fragte Dilan. „Welche Männer?“

„Pass auf!“, sagte ich. „Komm mit!“

Ich ging zu einem Jungen, der neu an der Schule war. Er hatte noch keine Freunde und stand allein. Er war sogar ein wenig kleiner als Dilan.

„Hallo“, sagte ich.

„Hallo“, sagte er.

„Ich möchte mich ein wenig mit dir unterhalten“, sagte ich zu ihm.

„Er ist aber kein Mann“, sagte Dilan.

„Was?“, fragte der Junge.

Da stand mein Bruder Awer hinter ihm und stieß ihn weg. „Was sprichst du mit meiner Schwester?“, fragte er.

„Ich?“, fragte der Junge.

„Ich bin ihr Bruder und passe auf sie auf. Ich habe noch drei größere Brüder. Einer ist bald Soldat“, sagte Awer.

„Und ich bin sein Freund“, sagte der Nachbarsjunge, der neben Awer stand. Auch er stieß den Jungen weg. „Wir passen auf Chalat auf. Vier Augen sehen mehr als zwei.“

„Genau!“, sagte Awer. „Verschwinde jetzt, Idiot, sonst töten wir dich! Willst du das Messer sehen?“

„Ich habe das Messer gesehen“, sagte der Nachbarsjunge. „Wenn er dich tötet, kommt so ein großes Stück hinten aus deinem Rücken raus!“ Er zeigte seinen halben Arm.

„Aber sie hat doch –“, wollte der Junge sagen.

„Verschwinde, du Ungeziefer, sonst zerquetsche ich dich!“, sagte Awer.

Der Nachbarsjunge klopfte Awer auf die Schulter und sah mir fest in die Augen. Der Junge lief weg.

Awer rief, so laut er konnte: „Dass alle es wissen: Dieses Mädchen ist meine Schwester. Ich töte jeden, der mit ihr spricht!“

Die anderen Schüler und Schülerinnen hatten aufgehört zu spielen und sahen ihn sehr verwundert an. Der Nachbarsjunge klopfte ihm auf die Schulter.

„Was war das?“, fragte Dilan lächelnd.

„Das war Awer, mein Bruder“, sagte ich. „Er passt auf meine Männer auf.“

„Das war ein kleiner Junge, dem er Angst gemacht hat.“

„Awer macht das, weil mein ältester Bruder es ihm gesagt hat.“

Dilan sah mich neugierig an. Sie lächelte fein. Was wollte sie? Was konnte ich dafür, dass mein Bruder lächerlich war? „Der andere Junge?“, fragte Dilan leise und stieß mich an.

„Ein Nachbarsjunge“, sagte ich leichthin.

„Ein Nachbarsjunge?“ Dilan überlegte. Ihre Stirn war ganz glatt geworden. „Ein Nachbarsjunge, der keinen Namen hat …“

„Evro heißt er!“, sagte ich ärgerlich.

„Ist auch egal“, sagte Dilan leichthin.

„Ist es auch!“, sagte ich.

Ich hatte mich genug über Awer geärgert. Jetzt musste ich mich über Dilan ärgern.

„Aber nett ist er“, sagte Dilan.

„Wer?“, fragte ich ärgerlich.

„Niemand“, sagte sie. „Vergiss es.“

„Das tue ich!“, sagte ich und ärgerte mich.

Wie jeden Morgen brachte ich Blumen zum Grab meines Vaters.

„Wenn er aus dem Grab steigt, sieht er die Blumen“, erklärte ich Awer.

„Können die anderen Toten auch heraus?“, fragte er und zeigte auf die vielen Gräber, auf denen nur Sand lag.

Ich nickte ernst. „Sie sehen seine Blumen und beneiden ihn.“

Dann ging ich auf den Friedhof. Awer traute sich nicht – das wusste ich. Aber er beobachtete mich und hatte Angst vor den Dingen, die ich sah.

In der Klasse saß Dilan und weinte. Wir waren alle erschrocken, weil wir ihr Gesicht nicht wiedererkannten, wenn sie weinte. Ein seltsamer Geist war über sie gekommen. Eine Traurigkeit hatte sie völlig ergriffen.

Der Lehrer sah sie an und wartete. Als sie aufsah, fragte er: „Willst du etwas sagen, Dilan?“

Dilan nickte. „Ja, ich möchte etwas sagen.“ Sie stand auf und drehte sich zu uns um. „Ich habe gerne gelernt“, sagte sie. „Ihr denkt, ich habe alles gewusst, aber so ist es nicht.“

Wir wussten nicht, was sie uns sagen wollte. Es war sehr still. Was war passiert?

„Mein Vater ist gestorben“, sagte sie, laut und fest wie eine Lehrerin. „Meine Mutter bekommt keine Luft. Sie liegt im Bett und kann kaum atmen. Für einen Arzt haben wir kein Geld.“ Dilan sah den Lehrer und uns fest an. „Mein ältester Bruder wird gleich kommen und mich aus der Schule holen“, sagte sie. „Ich bin so dankbar, dass ich lernen durfte.“

Sie machte eine Pause, und dann sagte sie: „Ich habe noch zwei Brüder, die sehr gut zu mir sind. Sie haben mir versprochen, dass ich zu Hause lernen kann. Niemand soll traurig sein. Ich werde lernen, wie ihr lernt. Denkt einfach, dass ich bei euch sitze. Nicht anders als jetzt.“

Die ganze Stunde sahen wir zur Tür, bis der Mann eintrat. Er war dick und schwitzte, als sei er gelaufen. Wir hatten nur ein sehr leises Klopfen gehört. An der Tür blickte er sich um und war erstaunt, dass wir so viele Kinder waren. Er blickte sich um, als habe ihm Dilan viel von dieser Schule erzählt. Er blickte sich um, als versuche er die Schule, von der sie erzählt hatte, wiederzuerkennen.

Er suchte in unseren Gesichtern, bis er mich anschaute und dann Dilan. Er zeigte auf sie und sagte: „Ich möchte dieses Mädchen Dilan aus der Klasse nehmen, Herr Lehrer.“

„Wer sind Sie?“, fragte der Lehrer.

„Ich bin Dilans ältester Bruder.“

„Warum wollen Sie Dilan aus der Klasse nehmen?“

„Wir brauchen sie für die Hausarbeit. Wir haben niemanden, der uns den Haushalt macht. Meine Mutter ist krank." Er ging zu Dilan, fasste sie am Arm und zog sie aus der Klasse.

Wir hörten Dilans Weinen noch, als sie schon lange fort war.

„Deine Schwester bekommt nichts zu essen", sagte mein ältester Bruder Goran zu mir und setzte sich auf den Boden. „Wir haben sie eingesperrt."

Der Platz auf dem Teppich neben meiner Mutter war leer. Meine Brüder aßen schweigend. Meine Mutter aß nichts. Sie starrte vor sich hin. Nicht einmal mich schaute sie an.

„Sie ist eine Hure", sagte Goran und schlug mit dem Stock auf den Teppich. „Eine Hure in unserer Familie! Was für eine Schande! Die Ehre der Familie ist das Höchste!"

„Wir töten ihn", sagte mein drittältester Bruder Hassan. „Wir werden ihn holen!"

Goran drehte den Stock und legte ihn vor seine Beine. „Nun, wir sollten ihn vielleicht nicht töten", sagte er.

„Warum nicht?", fragte Awer. „Töten ist genau richtig!"

„Er hat auch eine Familie", sagte Goran.

„Er hat nur einen Bruder", sagte Awer. „Diesen Bruder werde ich töten."

„Sein Vater ist mächtig", sagte Goran. „Seine Familie ist sehr groß."

Meine Brüder starrten vor sich hin. Nur Awer aß, wie er immer aß. Niemand außer ihm hatte etwas gegessen.

„Wir warten auf der Straße auf ihn", sagte mein drittältester Bruder.

„Das ist eine gute Idee", sagte Goran. „Wir zeigen, dass uns die Familienehre das Höchste ist. Auf der Straße!"

„Wir fahren nach Erbil und schnappen ihn uns", sagte mein zweitältester Bruder Karuan.

„Nein!", rief Goran. „Ihr wartet hier in der Straße auf ihn. In Erbil warten sie auf euch. Wir sind nicht dumm und gehen nach Erbil, nein."

Karuan stand auf. Ich sah, wie wütend er war. Er holte ein Feuerzeug aus der Tasche, denn er rauchte bereits. Er drehte den Boden des Feuerzeugs auf. „Ich hole sie", sagte er.

Goran nahm den Stock in die Hand. Karuan ging zur Kammer und sah in die Dunkelheit. Dann packte er Schuxan und zog sie an den Haaren heraus. Mit der einen Hand hatte er ihre Haare gepackt. In der anderen Hand hielt er sein Feuerzeug über ihren Kopf.

Schuxan sah schrecklich aus. Ihr Gesicht war blau geschwollen. Von der Stirn lief ihr Blut ins Gesicht. Sie weinte nicht, sie rief nichts.

Mein Bruder drehte das Feuerzeug um und schüttete das Benzin auf Schuxans Kopf aus. Auch Goran hatte ein Feuerzeug und drehte an seinem Boden. Auch er schüttete Benzin auf Schuxans Kopf.

„Hure!", rief Goran.

„Wenn du ihn noch einmal triffst, dann brennst du wie eine Fackel!", rief Karuan.

„Sieh dich vor, Hure!", rief Goran.

Hassan zündete sein Feuerzeug an und drehte nachdenklich die Flamme hoch, bis sie emporschoss.

„Du hast Glück, dass ich nicht rauche!", rief Awer.

Dann wurde Schuxan wieder in die Kammer gestoßen.

„Zwei Tage wirst du drinbleiben!", rief Goran. „Dann wirst du einen Tag an den Füßen hängen, du Hure."

Wir hörten nichts von Schuxan. Es war still in der Kammer. Kein Laut von ihr.

„Sieh dir an, Chalat, was mit einer Hure passiert!", brüllte Goran mich an.

Meine Mutter zog mich schnell in die Küche. Dort stand ich neben meiner weinenden Mutter. Sie hielt einen Teller in der Hand, aber sie tat nichts damit.

„Was hat Schuxan denn getan?", fragte ich sie leise.

„Karuans Freund aus Erbil war hier", sagte sie. „Sie hat mit ihm geredet."

„Was haben sie getan?"

„Sie haben geredet. Hier in der Küche. Dann ist Awer gekommen und hat Karuan geholt, und Karuan hat seine Brüder geholt. Als sie gekommen sind, war der junge Mann schon weg."

„Sie haben geredet – einfach so?"

„Ich verstehe es nicht", sagte meine Mutter leise.

„Was können wir für Schuxan tun?"

„Nichts können wir tun", sagte meine Mutter. „Es ist das Recht deiner Brüder. Schuxan hat Glück, dass sie noch lebt."

Es war schrecklich, meiner Mutter bei der Arbeit zuzusehen. Immer wieder fielen Tränen in das Wasser. Und noch schrecklicher war es, auf die Tür zu blicken – die Tür, hinter der alles so still war.

Meine Tante kam zu Besuch. Sie brachte Soila mit und ein Schäfchen. Soila war meine Cousine, und das Schäfchen hatte noch keinen Namen.

Awer war zu uns in den Garten gekommen. „Sehr schön", sagte er. „Ein Schäfchen, auf das Chalat aufpassen muss."

„Ich nenne das Schäfchen Dilan", sagte ich.

„Dilan ist ein schöner Name für ein Schäfchen", sagte meine Tante.

Soila streichelte das Schäfchen. Sie mochte Tiere.

„Komm, Dilan, ich zeige dir den Garten", sagte ich.

Vor dem Tor standen die Kinder und schauten.

„Heute komme ich nicht", sagte ich, „weil Dilan nicht auf die Straße darf."

Meine Brüder hatten meiner Schwester Schuxan wieder verziehen. In der Zeit, als sie bestraft wurde, half ich meiner Mutter, den

Haushalt zu machen, aber Schuxan war eine tolle Köchin. Das fand sogar Goran. Wenn sie etwas kochte, dann war es perfekt. Es war nicht kalt, sondern dampfte noch auf dem Löffel. Schuxan hatte eine Uhr in ihrem Kopf.

Sie stand mit Soila in der Küche und zeigte ihr Dinge. Manchmal hatten sie Geheimnisse. Dann musste Awer aus der Küche gehen. Wenn Soila ihn ansah, dann tat er, was sie wollte. Wir kannten Soila schon sehr lange. Viele Sommer waren wir bei der Tante gewesen, wo sie die Tochter einer Schwester war. Meine Cousine hatte lange glänzende schwarze Haare. Sie stand vor unserem Spiegel, und ich durfte ihr die Haare bürsten. In meinem Inneren war ich neidisch auf diese Haare, denn ich hatte nur kurze Haare, weil meine Mutter sie immer abschnitt.

„Wie lange dauert es, bis die Haare so lang wachsen?", fragte ich.

„Ein ganzes Leben", sagte Soila verträumt.

Ich glaube, sie verstand nicht, dass ich eine richtige Zeit meinte. Eine Zeit in Monaten und halben Monaten.

„Ich muss zur Schule gehen", sagte ich. „Musst du nicht zur Schule gehen, wenn du zu Besuch bist?"

„Nein", sagte Soila. „Ein Besuch ist wichtiger."

Also ging ich in den Garten und ließ das Schäfchen Dilan an dem Loch im Holzzaun schnuppern. Es fraß nicht nur Gras, sondern auch Blumen.

„Alles kannst du fressen, Dilan", sagte ich, „nur die Narzissen nicht."

Auch meine Mutter kam in den Garten und schaute nach Dilan. Ich lehnte mich mit dem Rücken gegen das Loch im Zaun. „Willst du nicht mit Soila in die Stadt gehen?", fragte sie mich.

Ich wollte immer in die Stadt gehen, aber meistens durfte ich nicht, weil Awer nicht wollte. „Und wenn Awer es nicht erlaubt?", fragte ich.

„Karuan passt auf euch auf", sagte sie. „Awer ist zu klein, um auf zwei Mädchen aufzupassen."

„Gut“, sagte ich, „dann frage ich Soila.“

„Ich gebe Karuan etwas Geld mit. Dann kann er euch Eis kaufen.“

„Kann ich zwei Kugeln haben?“

Meine Mutter nickte. „Ich sage Karuan, dass du zwei Kugeln bekommst.“

Also fragte ich Soila, ob sie mit mir in die Stadt gehen wollte. „Darfst du denn ohne deine Brüder in die Stadt gehen?“, fragte sie.

„Karuan kommt mit“, sagte ich. „Er ist sowieso stärker als Awer.“

Wir mussten noch ein wenig vor dem Spiegel stehen, dann konnten wir in die Stadt gehen. Soilas Haare waren weich wie Schäfchenhaare. Als wir in die Sonne traten, glänzten sie.

„Wir gehen Eis essen mit dir“, sagte ich zu Karuan.

„Ich mag lieber Bonbons“, sagte Soila.

„Bonbons sind okay“, sagte ich. „Eiskugeln sind besser, aber vier Bonbons sind okay.“

„Meinetwegen“, sagte Karuan.

„Ich finde es so schön, wie sie verpackt sind“, sagte Soila. „Besonders die goldenen Bonbons sind schön.“

„Wir werden Soila und ihre Familie bald besuchen“, sagte meine Mutter. „Soila ist deine Cousine. Ein fremdes Mädchen zu heiraten – was kann Gutes daraus werden, wenn ich sie nicht kenne.“

„Unsere Familie ist groß“, sagte Goran. „Es ist Allahs Wille.“

Als ich meine Hausaufgaben machte, setzte sich meine Mutter zu mir. Das tat sie sonst nie, denn sie konnte nicht lesen und schreiben. Sie sah zu, wie ich schrieb. Endlich sagte sie, was sie sagen wollte: „Dein Bruder Karuan – du warst mit ihm in der Stadt?“

„Ich habe Bonbons gegessen.“

„Soila und Karuan …"

„Sie haben auch Bonbons gegessen, ja."

„Es war sicherlich schön?"

„Ich mag Bonbons. Eis mag ich auch gerne."

Meine Mutter dachte über etwas nach. Wollte sie mir Bonbons kaufen, weil ich so fleißig war? „Wir werden die Tante und Soila bald besuchen."

„Oh, schön. Dann kann ich den Esel wiedersehen." Außerdem freute ich mich auf die Tante und ihre Geheimnisse.

„Karuan könnte Soila einen Brief schreiben", sagte meine Mutter, als sie lange überlegt hatte.

„Karuan?", rief ich überrascht.

„Schschtt – nicht so laut." Meine Mutter sah sich um.

„Karuan?", fragte ich leise.

„Ja, einen Brief an Soila."

„Ich könnte ihn fragen", sagte ich.

„Tu das, Chalat." Meine Mutter streichelte mir über das Haar.

„Ich sage ihm, er soll einen Brief an Soila schreiben."

Meine Mutter nickte zufrieden.

„Und wenn er fragt, was er in dem Brief schreiben soll – was sage ich dann?"

„Er mag Soila bestimmt. Da ist es nicht schwer, einen Brief zu schreiben."

Ich sah meine Mutter an. Karuan ging nicht gern zur Schule. Er hatte schlechte Noten und machte nie seine Hausaufgaben.

„Du könntest ihm helfen, einen Brief an Soila zu schreiben."

Langsam verstand ich. Warum war es mir nicht eingefallen? Soila war eine Cousine, die er heiraten konnte! Und erst musste er einen Brief an sie schreiben.

„Du bist ein kluges Mädchen", sagte meine Mutter. Sie gab mir einen halben Dinar.

Als ich dem Schäfchen Dilan erzählte, dass ich einen halben Dinar bekommen hatte, kam Schuxan zu mir. Sie setzte sich neben mich, ohne etwas zu sagen. Das tat sie oft, und ich dachte mir nichts dabei und erzählte dem Schäfchen Dilan, dass ich einen Brief schreiben sollte. Für Karuan. An Soila. Dilan leckte an meinem Finger.

„Hat Karuan dir das Geld gegeben?“, fragte Schuxan.

„Nein, Mutter hat mir das Geld gegeben“, sagte ich.

Schuxan biss sich auf die Lippe.

„Ich bin das einzige Mädchen in der Familie, das schreiben kann“, sagte ich stolz. „Deshalb bekomme ich Geld!“

„Du verstehst überhaupt nichts!“, sagte Schuxan heftig. „Überhaupt nichts!“

Dann stieß sie Dilan beiseite und rannte schluchzend ins Haus.

„Ich verstehe das nicht“, sagte Karuan. „Ich soll einen Brief an Soila schreiben, du sollst mir dabei helfen, hat Goran gesagt.“

Mein sehr großer zweitältester Bruder Karuan saß an dem Tisch, an dem ich sonst Hausaufgaben machte. Vor ihm lagen Gorans Koran und ein leeres Blatt Papier. Außerdem der Füller, mit dem ich meine Hausaufgaben machte.

„Du musst ihn aufdrehen“, sagte ich.

„Wen?“

„Den Füller.“ Ich zeigte ihm, wie der Füller geöffnet wurde. „Jetzt kannst du schreiben“, sagte ich.

Aber er starrte nur auf das leere Blatt. „Du sollst mir helfen, hat Goran gesagt.“

„Schreiben musst du selbst“, sagte ich. „Ich kann dir helfen zu überlegen.“

„Ja, was soll ich schreiben?“ fragte Karuan. „Ich habe etwas anderes zu tun.“

Ich wusste, dass draußen drei Freunde auf ihn warteten. Sie standen mit ihren Gesichtern vor dem Tor und schauten nach Karuan.

„Soll ich deinen Freunden sagen, dass du einen Brief an deine Cousine schreiben willst?"

„Bist du verrückt!" herrschte er mich an. „Entschuldige, Chalat – war nicht so gemeint."

„Gib mir den Füller, du machst ihn kaputt", sagte ich. Karuan konnte mit seinen starken Händen diesen Füller einfach zerbrechen, wenn er wütend war.

Er schob mir das Blatt zu. Ich schob es wieder zurück. „Du musst den Brief schreiben. Oder denkst du, ich soll diesen Brief schreiben?", fragte ich ihn.

„Verdammt!", sagte Karuan. „Verdammt!"

„Hmm", sagte ich und zählte meine Finger.

„Ah", sagte Karuan, „ich gebe dir Geld." Ein Strahlen glitt über sein Gesicht.

Ich nickte. Das war eine gute Idee von Karuan.

„Ein Dinar", sagte er.

„Also, was soll ich in diesem Brief schreiben?", fragte er.

„Schreib: *Soila, ich vermisse dich.*"

„Soll ich das schreiben?"

Ich nickte sanft.

„Was ist, wenn du es schreibst?"

Ich zählte weiter Finger von meiner Hand.

„Okay, zwei Dinare", sagte er.

„Dafür bekomme ich nicht einmal eine Schachtel Zigaretten."

„Rauchst du?" Karuan sah mich erstaunt an.

„Nein, aber du. Zwei Dinare sind wenig."

„Ich bin dein Bruder!"

„Ich bin deine Schwester!"

Karuan wollte wieder meinen Füller zerbrechen, aber ich nahm ihn ihm aus der Hand.

„Soila, ich vermisse dich. Ich habe dir ein paar von den Bonbons gekauft, die du so gerne isst, die goldenen. Weißt du noch, als wir in der Stadt waren?"

„Warte“, sagte Karuan. „Bonbons?“

„Ja, du schreibst ihr einen Brief und schenkst ihr Bonbons.“

„Die Bonbons kaufst du von deinem Geld?“

„Du gibst mir einen Dinar. Davon kaufe ich die Bonbons.“

Karuan sah mich wütend an. „Drei Dinare sind es jetzt!“

Ich zog das leere Blatt Papier zu mir und begann zu schreiben. *„Soila, mein Schatz, wie geht es dir? Die Zeit mit dir war sehr schön. Ich denke immer an dich. Wenn ich nachts im Bett liege, dann denke ich immer an dich.“*

Karuan starrte mich. „Das muss geheim bleiben!“

„In Ordnung. Noch ein Dinar, und es bleibt geheim. Niemand wird den Brief lesen. Außer Soila natürlich.“

Karuan überlegte. „Muss Soila den Brief lesen? Wir könnten Goran sagen, dass du ihn gebracht hast, aber nicht weißt, ob sie ihn gelesen hat –“

„Nein, Karuan, der Brief ist an Soila. Sie muss ihn bekommen.“

Karuan starrte wütend auf den Koran.

Ich schrieb und las: *„Ich hoffe, Soila, die Bonbons schmecken dir. Ich hoffe, du denkst an mich, wenn du die Bonbons isst.“*

Karuan nickte matt. „Schreib, was du willst.“

„Soila, du hast so wunderschöne lange Haare. Ich träume von ihnen. Ich wünsche mir eine Locke von deinem Haar, damit ich daran riechen kann. Und auch darauf schlafen kann.“

„Das kannst du nicht schreiben!“ rief Karuan.

„Ich habe es bereits geschrieben“, sagte ich. „Soll ich es wieder durchstreichen?“

„Egal, lass stehen“, sagte Karuan.

„Und dann schreibe ich: *Liebe Soila, es hat mir große Freude gemacht, dir einen Brief zu schreiben. Bitte schreibe mir auch. Dein Karuan. Und vergiss die Haarlocke nicht.*“

„Muss das sein?“

„Steht schon da“, sagte ich.

„Vier Dinare?“ fragte Karuan wütend.

„Fünf Dinare", sagte ich. „Weil ich den Brief bringe. Oder willst du ihn verschicken? Außerdem werde ich noch eine Blume malen."

Ein Brief an Schuxan

Als wir im Dorf meiner Tante eintrafen, war es schon spät. Auf den Bergen lag bereits ein breiter Schatten.

Der Esel war im Stall. Er schaute nicht, als er meine Stimme hörte.

„Er frisst", sagte meine Tante. „Es geht ihm gut."

Wir setzten uns auf den Teppich zu Soila. „Du kannst uns den Brief jetzt zeigen", sagte meine Mutter.

„Den Brief?", fragte ich erstaunt.

Meine Mutter und meine Tante lächelten mich an. Nur Soila blickte ernst. Also holte ich den Brief aus der Tasche.

Meine Tante hielt den Brief verkehrt herum. Dann sah sie die Blume und drehte ihn. „Ich wusste nicht, dass Karuan malen kann", sagte sie.

„Eine schöne Blume", sagte meine Mutter, als sie den Brief in die Hand nahm.

„Hat Karuan noch etwas für Soila mitgegeben?", fragte meine Mutter. Sie wusste alles, also holte ich die Bonbons aus der Tasche und gab sie Soila.

Auch sie schaute nur die Blume an. Dann gab sie mir den Brief zurück.

„Außer dir kann niemand lesen", sagte meine Tante.

Ich sah Soila erstaunt an. Karuan hatte ihr einen Brief geschrieben, den sie nicht lesen konnte.

„Wenn du eine Frau wie deine Großmutter wirst, dann wirst du lesen und schreiben können", sagte meine Tante leise.

Wenn sie von meiner Großmutter sprach, dann lief mir ein Schauer über den Rücken. Ich war stolz auf sie. Und ein wenig auf mich.

Also las ich den Brief langsam vor. Soila wurde sehr rot im Gesicht. Deshalb unterbrach ich zweimal das Vorlesen.

„Was ist mit der Haarlocke?“, fragte ich. „Ich habe Karuan versprochen, dass ich sie mitbringe.“

Meine Tante holte eine Schere. Soila wollte nur wenig von ihrem langen Haar abschneiden lassen. Aber ich bestand darauf, dass Karuan sich eine richtige Locke gewünscht hatte. Außerdem war ich neidisch auf ihr Haar. Also schnitt meine Tante ein sehr ordentliches Stück ab. Wir verknoteten die Locke und steckten sie in einen kleinen Brief, den meine Mutter mitgebracht hatte. Ich steckte den Brief in meine Tasche und nahm mir ein Bonbon.

Am Abend lagen wir in einem Zimmer nebeneinander. Soila war bei der Tante geblieben, obwohl sie in dem Dorf wohnte.

„Warum kann ich nicht zu euch kommen?“, fragte ich.

„Wir sind sehr arm“, sagte sie leise. „Wir haben ein kleines Haus. Nicht so groß wie das Haus deiner Tante. Sie hat ein großes Feld und einen Esel.“

„Freust du dich?“, fragte ich.

„Ich würde gerne in der Stadt wohnen“, sagte sie. „Ihr habt ein schönes Haus.“

„Ich habe ein Schäfchen“, sagte ich.

„Es war nett von Karuan, dass er mir den Brief geschrieben hat.“

Ich nahm mir eines von den Bonbons. Soila griff in ihre Tasche. „Ich habe etwas von meinem Bruder Lavko für Schuxan“, sagte sie.

„Schuxan? Lavko?“

„Ja, wusstest du nicht, dass Schuxan Lavko heiraten wird, wenn ich Karuan heirate? Sie wohnt dann bei uns, und ich wohne bei euch.“

„Eine Tausch-Heirat?“

„Ja, hat dir deine Mutter nichts gesagt?“ Sie gab mir einen Brief, den Lavko an Schuxan geschrieben hatte.

„Schuxan kann nicht lesen“, sagte ich.

„Lies du ihn, Chalat.“

„Jetzt?“

Soila legte sich auf den Rücken und sah zur Decke. Es war gerade noch hell genug, um den Brief zu lesen.

Hallo, Schuxan,
ich mag dich.
Ich hoffe, du findest es schön bei uns.
Lavko

„Er ist nicht so schön wie Karuans Brief, aber Lavko hat ihn zweimal geschrieben, weil er einen Fehler gefunden hat“, sagte Soila.

„Schuxan wird sich freuen. Sie hat noch nie einen Brief bekommen“, sagte ich, obwohl ich es nicht richtig wusste.

Soila setzte sich in der Dunkelheit auf. „Ich habe solche Angst“, sagte sie.

„Wovor?“

„Schuxan ist eine sehr gute Köchin. Alles ist perfekt, was sie bei euch macht.“

„Ich werde dich unterstützen“, versprach ich.

„Du wirst sehen, ich bin ganz anders als Schuxan“, sagte sie leise.

Dann schliefen wir. In einem Zimmer, sehr nahe den schwarzen Bergen.

Der Vater von Lavko und Soila besuchte uns. Meine Tante kam mit ihrem Mann, den niemand kannte.

„Ja, er ist es“, sagte meine Mutter leise zu mir, als wir in der Küche waren. „Der Mann, der in den Bergen kämpft.“

Alle hatten sich umarmt, weil sie eine Familie waren. Nur ihn hatte niemand umarmt.

„Niemand darf wissen, dass er hier ist“, sagte meine Mutter zu mir.

Als sie alle im Wohnzimmer saßen, sagte meine Mutter: „Setz dich zu uns, Chalat. Wir brauchen dich.“

Ich wusste nicht, wozu sie mich brauchten, aber sie hatten ein wenig Platz für mich gemacht.

„Wir wissen alle: Wenn eine Frau geht, muss eine Frau kommen“, sagte der Vater von Lavko. „Denn es ist niemand da, der ihre Arbeit macht.“

Alle nickten, weil er recht hatte. Wenn eine Familie für eine Frau kein Geld bekam, dann musste sie gegen eine andere Frau getauscht werden. So hatte es mir meine Mutter erklärt. Kultura ist es, hatte sie gesagt.

„Ja, wir sind heute hier, weil wir etwas Gutes wollen“, sagte Goran. „Unsere Kinder haben sich verliebt.“

„Karuan, mein Neffe, den ich sehr liebe, hat meiner Tochter Soila einen Brief geschrieben“, sagte Lavkos Vater.

„Diesen Brief wird Chalat jetzt vorlesen“, sagte meine Mutter.

Also las ich Karuans Brief vor. Langsam und sehr schön, weil ich jedes Wort genau kannte.

Lavkos Vater legte eine Hand an das Herz. „Es sind schöne Worte von Karuan“, sagte er.

Dann las ich den Brief von Lavko vor.

„Ein schöner Brief“, sagte meine Mutter.

Dann kam das Essen. Alle kannten Schuxan und wussten, was für eine gute Köchin sie war.

„Wir sind gekommen, weil wir etwas Gutes wollen“, sagte Lavkos Vater. „Wir wollen eurem Sohn unsere Tochter geben und wollen unserem Sohn eure Tochter geben. Und wir wollen, dass sie Ringe tauschen.“

„Das ist vernünftig“, sagte die Tante.

„Es ist Allahs Wille“, sagte Goran. „Was in der Familie ist, das soll sie nicht weggeben.“

„Ihr gebt uns Schuxan", sagte Lavkos Vater. „Wir geben euch Soila."

„Schuxan ist eine sehr gute Köchin", sagte meine Mutter. „Ich weiß nicht, wie ich sie ersetzen kann. Ihr habt ihr Essen gegessen. Seht nur die Fenster, die sie geputzt hat."

„Soila ist ein fleißiges Mädchen", sagte der Vater. „Sie wird lernen, wie Schuxan zu sein."

Schuxan trug das Geschirr in die Küche. Wir waren alle sehr satt. Sie hatte toll gekocht!

„Wisst ihr noch, wie sie als kleine Kinder miteinander gespielt haben?", fragte die Tante. „Wer hätte gedacht, dass sie einmal heiraten werden."

„Ja", sagte Lavkos Vater. „Karuan hat sich mit allen Jungen im Dorf geprügelt."

„Jetzt ist er erwachsen geworden", sagte meine Mutter.

„Natürlich, das ist er", sagte Lavkos Vater. „Ein sehr schöner Brief. Und wie Chalat ihn vorgelesen hat – das war schön!"

„Was mache ich nur, wenn Schuxan aus dem Haus ist?", fragte meine Mutter.

„Ein Mädchen muss das Haus ihrer Familie verlassen", sagte die Tante, „wenn sie im heiratsfähigen Alter ist."

„Die Hochzeitsfeiern werden hier und in unserem Dorf stattfinden", sagte die Tante.

„Dann ist alles besprochen", sagte Lavkos Vater.

„Wird Schuxan hier sein?", fragte meine Mutter. „Ich könnte ihre Hilfe gebrauchen."

„Es wird sehr viel Arbeit in unserem Dorf sein", sagte die Tante.

„Gut, dann soll Soila mir hier helfen, und Schuxan soll in eurem Dorf sein."

Und so war die Tausch-Hochzeit beschlossen.

„Kommst du!? Schau dir das an!", schrie Schuxan und packte mich am Arm. Sie zerrte mich aus dem Zimmer in den Garten. „Das schaust du dir an!"

Meine Tante hatte ein langes Messer in der Hand.

„Du bleibst bei mir!", schrie Schuxan mich an. Dann rannte sie hinter meinem Schäfchen her und packte es am Nacken. „Komm, meine Hübsche!", rief sie wie außer sich. „Komm, wir schneiden dir den weißen Hals durch. Ja, sieh mal", sie griff sich das Fell unter dem Kinn des Schäfchens, „wie zart, wie weich!"

Meine Tante griff sich das Schäfchen und legte es auf den Rücken vor sich auf die Erde. Die Beinchen zuckten in der Luft wie kleine Hände.

Schuxan stellte sich hinter mich, dass ich ihren Körper spürte. „Und du schaust zu!", rief sie und hielt meinen Kopf fest.

Das Messer hatte eine armlange Klinge. Neben meiner Tante lag der Schleifstein. Das Schäfchen keuchte, als sie das Köpfchen nach hinten bog. Dann zog sie das Messer einmal an seinem Hals entlang, und ich sah, wie das Blut aus dem Hals schoss. Wie das Schäfchen zuckte. Wie es tot war und vor meiner Tante lag.

Meine Tante hatte die Hände, die Arme voller Blut. Zwei Männer an einem Fluss.

„So haben sie es auch mit mir gemacht. Und dir wird es genauso gehen wie mir!", zischte Schuxan in mein Ohr.

Als Karuan sie von mir trennen wollte, fauchte sie ihn an: „Fass mich nicht an. Ich bin die Braut. Willst du eine Braut an den Füßen aufhängen?"

„Ist ja gut", sagte meine Mutter und legte einen Arm um sie.

Dann erst ließ mich Schuxan los.

Karuan redete mit meinen Brüdern gleichgültig über den Wagen, den sie für die Hochzeit mieten würden.

„Wir brauchen einen großen Wagen", sagte Awer. „Wir müssen viel fahren, weil die Hochzeit an zwei Orten ist."

„Einen großen Mercedes", schlug Karuan vor.

„In Weiß", schlug Awer vor. „Ich habe einen weißen Mercedes gesehen. Toll!"

„Wir sehen, welchen Wagen wir bekommen", sagte Karuan.

Meine Mutter führte Schuxan an ihnen vorbei in die Küche. Meine Tante ging hinter ihnen her. In der einen Hand das Messer, in der anderen Hand zog sie das tote Schäfchen hinter sich her. Eine lange Blutspur folgte ihr quer über den Rasen.

Meine Brüder gingen los, um ein Auto auszusuchen.

„Deine Schwester Schuxan war sehr erregt“, sagte der Mann meiner Tante, der allein auf einer Bank saß.

Ich saß auf dem Boden und betrachtete die Spur von Blut.

„Warum war sie so erregt?“, fragte er.

„Keine Ahnung“, sagte ich und war nur sehr müde. Ich verstand nicht, was Schuxan so aufgeregt hatte.

„Dieser Brief, den du gelesen hast – alle waren sehr erstaunt, dass Karuan ihn geschrieben hat.“

Ich schwieg.

„Es wäre doch möglich, dass den Brief jemand anders für ihn geschrieben hat.“

„Möglich wäre es.“

„Es könnte sein, dass ein Mädchen den Brief geschrieben hat und sich alles ausgedacht hat.“

„Warum sollte sie?“

Der Mann schwieg. „Das ist keine Antwort, das ist eine Frage“, sagte er dann nachdenklich.

Ich sah zur Küche. Aus dem Fenster sah mich Schuxan hasserfüllt an. Sie schnitt etwas mit dem Messer, aber sie sah nicht auf ihre Hand.

„In den Bergen bekommen wir immer eine Antwort“, sagte der Mann. „Wenn wir einen Mann fragen, darf er nicht mit einer Frage antworten.“

„Das verstehe ich“, sagte ich.

„Eine Frage ist keine Antwort.“

„Nein, ist sie nicht.“

„Warum sollte ein Mann keine Antwort geben, wenn er die Wahrheit sagen will?“

Ich verstand nicht, was der Mann mir sagen wollte. „Und wenn ich es war, die den Brief geschrieben hat?“, fragte ich ihn.

„In den Bergen haben wir keine Zeit“, sagte er. „Ein Mann hat die Wahl: der Tod oder eine Antwort.“

„Warum sagen Sie mir das?“, fragte ich.

„Vergiss es einfach“, sagte er. „Ich habe Zeit. Ich langweile mich.“

Ein Kaninchen ohne Namen

Als alle beim Hochzeitsmahl saßen, konnte ich nichts essen. „Ich esse das Essen nicht, das ist mein Schäfchen“, sagte ich und begann zu weinen.

Dann rannte ich in den Garten und suchte das Kaninchen, das mir meine Tante geschenkt hatte. Es saß in einer Ecke und hatte noch keinen Namen.

Der Mann meiner Tante war verschwunden. Warum war er an diesem wichtigen Tag verschwunden? Warum war er gekommen, wenn er nicht am Hochzeitsmahl saß? Ich wusste es nicht. Ich wusste nur, dass dieser Mann rätselhaft war. Und rätselhaft hatte er mit mir gesprochen.

Ich nahm das Kaninchen vorsichtig in den Arm und setzte mich auf die Bank. Einen Namen gab ich ihm nicht. Ein Name schützte es nicht vor dem Tod. Was von meiner Tante kam, konnte sie wieder nehmen und mit dem Messer töten. Für sie war es nur ein fellweicher Sack Blut, den sie aufschneiden konnte. Von einem Kaninchen ohne Namen würde ich mich leichter trennen können.

Soila war eine schöne Braut. Sie saß glücklich neben Karuan. Sie war so glücklich gewesen, dass sie nichts gegessen hatte. Wenn sie mich ansah, dann lächelte sie. Sie wusste nicht, wer den Brief geschrieben hatte. Warum sollte sie in Karuan nicht etwas sehen, was die anderen nicht sahen? Schadete es, dass sie glücklich war? Es war doch nur, dass er keinen Brief schreiben konnte, weil er ein Mann war.

Vor unserem Haus parkte ein sehr großer weißer Wagen. Ein Fahrer stand davor in einem schwarzen Anzug. Alle Kinder der Straße standen um das Auto herum. Sie riefen und klatschten, als ich aus dem Tor trat. Die großen Mädchen taten, als seien sie nicht neidisch. Es war ein sehr großes, ein sehr prachtvolles Auto.

Der Fahrer winkte mir und öffnete die Tür. „Ein Kaninchen in meinem Wagen?", fragte er.

„Ich passe auf, dass es nichts anknabbert", sagte ich.

„Ist in Ordnung, junge Dame", sagte er.

Als ich im Wagen saß, war sehr viel Platz neben mir. „Können Sie bitte die Fensterscheiben herunterdrehen?", bat ich ihn.

„Sie senken sich automatisch", sagte er und drückte einen Knopf.

Langsam senkte sich die Scheibe automatisch. Es gab nichts, was gedreht werden musste.

Die kleinen Kinder stellten sich auf die Zehenspitzen, um mich sehen zu können.

„Wie heißt das Kaninchen?", fragten sie.

„Es heißt *Kaninchen ohne Namen*", sagte ich.

Sie lachten, weil der Fahrer lachte.

„Und wo ist das Schäfchen Dilan?", fragte ein Mädchen. „Wir haben es nicht gesehen."

Da begann ich zu weinen. Die Tränen tropften auf das Fell vom Kaninchen ohne Namen. Es war schrecklich, weil ich in einem prachtvollen Auto saß und weinen musste. An dem Tag, an dem Soila so glücklich war.

„Die Gäste essen gerade das Schäfchen Dilan", sagte ich weinend. „Meine Tante hat es getötet."

Ein Mädchen griff durch das Autofenster und streichelte mein Gesicht. „Wie schrecklich!", sagte sie.

Die kleinen Kinder waren still, obwohl sie nichts verstanden.

„Ich habe eine Idee", sagte der Fahrer. „Wir unternehmen eine kleine Fahrt. Ich fahre dich ganz alleine durch die Stadt. Und natürlich auch das Kaninchen ohne Namen." Automatisch gingen die Scheiben wieder hoch. „Bitte zurücktreten, Kinder", rief er.

„Oh, toll!", sagte ich. „Danke schön!"

„Wohin soll die Fahrt gehen?", fragte er.

„Zum Friedhof", sagte ich.

„Zum Friedhof? Wirklich zum Friedhof?"

„Ich möchte eine Blume auf das Grab meines Vaters legen", sagte ich.

„Die Blume, die du im Haar trägst?"

„Ja, diese Blume", sagte ich.

Ein Kaninchen ohne Namen, ein sehr netter Fahrer und ich fuhren durch die Stadt, um eine Blume aus meinem Haar auf das Grab meines Vaters zu legen. An diesem Tag, der so schön war.

Als wir von unserem Besuch bei meinem Vater zurückkamen, sagte der nette Fahrer: „Oh, wir sind ein bisschen spät, junge Dame."

Meine Brüder standen vor dem Haus und redeten mit den Nachbarn.

„Entschuldigung", sagte der nette Fahrer. „Wir haben das Auto bewegt."

Meine Brüder sahen erstaunt, wie der Fahrer mir und meinem Kaninchen ohne Namen die Tür öffnete. „Was? Wie? Wo kommt Chalat her?"

Aber sie hatten keine Zeit mehr und drängten sich in den Wagen. Niemand kümmerte sich um mich. Ich ließ mein Kaninchen Gras fressen. Dann stellte ich mich zu den Blumen.

Durch das Loch im Zaun zu unseren Nachbarn sprach mich eine Stimme an. „Fährst du nicht zur Hochzeit, Chalat?" Es war der Nachbarsjunge.

„Nein, sie haben mein Schäfchen gegessen, Evro."

Die Stimme war vor Schrecken verstummt.

„Schau nur das Blut auf dem Rasen", sagte ich.

„Ja, ich sehe es“, sagte die Stimme. Sie sagte nichts weiter, weil es nichts zu sagen gab. Es war keine Stimme, die geschwätzig war.

Ein Mann, der kein Kurde ist

Auf dem Weg zur Schule fragte ich Awer, ob ich nach der Schule zu meiner Freundin Asaru gehen durfte.

„Nein“, sagte Awer. „Du gehst von dort mit mir nach Hause. Ein anständiges Mädchen rennt nicht in der Stadt herum. Nur Schlampen tun das!“

„Bitte, lieber Awer, nur einmal oder vielleicht zweimal.“

„Nein“, sagte er. „Vergiss es. Kein Mal und niemals!“

„Wenn ich Hassan nicht erzähle, dass du heimlich rauchst – kann ich dann gehen?“

„Was? Ich? Woher weißt du das?“

Eine Stimme im Zaunloch hatte es mir erzählt. „Ich rieche es“, sagte ich. „Frauen riechen viel besser als Männer.“

„Verdammt!“, sagte er. „Dann weiß Mutter es auch.“

Ich nickte. „Und Soila weiß es auch.“

„Aber Hassan weiß es nicht?“, fragte er.

Hassan war der Chef der Familie geworden, weil Goran und Karuan, meine beiden ältesten Brüder, bei der Armee waren.

„Nein, Hassan weiß es noch nicht“, sagte ich mit einem Augenaufschlag. „Mutter hält zu dir, und Soila hat Angst vor allem.“

„Wie heißt die Freundin?“

„Asaru heißt sie“, sagte ich.

„Ich rauche nur manchmal“, sagte Awer.

„Ich weiß“, sagte ich.

Asaru hatte ein schönes Leben. Ihre Familie war anders als unsere. Ich glaube, sie waren Kurden, aber anders. Ich war gerne bei ihr.

„Du hast es leicht“, sagte ich. „Du hast keine Brüder, nur eine Schwester.“

„Ich hätte gerne einen Bruder“, sagte sie.

„Ich habe vier Brüder. Wünsch dir auf keinen Fall einen Bruder, Asaru!“

Aber sie lachte nur.

„Dein Vater ist kein richtiger Kurde“, sagte ich. „Wenn er ein richtiger Kurde wäre, dann würde er sich eine zweite Frau nehmen, weil er einen Sohn will.“

„Nein, das tut mein Vater nicht. Er sagt, er liebt meine Mutter!“

„Siehst du, er ist kein richtiger Kurde. Warum schlägt er euch nicht, wenn er ein richtiger Kurde ist?“

„Vater, komm her!“, rief Asaru.

Schnell wollte ich ihr den Mund zuhalten. Ich kämpfte mit ihr. „Vat – mmh, komm – mhh!“, rief sie.

Er war ein sehr freundlicher Mann, der sich in einen Stuhl setzte. Asaru hatte drei Stühle in ihrem Zimmer, obwohl sie allein dort wohnte. Und zwei Tische hatte sie. Einen Tisch zum Essen, einen Tisch für die Schule.

„Hallo“, sagte ich zu ihm. „Ich bin Chalat. Die Freundin von Asaru. Wir haben nur Spaß gemacht.“

„Nein, Chalat hat gesagt, dass du kein Kurde bist, weil du uns nicht schlägst. Und weil du dir keine zweite Frau nimmst, um einen Sohn zu bekommen.“

„Asaru macht nur Spaß! Ich werde nicht geschlagen“, sagte ich.

„Ja, weil dein toter Vater es deinen Brüdern verboten hat! Das hast du mir selbst gesagt! Weil er dich beschützt!“, rief Asaru.

„Worauf soll ich zuerst antworten?“, fragte er. „Ob ich ein Kurde bin? Warum ich euch nicht schlage? Oder warum ich nur diese eine Frau will?“

„Mein Vater ist Lehrer an einer höheren Jungenschule, musst du wissen“, flüsterte Asaru.

„Das spielt jetzt keine Rolle“, sagte ihr Vater.

Wir setzten uns auf die Stühle. Ich hatte einen eigenen Stuhl. Es war sehr vornehm, nicht auf dem Boden sitzen zu müssen.

„Also, erst einmal bin ich ein richtiger Kurde, und Asarus Mutter ist auch eine richtige Kurdin", sagte der Mann.

„Ich meine *richtig* richtig", sagte ich. „So wie alle Kurden sind!"

Asarus Vater dachte lange über das nach, was ich gesagt hatte. „Stell dir einmal die Welt wie eine Schulklasse vor, Chalat. Jede Schülerin ist ein eigenes Land."

„Ja, okay", sagte ich.

„Und dann erzählt jedes Mädchen, wie es bei ihr zu Hause ist. Und den meisten Mädchen geht es gut. Sie haben einen Vater, der sie mag, und Brüder, die sie nicht schlagen."

Ich hatte Asaru erzählt, dass Goran einen Stock hatte, mit dem er mich nicht schlug.

„Stell dir also vor, das kurdische Mädchen erzählt, dass sie geschlagen wird", sagte der Mann.

„Vielleicht wird sie nicht nur geschlagen!", rief ich. „Sie bekommt vielleicht glühende Messer auf die Haut gedrückt. Manche Mädchen werden eingesperrt und bekommen nichts zu essen. Wenn das kurdische Mädchen Dilan ist, dann würde sie alles das erzählen!"

„Du hast recht", sagte der Mann.

Asaru und ihr Vater schwiegen.

„Mein Schwester ist einen Tag und eine Nacht lang an den Füßen aufgehängt worden, damit sie heiratet! Schuxan heißt sie! Alle Schülerinnen sollen zuhoren, wenn das kurdische Mädchen redet!"

„Ja, du hast recht", sagte der Mann.

Wir saßen da und dachten an Dilan und Schuxan.

„Ja", sagte der Mann dann. „Aber was ist, wenn Asaru in dieser Klasse sitzt?"

„Dann soll sie sagen, dass sie nicht geschlagen wird, weil ihr Vater kein richtiger Kurde ist!"

Obwohl der Mann ein Lehrer war, konnte er nichts sagen.

„Also habe ich recht?", fragte ich ihn.

„Ich glaube schon", sagte er. „Wenn Asaru gefragt wird, soll sie nicht nur von sich, sondern auch von Dilan und Schuxan erzählen."

„Ja, so meinte ich es", sagte ich.

Der Mann nickte ernst.

Etwas hatte ich vergessen: „Und sie soll sagen, dass Sachen an den Mädchen gemacht werden. Mit dem Rasiermesser. An allen Mädchen – das soll sie sagen!"

„Ja, davon soll sie erzählen", sagte der Mann. Seine Stimme war sehr leise geworden.

Soila war keine Köchin wie Schuxan. Sie war unpünktlich, und sie war vergesslich. Manchmal war das Essen nicht fertig. Oder der Braten war fertig, aber der Reis nicht. Manchmal hatte sie das Gewürz vergessen. Manchmal wusste sie nicht, wie ein Gericht gekocht wurde.

„Was habt ihr denn gegessen, als du bei deiner Familie warst?", fragte meine Mutter. Sie meinte es aber gut mit Soila. Sie war ein gutes Mädchen, aber eine schlechte Köchin.

„Sie wird bald Kinder bekommen", sagte sie. „Wenn eine Cousine die Kinder bekommt, dann ist es das Beste."

„Bis dahin sind wir verhungert", sagte Hassan, mein drittältester Bruder.

„Karuan hat sie geheiratet", sagte meine Mutter.

„Er ist beim Militär und muss nicht verhungern", sagte Hassan.

„Morgen macht sie euch eine Suppe warm", sagte meine Mutter.

„Eine Suppe warm machen – das schafft sie nicht!", sagte Hassan.

„Ich muss früh auf dem Markt sein", sagte meine Mutter. „Wir müssen Geduld mit ihr haben."

Am Morgen war die Suppe nicht warm. Da schlug Hassan Soila mit dem Stock auf den Rücken und auf die Arme. Und weil sie in den Garten rannte, kam die Suppe nicht. Was sollten wir zur Schule mitnehmen? Was sollte Hassan zur Arbeit mitnehmen?

Soila saß im Garten und schluchzte, bis Hassan sie an den Haaren in die Küche zog. „Ich stecke dich mit dem Kopf in die Suppe", rief er wütend. „Hörst du? Wenn du die Suppe nicht warm machst, dann mache ich sie warm, aber mit deinem Kopf in der Suppe! Willst du das?"

„Iihh!", rief Awer.

„Nein, nein", jammerte Soila.

„An allem ist dieser verdammte Brief schuld", rief Hassan in die Küche. Er nahm einen Schuh aus dem Regal und warf ihn nach Soila. „Wenn Chalat diesen Brief nicht für Karuan geschrieben hätte – niemals wäre Karuan so ein blöder Brief eingefallen", rief Hassan. „Hörst du, Soila? Sie hat zehn Dinare bekommen, dass sie ihn schreibt."

„Fünf Dinare", sagte ich leise.

„Komm jetzt mit der verdammten Suppe, Soila!", rief Hassan. „Jetzt!"

Soila trug den Topf aus der Küche und stellte ihn auf den Boden. Sie hatte sehr geweint. Wahrscheinlich hatte sie vergessen, die Flamme aufzudrehen. Die Suppe dampfte nicht. Als Soila jedem von uns einen Teller hinstellte, sahen wir, dass Hassan einen Socken auf den Teller legte.

„Gib mir einen großen Löffel, Soila", bat er.

Soila lief schnell in die Küche und brachte ihm einen Kochlöffel. Hassan nahm seinen Socken in die Hand und ließ ihn in die Suppe fallen. Soila starrte in die Suppe. Hassan starrte Soila an und rührte langsam die Suppe um.

„Chalat und Awer, lacht nicht so laut!", sagte er streng. „Wir müssen Geduld mit ihr haben."

Und dann lachten wir alle zusammen. Nur Soila lachte nicht.

Warum kam ein Mann mit einem Anzug in unsere Straße? Warum parkte dieser Mann sein Auto vor dem Haus von Talos Familie? Warum war sie heute nicht in der Schule gewesen? Warum war Talo nicht auf der Straße bei uns Mädchen?

„Was ist das für ein Auto?", fragten die Kinder.

„Ein teures", sagte der Mann. „Bleibt bloß weg von meinem Auto!"

Bevor er zum Haus von Talos Familie ging, sah er in den Außenspiegel seines glänzenden Autos und strich sich mit der Hand über den Kopf. Dort war eine kahle Stelle, die glänzte.

„Kommt Talo zum Spielen raus?", fragten wir Mädchen.

„Sie kommt heute nicht", sagte der Mann. „Sie hat Besuch." Dabei lachte er.

Talos Vater kam aus dem Haus und umarmte den Mann mit der kahlen Kopfstelle. Talos Vater trug eine kurdische Tracht. Die weiten Hosen, ein gebundenes Tuch um den Bauch, ein gebundenes Tuch um den Kopf.

„Weg, weg, ihr Kinder!", rief er. „Weg, weg, ihr Mädchen. Was sucht ihr auf der Straße?"

Ich ging nach Hause. In der Küche stand meine Mutter. „Es ist ein Mann mit einem Auto zu Talos Haus gekommen", sagte ich.

„Talos Haus?" Meine Mutter sah auf. Doch schnell sah sie wieder auf ihre Hände. „Kümmere dich nicht darum", sagte sie. „Es geht Mädchen nichts an, was Männer miteinander reden."

„Aber Talo ist meine Freundin, Mutter."

„Talo ist älter als du. Ihr Leben ist nicht dein Leben."

„Ihr Vater ist wie ein Kurde verkleidet."

„Es ist keine Verkleidung – es ist unsere Kultura!", sagte meine Mutter streng.

Goran war zu Besuch und saß in seinem Stuhl im Garten. Ihn konnte ich fragen.

„Ein Mann mit einem Auto ist zu Talos Haus gekommen. Was hat das zu bedeuten?"

„Der Vater von Talo fragt in der Moschee, wer seine Tochter heiraten will", sagte Goran leise.

„Ich will mich nicht in fremde Sachen einmischen", sagte ich. „Aber warum tauscht er sie nicht, wie wir Soila und Schuxan getauscht haben?"

„Ach, Schuxan, unsere geliebte Schuxan", sagte Goran.

Wir dachten daran, wie lecker wir gegessen hatten, als Schuxan noch im Haus war.

„Talo hat zwei Schwestern", sagte Goran. „Sie werden dem Vater und dem Bruder den Haushalt machen. Es ist nicht nötig, eine Frau zu tauschen."

„Es ist seine Entscheidung", sagte ich. „Es betrifft mich nicht."

„Er will Talo verkaufen. Deshalb fragt er in der Moschee die Männer. Sogar mich hat er gefragt."

„Talo kann nicht so gut kochen wie Schuxan", sagte ich schnell. „Heirate sie nicht. Wir haben schon Soila, die nicht kochen kann."

„Habe ich mir doch gedacht, dass er zu viel Geld für Talo will!" Goran zwinkerte mir zu.

Als er zur Moschee ging, schaute ich auf das Haus von Talo.

Dort stellte sich Serhat zu mir. „Talo soll verheiratet werden", sagte sie. „Wusstest du das?"

„Ja, Serhat, das wusste ich."

„Talo soll verkauft werden. Wusstest du das auch?"

„Ja, Serhat, das wusste ich auch."

„Wusstest du, dass der Mann bereits eine Frau hat?"

Davon hatte Goran nicht gesprochen. Ich war nicht neugierig genug gewesen oder er hatte es einfach vergessen.

„Soll ich dir noch etwas sagen, Chalat?"

Ich nickte gleichgültig.

„Das Auto gehört dem Mann nicht. Er hat es geliehen, sagt mein Bruder."

Es ging mich wirklich nichts an. Goran hatte recht.

„Und soll ich dir noch etwas sagen, was du nicht weißt?" Serhat wollte nun in mein Ohr sprechen. „Talo weint die ganze Zeit. Meine Mutter kann es von ihrem Fenster aus sehen."

Als wir am nächsten Morgen mit Talo zur Schule gehen wollten, wartete sie nicht auf der Straße, wie sie es sonst tat.

„Wir können klopfen", sagte Serhat. „Du bist dran, etwas Mutiges zu tun."

Sie hatte recht. Beim letzten Mal hatte sie Hassan gefragt, ob sie eine Zigarette von ihm haben könne. Hassan hatte nur geschaut und sich an den Kopf gefasst. Aber zwischen uns galt es als mutige Tat. Also ging ich zum Haus von Talo und klopfte. Danach würde ich mir etwas für sie ausdenken, das wirklich mutig war. Hassan um eine Zigarette zu bitten war nicht richtig mutig.

„Was willst du?", herrschte mich der Vater von Talo an. „Bist du nicht eines der Mädchen von der Straße? Von gestern, die den Mund nicht halten kann?"

„Ich wollte nur fragen – wir gehen zur Schule. Kommt Talo nicht? Sonst kommt sie immer mit uns."

„Nichts da!", sagte der Mann. „Sie wird heiraten. Was soll sie in eurer Schule lernen?"

„Ach so", sagte ich. „Soll ich das der Lehrerin sagen?"

„Mir egal – hau ab!"

Ich ging wieder auf die Straße. „Nächstes Mal bist du dran", sagte ich zu Serhat. „Hassan um Zigaretten zu fragen – das ist nicht mutig!"

„Schau nur, Chalat. Dort an dem Fenster ist Talo. Sie macht Zeichen."

Talo stand dort und strich sich über die Augen, als würde sie weinen. Sie hielt eine Hand hoch, die geschwollen war. Sie zeigte uns, dass jemand darauf geschlagen hatte. Sie drehte den Kopf, zeigte uns ihren Hals und die blauen Flecken darauf.

Wir machten ihr auch Zeichen. Wir umarmten sie und streichelten ihr über den Kopf. Da sahen wir hinter ihr den Vater. Wir sahen, wie wütend er war. Er stieß Talo beiseite. Wir wollten schon weglaufen, da öffnete er das Fenster und rief: „Wartet, ich will euch etwas zeigen – dauert nicht lang." Dann verschwand sein Kopf.

„Gilt das als Mutprobe, wenn ich bleibe?", fragte Serhat.

„Ich bleibe auch – deshalb gilt es nicht!"

Dann sahen wir den Mann wieder. Grinsend stand er uns gegenüber. Er knallte das Fenster zu. In der Hand hielt er einen Farbeimer, in der anderen einen breiten Pinsel. Dann begann er das Fenster mit schwarzer Farbe zuzumalen, bis es vollständig verdeckt war. Wir starrten dieses schwarze Fenster an, weil wir nicht glauben konnten, was dieser Mann getan hatte. Wir hörten sein lautes Lachen. Das ganze Haus schien zu beben, so laut lachte er. Und wenn er Luft holen musste, hörten wir das Weinen von Talo, das immer lauter wurde.

„Der Mann ist verrückt geworden", sagte Serhat. „Hast du sein Lachen gehört?"

„Meinst du, er bringt Talo um?"

„Nein, dann bekommt er kein Geld für sie", sagte Serhat. „So verrückt ist er nicht."

Da erschien der Mann in der Haustür. In der Hand hielt er ein Vorhängeschloss. „Wisst ihr, was das ist?", rief er.

„Ein Vorhängeschloss?", fragten wir.

Der Mann legte den Schlüssel auf seine ausgestreckte Hand. Er glänzte in der Sonne wie ein kleines Goldstück. „Das ist ihr Brautschmuck!", rief der Mann und lachte so laut, dass die Frauen in der Straße aus den Fenstern schauten.

„Was tust du dort?", rief Serhats Mutter.

„Ich unterhalte mich mit Talos Vater."

„Musst du nicht in die Schule?"

„Gleich, Mutter, gleich!"

Der Mann öffnete seinen riesigen Mund und legte den Schlüssel auf seine Zunge. Er schloss den Mund und tat so, als habe er den Schlüssel verschluckt.

Serhat schob mich die Straße entlang. „Er ist verrückt geworden", flüsterte ich. „Sollen wir die Polizei holen?"

„Chalat, du bist es, die verrückt geworden ist", sagte sie. Dann winkte sie ihrer Mutter zu. „Wir gehen jetzt!", rief sie.

Ein Park, ein Abschied

In der Klasse weinte Asaru. Im Unterricht weinte sie leise. In der Pause weinte sie laut. Asaru, das Mädchen, das keinen richtigen Kurden zum Vater hatte – warum weinte sie?

„Was ist mit dir, Asaru?", fragte ich.

Aber sie sagte nichts. Was es war – es war so schrecklich, dass es nicht über ihre Lippen kam. Ich schaute auf ihren Hals, ob sie geschlagen worden war, ich schaute auf ihre Haare. Nein, ich entdeckte nichts. Aber es gab viele Stellen, die ich nicht sehen konnte.

„Hat dein Vater dich geschlagen?", fragte ich in der Pause, als wir allein standen.

„Nein, nein", sagte sie. „Warum sollte er mich schlagen?" Sie fragte, als ob es einen Grund dafür geben musste.

„Wirst du verheiratet?", fragte ich.

Sie sah mich mit großen Augen an. „Würde ich dann weinen?", fragte sie.

„Asaru, du bist eine Glückliche", sagte ich. Sie wusste sehr wenig vom wirklichen Unglück. „Aber was ist es, was dich traurig macht?", fragte ich.

Sie schüttelte den Kopf. Das Geheimnis kam nicht über ihre Lippen. „Geh mit mir nach Hause", sagte sie. „Ich muss dich um etwas bitten."

Und so gingen wir durch die Stadt zu ihrem Haus.

„Warum gehst du so langsam?", fragte ich. „Hast du doch Angst vor deinem Vater?"

„Nein", sagte sie. „Nicht vor meinem Vater. Vor etwas anderem."

„Was ist es denn?"

Sie zeigte zum Park. „Dort gehen wir hin", sagte sie.

Dieser Park in Sulaimaniyya ist sehr schön. Jeder Lärm verschwindet darin. Die kleinen Wasserläufe sprechen leise und freundlich miteinander. Die Kronen der Bäume flüstern über die

Menschen, die unter ihnen vorbeigehen. Auch über dieses Mädchen, das so traurig war. Und über das Mädchen, das fragte und fragte.

„Dort", sagte Asaru. Sie zeigte auf eine Bank, die auf eine kleine Brücke blickte. Dort setzten wir uns hin.

„Du gehst doch jede Woche zum Grab deines Vaters?", fragte Asaru.

„Öfter", sagte ich. „Für mich ist es so, als würde er leben."

„Das verstehe ich", sagte sie. „Das ist schön."

„Traurig ist es und schön."

„Aber dort liegen Menschen begraben", sagte sie.

Wovon sprach sie? Was war mit ihr geschehen?

„Aber die Erinnerungen sind nirgendwo begraben – wo können wir sie besuchen?"

Erinnerungen, flüsterten die Bäume über uns. *Wovon redet dieses so junge Mädchen?*

„Wenn ich dich bitte, wirst du einmal im Jahr hierherkommen, Chalat?"

„Ja, aber warum?"

„Um eine Erinnerung zu besuchen."

„Eine Erinnerung?", fragte ich.

„Eine Erinnerung an mich, ja."

Beide Mädchen sind ein wenig verrückt, flüsterten die Bäume. *Das eine mehr als das andere.*

„Wenn ich weg bin, bleibt nichts als eine Erinnerung an mich in Sulaimaniyya", sagte Asaru traurig.

„Gehst du weg?", fragte ich.

Jetzt versteht sie endlich, was das traurige Mädchen sagen will, flüsterten die Bäume.

„Weit, sehr weit weg", sagte Asaru. „In ein anderes Land. Nur eine Erinnerung bleibt von mir. Ich werde niemals zurückkommen. Wenn du nicht kommst, dann wird niemand kommen."

„Ich werde hierherkommen, versprochen."

„Ich gehe jetzt", sagte Asaru. „Bleib hier sitzen, in Gedanken an mich."

So stand sie auf, und ich blieb, um an sie zu denken.

Sie geht nicht wirklich, flüsterten die Bäume. *Das verrückte Mädchen wartet und kommt zurück.*

Plötzlich stand Asaru wieder hinter mir. „Hast du an mich gedacht?", fragte sie.

Sie hatte mich erschreckt. Ich hatte mich an Asaru erinnert wie an einen Geist. Und mit einem Mal stand sie wirklich hinter mir.

„Ja, ich habe an dich gedacht, natürlich."

„Dann klappt es – die Erinnerung, der Platz, der Tag, einmal im Jahr?"

Ich nickte. „Klappt."

„Gut", sagte sie, „dann gehe ich jetzt wirklich." Sie küsste mich auf den Kopf.

Als ich mich das nächste Mal umsah, war sie verschwunden.

Soila hatte Frühstück für uns gemacht. An der Art, wie sie die Teller trug, sah ich, dass sie nicht stolz auf dieses Essen war. Als sie in der Tür stand und Hassan sah, zuckte sie zusammen. Als sie uns die Teller gab, zitterten ihre Hände.

„Wir sind so froh, dass wir dich haben, Soila", sagte Hassan. „Wir werden Geduld haben."

Soila sah ihn erschrocken an. Da sie nichts in den Händen hielt, konnte sie nichts fallen lassen. „Ich habe mich bemüht", sagte sie leise. „Ich bemühe mich immer."

„Natürlich", sagte Hassan. „Wir sind froh, dass du bei uns bist."

Auch meine Mutter schaute aus der Küche herein. Etwas war mit Hassan geschehen. Warum war er gut gelaunt? Am Morgen? Wenn Soila ihr Essen brachte?

„Ein schöner Tag", sagte Hassan und sah mich an. „Manchmal ist ein Tag schöner als der andere."

„Heute?", fragte Awer. „Jetzt?"

„Du musst nur die Augen aufmachen, Awer", sagte Hassan. „Dann siehst du, wie schön alles ist. So golden."

Soila verschwand in der Küche. Hassans gute Laune verhieß nichts Gutes. Etwas dachte er sich aus. Und meist hatte es mit ihrem Kochen zu tun.

Awer murmelte etwas, was wir nicht verstehen konnten.

„Wenn ich zur Arbeit gehe, dann begleite ich euch", sagte Hassan.

Awer wusste nun, dass er nicht rauchen durfte. Seine *Schulzigarette*, so nannte er sie.

„Awer spricht oft von dir, Hassan", sagte ich. „Toll, dass du mitkommst."

Awer warf mir einen bösen Blick zu.

„Können wir linksrum gehen?", fragte Hassan, als wir am Gartentor standen.

„Aber das ist länger", murmelte Awer.

„Komm, Chalat", sagte Hassan und nahm mich an der Hand.

„Goldig", murmelte Awer.

„Gold*en*", verbesserte ihn Hassan.

Langsam gingen wir die Straße entlang.

„Schön ist es hier", sagte Hassan, als er vor dem zweiten Nachbarhaus stand. „Awer, kannst du Mutter sagen, dass ich heute später komme? Chalat und ich warten hier auf dich."

Awer guckte blöd, bis Hassan ihn anstieß.

„Hier wohnt eine Freundin von mir", sagte ich. „Sie hat eine sehr hübsche Schwester. Kennst du sie?"

„Vielleicht", sagte Hassan. „Vielleicht habe ich sie schon einmal gesehen."

„Zahra heißt sie."

„Das hübsche Mädchen?"

„Ja, das hübsche Mädchen.“ Ich wusste jetzt, warum Hassans Tag golden war.

„Du kennst doch die Schwester sehr gut, Chalat?“

„Sie ist eigentlich keine richtige Freundin“, sagte ich.

„Nicht richtig?“

„Ich könnte sie natürlich besuchen.“

„Würdest du das für mich tun?“

„Muss ich den Brief auch schreiben?“

„Was? Wie meinst du, Chalat?“

„An Zahra – muss ich den Brief schreiben?“

„Nein, nein“, sagte Hassan. „Nicht wie bei Karuan und Soila.“

„Dann kostet es nur einen Dinar, wenn ich zu ihr gehe.“

„Ist okay“, sagte Hassan, „ich sage dir Bescheid. Sprich aber mit niemandem darüber.“

Da kam Awer wieder, und wir mussten zur Schule gehen. Wir konnten nicht mehr vor dem Haus eines Mädchens stehen bleiben, in das Hassan verliebt war.

Als wir Hassan nicht mehr sehen konnten, atmete Awer schwer. „Warte“, sagte er. „Ich muss rauchen.“ Er hob das Hosenbein an und zog die Schachtel aus dem Strumpf. Mehrmals zog er heftig an der Zigarette und blies den Rauch über meinen Kopf in die Luft.

„Schüler, die rauchen – das gab es früher nicht“, sagte ein Mann, der vor einem Café saß.

Awer ging in eine kleine Seitenstraße, wo wir nicht zu sehen waren. „Sag mal, Chalat. Was hast du mit Hassan besprochen?“

„Er hat mich gefragt, ob du rauchst.“

Awer sah mich erschrocken an.

„Hassan hat mir sogar Geld geboten, wenn ich die Wahrheit sage.“

Awer warf die Zigarette auf den Boden und zertrat sie sofort. „Und – hast du das Geld genommen?“, fragte er.

„Nein“, ich schüttelte ernst den Kopf.

Awer gab mir einen halben Dinar, weil er sehr froh war, dass ich geschwiegen hatte.

Am Nachmittag saß Hassan an meinem Schreibtisch. Er hatte Soila den ganzen Tag nicht an den Haaren gezogen. Keinen einzigen Streich hatte er ihr gespielt. Aber sie hatte sich versteckt. Etwas an Hassan machte ihr große Angst.

„Was schaust du so, Chalat?", fragte Hassan und legte eine Hand über das Blatt.

„Nichts", sagte ich. „Nur – es ist der Tisch für die Hausaufgaben. Niemand sitzt dort, nur ich."

„Heute sitze ich hier", sagte Hassan.

Soweit ich sehen konnte, bemalte Hassan den Rand des Blattes mit Blumen. Sehr sorgfältig, immer prüfend, ob es schön wurde, was er malte.

„Brauchst du Buntstifte?", fragte ich.

„Du sollst nicht schauen!", sagte er streng.

Also drehte ich mich mit dem Rücken zu ihm und rechnete Aufgaben im Kopf.

„Buntstifte – hast du Buntstifte?", fragte Hassan.

Ich reichte ihm über die Schulter mein Mäppchen mit den Stiften. Im Spiegel sah ich, dass Hassan eine ganze Seite geschrieben hatte. Von allen meinen Brüdern hatte Hassan die schönste Schrift. Er malte seine Buchstaben wie Blumen. Sie waren wie Blätter und Stengel, aber sehr schön.

„Fertig!", sagte er und reichte mir einen Brief.

Er gab mir einen Dinar und einen Brief. Er sah zu, wie ich den Brief unter meinem Kleid versteckte.

„Ich weiß, dass du alles liest. Meinen Brief wirst du nicht öffnen", sagte er. „Du gibst ihn Zahra, so wie er ist. Ich stehe auf dem Dach und schaue zu, wie du über die Straße gehst."

Ich ging durch den Garten. Als ich mich umwandte, sah ich Hassan auf unserem Dach stehen, und er sah genau in meine Richtung, wie ich den Brief unter dem Kleid durch den Garten trug.

Das Loch im Gartenzaun war verlassen. Was immer dahinter gewesen war, es hatte sich aufgelöst.

Ich winkte Hassan zu, dann ging ich durch das Gartentor und links die Straße entlang zum Haus des zweiten Nachbarn. Ich klopfte dort an.

Mehtav öffnete mir. Sie war meine Freundin von der Schule.

„Hast du ein paar Buntstifte für mich?“, fragte ich. „Ich finde meine Stifte nicht.“

„Komm herein“, sagte sie.

„Ist Zahra da?“, fragte ich.

Zahra sah mich an, als freue sie sich sehr.

„Habt ihr heute nicht vor unserem Haus gestanden?“, fragte sie.

„Mein Bruder Hassan und ich“, sagte ich und sah ihr fest in die Augen.

Zahra war klein, aber sie war sehr hübsch. Ein schmales Gesicht, eine sehr weiße Haut und braune Augen, die immer strahlten, weil sie ein guter Mensch war. Sie war das hübscheste Mädchen in der Straße, von den älteren Mädchen.

„Geh, Mehtav, lass mich allein mit Chalat“, sagte Zahra leise.

„Sie will Buntstifte“, sagte Mehtav erstaunt. „Hast du Stifte?“

„Geh bitte“, sagte Zahra.

Vorsichtig holte ich den Brief aus meiner Tasche. Ich hob ihn, als sei er schwer wie ein Schatz. „Es ist ein Brief von Hassan. Wenn du ihn lesen willst, dann schaue ich nicht.“

„Oh nein!“, sagte Zahra schnell. „Du musst ihn lesen, denn ich bin nicht zur Schule gegangen. Nicht einen Tag lang. Nur Mehtav kann lesen.“

„Oh, es geht eigentlich nicht, dass ich einen Brief von meinem Bruder an dich lese – aber es ist bestimmt besser, ich lese ihn, als dass Mehtav ihn liest.“

Zahra öffnete den Brief, den ich mit der Stimme meines Bruders vorlesen musste:

In deinem Gesicht wie ein silbernes Tablett
Sind deine Augen wie schwarze Trauben

Deine Zähne weiß wie Reis
Deine Haut hell wie Käse
Deine Lippen wie Melonenfleisch
Deine Haare wie fließende Wolle
So bist du für mich,
Dein Hassan.

Zahra schlug die Hände vor das Gesicht. Aus ihr kam nichts heraus, nicht einmal ein gesprochenes Wort.

Hassan stand immer noch auf unserem Dach, als ich mit Zahra aus dem Haus ging. Er war so gut sichtbar, dass Zahra einen Augenblick dorthin schaute und sich erschreckte.

„Er passt auf mich auf, dass ich alles richtig mache", erklärte ich ihr leise. „Schau nicht hin."

Zahra umarmte mich. „Du hast alles richtig gemacht. Es ist alles so schön an diesem Tag!"

„Weil er in dich verliebt ist, findet Hassan den Tag golden", sagte ich.

Da lief Zahra wieder rot an und rannte ins Haus. Hassan nickte mir zu und winkte vom Dach. Freunde riefen von der Straße. Nachbarn schauten, was bei uns auf dem Dach geschah. Kinder bekamen auf ihre Fragen keine Antworten.

„Ich hoffe, du hast aufgepasst, dass dich niemand gesehen hat", sagte Hassan. Er zog mich schnell in eine Ecke des Gartens. Nicht weit davon war das Loch im Zaun zu unseren Nachbarn. Davor standen die schönsten Narzissen von Sulaimaniyya und verdeckten es mit ihren Köpfen.

„Jetzt sag schon, wie es war", drängte mich Hassan.

„Zahra ist sehr hübsch und sehr nett."

„Das weiß ich! Das weiß ich! Hat sie den Brief gelesen?"

„Sie hat ihn geöffnet“, sagte ich. „Ob sie ihn gelesen hat, weiß ich nicht, weil ich weggeschaut habe.“

„Aber wie hat sie gewirkt, als sie den Brief gelesen hat?“

„Sie ist rot im Gesicht geworden, dabei hat sie eine sehr helle Haut, wie du weißt.“

Hassan sah mich eine kurzen Moment lang misstrauisch an.

„Was hast du ihr denn geschrieben?“, fragte ich.

„Das geht dich nichts an, Chalat!“

„Ich habe nämlich einen Brief, den sie geschrieben hat. Wenn du mir –“

Ehe ich etwas sagen konnte, hatte er sich auf den Brief gestürzt, den ich aus meiner Tasche ziehen wollte.

„Vorsicht, du zerreißt ihn, Hassan!“

„Geh jetzt weg, Chalat. Ich möchte den Brief alleine lesen.“

Also ging ich dorthin, wo meine Narzissen standen.

Lieber Hassan, ich bin sehr glücklich, dass du mir geschrieben hast.
Chalat war sehr gut zu mir. Sie war wirklich nicht neugierig.
Du kannst sehr schön malen. Das wusste ich nicht.
Dein Brief ist wie ein Garten für mich.
Und auch sehr schöne Worte schreibst du,
die mir sehr, sehr gefallen haben.
Ich habe sie mir gemerkt und werde sie nie vergessen.
Zahra

Ich hatte die Buchstaben extra groß und rund gemalt, denn Hassan kannte meine Schrift und er war sehr misstrauisch. Zahra war kein Wort eingefallen. Sie hatte die Buntstifte gehalten, mehr nicht. Ihre Haut war rot wie Melonenfleisch. Ihre Lippen waren weiß wie Reis.

Als Hassan in unser Haus lief, sagte das Loch in unserem Holzzaun: „Musst du keine Hausaufgaben machen, Chalat?“

Ich roch an einer Narzisse und sah Evro in das eine schwarze Auge, das durch das Loch im Zaun guckte. „Mein Bruder sitzt an meinem Schreibtisch und ist verliebt“, sagte ich. „Er bemalt ein Papier mit Blumen und Pflanzen und schreibt darüber, wie schön ein Mädchen ist.“

„Hassan?“, fragte Evro. „Wirklich?“

„Ich habe den Brief einem Mädchen gebracht, aber ich durfte ihn nicht lesen.“

„Aber du hast ihn heimlich gelesen.“

„Nein, ich bin nicht so neugierig wie du.“

Das Loch im Gartenzaun schwieg. Da ich nur ein Auge sehen konnte, war es schwierig, die Gedanken von Evro erraten zu können.

„Bist du auch verliebt, Chalat?“, fragte die Stimme auf der anderen Seite des Zaunes.

„Nein, natürlich nicht!“, rief ich leise. Was wagte dieses Loch im Gartenzaun von mir zu denken?

„Weil alle verliebt sind in ganz Kurdistan“, sagte das Loch im Zaun. „Hassan, Lavko – einfach alle!“

So schnell ich konnte, rannte ich in unser Haus.

Gesegnet sind die Frommen

Eines Tages stand ein frommer Mann in unserer Klasse. Er trug ein weißes Gewand und eine weiße Kopfbedeckung, wie sie die frommen Männer in der Moschee tragen. Er hatte einen Bart, der auf seinem Bauch lag. Und er sah durch uns hindurch mit einem gewaltigen Schweigen. Wir waren nichts, denn er diente Allah – so sagten uns seine Augen.

Er stand mitten unter uns. Wir kamen vom Schulhof in den Klassenraum. Dort in unserem Raum stand er bereits und sah über uns hinweg. Nur Sairan stieß einen spitzen Schrei aus, als sie ihn sah. Er winkte sie zu sich und bedeutete ihr, dass sie sich dorthin setzen sollte, wo er stand. Dort saß eigentlich ein anderes Mädchen, aber sie tauschten die Plätze, als habe es der Mann wie ein Lehrer bestimmt.

So warteten wir mit diesem Mann auf den Lehrer. Wir saßen stumm und betrachteten Sairan. Sie war ein frommes Mädchen. Niemand hatte sie bisher besonders beachtet. Weil sie immer sehr streng gekleidet war, hatte sie keine Freundinnen. Sie war sehr still. Eigentlich erinnerte ich mich nicht einmal an ihre Stimme, so wenig hatte sie gesagt. Über ihrem Haar trug sie immer eine Haube und darüber ein Kopftuch, das sie streng um ihren Kopf und Hals gebunden hatte. Immer ein schwarzes Kopftuch, als gebe es nur dieses eine für sie.

Der fromme Mann war ihr Vater. Sehr klein war Sairan neben seinem Bauch geworden. Unglücklich sah sie aus. Ihre Augen waren trübe. Wir sahen, dass sie schluckte. Wir sahen ihr Schlucken, während der gewaltige Vater seinen Hals unter dem Bart verborgen hatte. Grau war dieser Bart, an den Rändern weiß, als sei dort feiner Puder mit einem Pinsel aufgestrichen worden. Bewegungslos stand der Mann wie in einem gewaltigen Gebet, das unsere kleinen Gebete wie in einem Sack auf dem Rücken tragen konnte.

Als der Lehrer eintrat, grüßte er zuerst diesen Mann, indem er sich vor ihm verbeugte. Dann grüßte der Lehrer uns, und wir grüßten den Lehrer. Dann standen wir gemeinsam mit dem Lehrer still und warteten, was der fromme Mann zu sagen hatte. Er wartete, bis eine Stille eingetreten war, die stark und fest war.

„Die Gebete dieser meiner Tochter Sairan sind erhört worden. Ein Mann will sie als sein zweites Weib nehmen. Ein Mann, dessen Frömmigkeit ihn hervorhebt aus der Reihe der Frommen. Sie soll heute in der Moschee vor ihn treten. Sie ist eine von Allah Gesegnete, sie ist eine Glückliche. Was für ein Tag der Freude! Kinder, freut euch mit ihr."

Wir wussten nicht, wie wir uns freuen sollten, weil der Lehrer nichts sagte. Sollten wir zu Sairan gehen und sie umarmen? Sollten wir beten, weil sie einen frommen Mann heiraten würde? Sollten wir ein Lied für Sairan singen?

„Nehmen Sie Sairan aus der Schule?“, fragte der Lehrer.

„Sie wird ihrem Mann dienen und seiner Familie“, sagte der fromme Mann. „Sie soll seine Nachkommenschaft mehren und ihm eine fromme Dienerin sein. Mutterschaft ist der Dienst der Frauen an Gott.“

„Sie nehmen also Sairan aus der Klasse?“

„Ihr Ehemann – da älter an Jahren – wird seine Hand über sie halten. Er wird mit großer Klugheit ihren Weg leiten. Mit großer Frömmigkeit wird er ihr Schutz sein und mit seinem Reichtum wird er für sie sorgen.“

„Dann kann ich also eintragen, dass Sairan die Schule verlässt, weil sie verheiratet wird?“, fragte der Lehrer.

Doch der Mann antwortete nicht. Er sah uns an, aber nicht den Lehrer. Dann stand Sairan auf, wie von selbst, und verließ die Klasse.

„Gesegnet ist dieses Mädchen Sairan“, rief der Mann ihr nach. „Gesegnet die Frömmigkeit, die sie gezeugt hat. Gesegnet die Frommen, die sie zeugen wird.“

Dann verließ er den Klassenraum, weiß gewandet, bärtig und fromm.

„Kinder“, sagte der Lehrer, „schaut nach vorne, wir wollen mit dem Unterricht beginnen.“

„Geh schnell auf die Straße“, flüsterte die Stimme des Nachbarsjungen durch das Zaunloch. „Geh zu Sairans Haus, schnell!“

Als ich auf die Straße eilte, sah ich die Kinder laufen. Die Mädchen gingen schnell, auch die Jungen. Awer war nicht bei mir, um auf mich aufzupassen. Viele Menschen standen am Tor zu dem Haus.

Ich sah Awer, der mich zu sich winkte. „Chalat“, flüsterte er. „Kennst du sie nicht? Ist sie nicht in deiner Klasse?“

Er schob ein paar Kinder auseinander, damit ich in den Garten sehen konnte. „Das ist Sairan!“, rief ich.

„Sie hat sich mit Benzin übergossen“, sagte Awer. Einige Kinder nickten.

Sairan stand in der Mitte des Gartens. In einem schwarzen Gewand und mit dem schwarzen Kopftuch, das sie immer trug. Darunter quollen ihre langen Haare hervor. All ihre Kleider waren fleckig von dem Benzin, mit dem sie ihren Körper übergossen hatte. Neben ihr lag ein Kanister aus Plastik.

„Geht weg, Kinder! Geht weg, alle!“, rief der Mann, der in unserer Klasse gewesen war.

„Neeiin!“, begannen die Kinder zu rufen.

Als sie ihren Vater sah, hatte Sairan in jeder Hand ein Feuerzeug angezündet.

„Neeinn!“, schrien die Mädchen.

Sairan hielt die Flammen hoch. Dann, als ihr Vater sich nach vorne drängte, schlang sie die brennenden Arme um ihren Körper. Ein kurzer Augenblick war es nur, dann stand Sairan in Flammen. In ihrem Garten, in der Mittagszeit. Sie stürzte zu Boden und wurde in den Flammen begraben, die sie umarmt hielt.

„Ein Unglück!“, rief der Mann, der ihr Vater war. „Weg hier von meinem Haus, weg hier!“

„Die Polizei kommt!“, riefen Stimmen.

„Geht weg da vorne, durchlassen, sofort!“, riefen die Polizisten.

Der Mann hatte das Tor aufgeschlossen und ließ die Polizisten ein. Einer blieb am Tor, ein anderer sprach mit dem Mann.

„Ein Unglück“, sagte der Mann. „Sie ist über den Kanister gestürzt, da ist das Benzin ausgelaufen und hat sich entzündet.“

„Kommen Sie“, sagte der Polizist zu dem Mann. „Wir gehen ins Haus. Wir haben hier zu viele Zuschauer.“

Als sie eine Zeit lang im Haus gewesen waren, kam der Polizist heraus und verkündete: „Es war ein Unglück, sehr bedauerlich. Mädchen sollten nicht unbeaufsichtigt sein."

Der andere Polizist rief: „Weg hier! Auseinandergehen! Sofort!"

„Eigentlich sollte ich auf dich aufpassen." Awer schob mich zwischen den Leuten hindurch. Alle Menschen bewegten sich, dabei war es sehr still.

Goran saß in der Küche. „Sairan – ein Mädchen aus Chalats Klasse – hat sich angezündet", sagte Awer. „Ihr Vater ist ein sehr frommer Mann, vielleicht kennst du ihn, Goran?"

„Wenn er fromm ist, dann kenne ich ihn."

„Er ist groß, hat einen Bauch, einen langen Bart, der außen grau ist. Als er Sairan aus der Klasse genommen hat, war er in einem weißen Gewand mit einer weißen Kappe auf dem Kopf."

„Ich kenne ihn", sagte Goran. „Eigentlich sollte ich nicht über ihn sprechen."

Awer setzte sich an seine rechte Seite, ich setzte mich an die linke Seite.

„Er hat behauptet, es sei ein Unfall gewesen. Dann ist er mit dem Polizisten ins Haus gegangen. Auch der Polizist hat gesagt, es war ein Unfall." Awer sah mich an. „Dabei haben wir gesehen – mit eigenen Augen gesehen –, wie Sairan sich angezündet hat. Sie hatte zwei Feuerzeuge, in jeder Hand eins."

„Aber wer ist ihr Vater?", fragte ich. „Warum hat Sairan sich –?"

„Ihr Vater hatte einen Mann für Sairan bestimmt", sagte Goran. „Einen reichen Mann, bei dem er in der Schuld stand!"

Wir sind mit unserer Klasse an diesem Tag zum Friedhof gegangen. Ich hatte mich als ihre Freundin gemeldet und durfte vorne gehen, neben dem Lehrer. Alle Kinder gingen zu zweit. Nur ich ging allein.

„Sie geht mit uns“, sagte der Lehrer. „Sairan geht neben Chalat. So sehen wir sie in unseren Gedanken ein letztes Mal.“

Also nahm ich Sairan an der Hand, die für unsere Erinnerung neben mir ging.

„Ein letztes Mal gehen wir mit Sairan“, sagte der Lehrer. „Dann ist sie nicht mehr bei uns.“

Als wir auf den Friedhof kamen, sahen wir die Trauernden, die standen, wo Sairan unter der Erde lag. Wie mochte sie ausgesehen haben, als sie völlig verbrannt war? Es war besser, sie in der Erinnerung zu sehen. Vorne stand ein Mullah von der Moschee, ein kurdischer Geistlicher, der die Gebete sprach. Seine weiße Kappe leuchtete in der Sonne.

Aus der Entfernung sahen wir zu, denn der Lehrer hielt uns zurück. Neben dem Mullah stand der Vater von Sairan. Auch er hatte eine weiße Kappe auf. Auch seine Kappe leuchtete in der Sonne. Mit der Hand fuhr er über sein Gesicht, als müsse er Tränen abwischen, die ihm gekommen waren, weil seine Tochter gestorben war.

Nur Männer standen dort. Vor ihnen ein Erdhügel, viel größer, als Sairan gewesen war. Unter den Frauen, die sich als Zuschauer versammelt hatten, stand auch meine Tante. Ich blickte zu ihr hinüber, aber sie sah mich nicht.

Der Mullah betete. Wenn Sairans Vater klagte, dann wischte sich der Mullah mit der Hand über das Gesicht. Wenn der Mullah betete, kamen Sairans Vater Tränen, die er sich aus dem Gesicht wischte.

Ich sah hinauf zu den Bergen, die vor dem Himmel standen. Wenn Gott alles erschaffen hatte, dann hatte er auch die Berge erschaffen. Dann hatte er sie so gestellt, dass sie auf den Friedhof sehen konnten.

Als die Gebete gesprochen waren, als die Männer schwiegen, sagte der Lehrer leise: „Geht nach Hause, Kinder. An einem solchen Tag kann ich nicht laut sprechen.“

Ich ging zu meiner Tante und stellte mich neben sie. „Wir haben keinen Unterricht“, sagte ich. „Unser Lehrer kann nicht sprechen vor Trauer.“

„Die Mutter von Sairan – sie war eine Freundin von mir." Sie nahm meine Hand und drückte sie. Dann gingen wir langsam mit den anderen Frauen zum Tor des Friedhofs, an den Gräbern vorbei.

„Dort ist das Grab von Vater", sagte ich. „Die Blumen sind von mir. Gestern habe ich sie dorthin gelegt."

„Das ist schön, dass du an ihn denkst."

Ich wäre gerne mit ihr dorthin gegangen und stehen geblieben, aber sie ging mit den anderen Frauen weiter.

„Tante, warum lügt dieser Mullah?", fragte ich.

Einige Frauen sahen mich an, weil sie gehört hatten, was ich gesagt hatte. Meine Tante hielt mich zurück. Nun konnten sie uns nicht mehr hören.

„Der Mullah ist ein heiliger Mann. Er weiß, dass sie sich verbrannt hat. Warum lügt er Allah an?"

Meine Tante sah mich entsetzt an.

„Sairans Vater hat den Polizisten Geld gegeben. Hat er auch dem Mullah Geld gegeben? Hat der Mullah keine Angst davor, dass Allah der Allwissende ist? Oder denkt er, dass Allah sich nicht für Sairan interessiert?"

„Was sind das für Worte!? Sei still, Chalat!"

Wir gingen nebeneinander. Die Frauen hatten sich verteilt. Wir standen allein vor dem Tor. Vor uns standen schwarz die Berge, als ginge es nun nicht mehr weiter.

Eine Große Frau

Als ich im fünften Schuljahr war, hat mein ältester Bruder meine Schulsachen in den Müll getan. Dort lagen sie zwischen Tomaten und Kartoffelschalen.

„Wer –?" Ich konnte nichts sagen. Wenn ich meine Hefte zeigen würde, fleckig und schmutzig – was würde der Lehrer sagen, wenn er an meine Bank kam? Was würde er sagen, wenn meine Hefte nach Abfall stanken? Würde er sie hochnehmen und an seine Nase halten?

„Ich habe das getan, weil du sie nicht mehr brauchst", sagte Goran. „Weil du nicht mehr zur Schule gehst. Weil du ab jetzt im Haushalt hilfst."

„Aber ich bin die Beste in der Klasse. Ich will –"

„Hol mir einen Tee!", sagte Goran.

Also machte ich ihm einen Tee. Als ich ihn auf die Untertasse stellte, zitterte meine Hand. „Ich will Polizistin werden oder Lehrerin."

„Komm her, Chalat", sagte Goran.

Als ich vor ihm stand, trank er erst ein wenig von seinem Tee. Dann packte er mit seiner Hand in meine Haare und hielt meinen Kopf vor sein Gesicht. Ich roch den Tee in seinem Atem.

„Für wen hältst du dich?!" Er schleuderte mich zurück, sodass ich auf den Boden fiel. In der Hand hielt er ein Büschel von meinen Haaren. Als er sie sah, lachte er. Als er mich sah, lachte er noch mehr.

„Aber der Lehrer –" flüsterte ich.

Goran stellte sein Feuerzeug auf den Tisch und schlürfte schweigend seinen Tee. „Denk daran, was mit deiner Schwester Schuxan passiert ist", sagte er dann.

In meinem Zimmer weinte ich so lange, bis Schuxan, meine Schwester, zu mir kam. Sie wohnte jetzt in unserer Straße. Sie legte einen Arm um meine Schulter. „Goran wird zur Arbeit gehen", sagte sie. „Es ist besser, du gibst ihm keine Widerworte."

„Aber unser Vater – er hat doch gesagt, dass er mich beschützt." Ich umarmte sie und schluchzte.

„Er *hat* dich beschützt, Chalat, denn sonst hätte Goran dich geschlagen, wie er mich geschlagen hat."

„Er hat meine Schulsachen in den Müll geworfen!"

„Es ist unsere Kultura." Meine Mutter stand in der Tür und hatte uns beobachtet. „Eine Kurdin bleibt im Haus. Sie versorgt ihre Kinder, sie putzt und kocht."

„Ich bin nicht einen Tag zur Schule gegangen", sagte Schuxan.

„Keine Frau, die ich kenne, ist zur Schule gegangen", sagte meine Mutter.

„Mein Vater hat immer gesagt, ein kluges Mädchen muss lange zur Schule gehen", sagte ich trotzig. „Was hätte er gesagt, wenn er noch leben würde?"

„Ich weiß nicht", sagte meine Mutter leise. „In manchen Dingen hatte er merkwürdige Ansichten, dein Vater."

„Du wirst heiraten, Chalat. Du wirst so werden wie wir. Es gibt nichts anderes für dich", sagte meine Mutter.

„Soila ist schwanger", sagte Schuxan. „Sie und Karuan werden ihr erstes Kind bekommen."

„Kann ich denn nicht wenigstens zur Schule gehen, um dem Lehrer zu sagen, dass ich nicht mehr komme?", fragte ich. Was mit Soila war, interessierte mich nicht.

„Nein, das darfst du nicht", sagte Schuxan. „Goran hat verboten, dass du das Haus verlässt."

Ich dachte an die Schulhefte zwischen den Kartoffelschalen und war so traurig, dass ich nicht einmal weinen konnte. Ich dachte an meinen Schulplatz – an den Stuhl, auf dem niemand saß. Ich dachte an den Tisch, der nun leer war. Ich dachte an den Lehrer, der nicht wusste, wo Chalat war.

„Hörst du nicht, Chalat? Soila ist schwanger. Ich bekomme ein Enkelkind. Wie glücklich ich bin, eine Große Frau zu sein – die Mutter eines Vaters zu sein!" Meine Mutter umarmte mich so fest, dass ich mich nicht wehren konnte.

An einem Tag in diesem Sommer waren meine Brüder früh aus dem Haus gegangen. Auch Hassan war fort. Das Haus war still, als schlafe es noch ein wenig. So ein friedlicher Tag war es.

„Chalat, kommst du?", rief meine Mutter.

Mit vier Nachbarinnen stand meine Tante vor der Tür. Sie sah meine Mutter an wie eine Fremde. Ich wollte meine Tante umarmen, aber meine Mutter hielt mich am Arm gefasst.

„Chalat ist so weit“, sagte meine Mutter. „Es ist alles vorbereitet.“

In der Hand hielt meine Tante eine weiße Tasche. Sie trug ein weißes Kleid und ein weißes Kopftuch.

Da wusste ich, warum sie gekommen war.

Einige Wochen später besuchte meine Klassenkameradin Mehtav mich mit ihrer Schwester Zahra. Die beiden Schwestern waren sehr überrascht, dass Hassan zu Hause war.

„Dürfen wir trotzdem hereinkommen?“, fragte Zahra.

Hassan stand sofort auf. „Freundinnen von Chalat sind sehr willkommen“, sagte er.

„Danke“, sagte Zahra. „Das ist nett von dir. Bist du Hassan, der Bruder von Chalat?“

Hassan nickte ernst und sah Zahra mit großen Augen an.

„Hol Tee, Chalat“, sagte meine Mutter. „Und Gebäck.“

„Der Lehrer hat uns gefragt, wer zu Chalat nach Hause gehen kann. Und da habe ich mich gemeldet“, sagte Mehtav.

„Ihr habt kleine Küken im Garten“, sagte Zahra. „Sie sind richtig süß.“

„Ich kann sie dir zeigen, wenn du willst“, sagte Hassan.

„Oh ja, gerne“, sagte Zahra. „Sie sind so niedlich!“

Also ging Hassan mit Zahra in den Garten, um ihr die Küken zu zeigen.

Meine Mutter sah mir fest in die Augen. „Siehst du“, sagte ich zu ihr, „der Lehrer will, dass ich zurückkomme!“

„Ich sehe ganz andere Sachen“, sagte meine Mutter. Sie steckte die Hände in die Taschen ihrer Schürze. Das tat sie immer, wenn ihr etwas nicht gefiel.

„Es stimmt aber", sagte Mehtav. „Ich soll fragen, warum Chalat nicht mehr zur Schule kommt."

„Ich glaube, ich gehe auch in den Garten und schaue mir die Küken an", sagte meine Mutter.

Mehtav sah mich verwundert an. Plötzlich waren wir allein und saßen zwischen sechs Teegedecken und viel Gebäck. Niemand war da, um zu essen oder die Fragen des Lehrers zu beantworten.

„Küken", sagte Mehtav langsam.

„Einfach nur Küken", sagte ich. „Egal, lass uns in den Garten gehen."

Dort war bereits Schuxan. Wenn etwas Wichtiges in unserem Haus geschah, dann kam sie. Es war, als hätte sie eine Himmelsschrift gesehen. Sie stand zwischen Zahra und Hassan und lächelte mich an.

„Der Lehrer hat sich nach mir erkundigt", sagte ich. „Er will, dass ich wieder zur Schule komme."

„Hmm", sagte sie und sah Zahra von der Seite an.

„Wohnt ihr ganz allein dort in eurem Haus?", fragte meine Mutter.

Hassan hatte Zahra zwei Küken auf die Hand gegeben, die sie sehr kitzelten.

„Mein Vater ist gestorben", sagte Mehtav. „Er war ein Soldat von Saddam. Nun hat meine Mutter sein Haus bekommen."

„Und eine Rente bekommt meine Mutter auch", sagte Zahra und setzte die Küken vorsichtig auf den Boden. „Lauft, ihr zwei!"

„Lauft!", rief Hassan.

„Aber ich habe doch einen Mann bei euch gesehen", sagte Schuxan.

„Oh, das ist mein Onkel mit seiner Familie. Er wohnt bei uns oben zur Miete", sagte Zahra. „Aber ihm gehört nichts. Das Haus gehört uns!"

„Und wir haben noch zwei kleine Brüder", sagte Mehtav.

„Ach – auch Brüder?"

„Ja, aber sie sind noch klein." Zahra zeigte, wie klein die Brüder waren, und lachte, weil die Küken zwischen ihren Füßen hindurchliefen.

Sie war wirklich ein sehr hübsches Mädchen. Und als ich sie ansah, wusste ich, dass Hassan sie in seinem Gedicht richtig beschrieben hatte. Alles an ihr war wie ein Sonnenstrahl.

Meine Mutter hatte die Hände nicht aus den Taschen der Schürze genommen. „Schscht, scht", sagte sie. „Nun müssen die Küken aber zu ihrer Mutter."

„Wenn sie will, dann zeige ich Chalat meine Hausaufgaben", schlug Mehtav vor.

„Oh ja", sagte ich, „das wäre schön. Es ist so langweilig ohne die Schule."

Später gingen Zahra und Mehtav wieder zu ihrem Haus. Hassan und ich winkten ihnen nach.

Meine Mutter und Schuxan sahen sich an. „Wer wird ein solches Mädchen heiraten?", fragte meine Mutter empört. „Ein Haus ohne Männer – was ist das!? Über ihre Mutter sprechen die Nachbarinnen. Sie ist eine schlechte Frau, und ihre Tochter ist nicht anders."

„Wir wissen es nicht", sagte Schuxan. „Die Nachbarinnen reden manchmal viel."

„Kein anständiger junger Mann würde sie heiraten!", sagte meine Mutter und sah mich streng an.

Als ich mich umsah, war Hassan bereits im Haus verschwunden.

„Wenn die Kinder in eine fremde Familie heiraten, ist es nicht gut", sagte meine Mutter, und Schuxan nickte.

An einem der folgenden Tage kam meine Cousine Jande zu Besuch. „Sei nett zu ihr", sagte meine Mutter. „Eine Cousine ist etwas Besseres als irgendein Mädchen."

„Kommt Ciwan auch?“, fragte ich. Er war Jandes Bruder, und ich mochte ihn. Er war drei Jahre älter als ich, und Jande war einige Jahre älter als er. Deshalb kannte ich sie nicht.

Immer hatte mich Ciwan vor seiner Schwester Jande gewarnt. Deshalb waren wir meistens dort, wo sie nicht war. Sie sei wie eine Hexe, hatte er gesagt. Keine richtige Hexe, aber gemein zu Kindern.

„Nur Jande und ihre Mutter kommen“, sagte meine Mutter.

„Schade“, sagte ich.

„Geh, hol Hassan.“

„Warum soll er kommen? Was soll ich sagen? Warum ist Jande hier?“

„Hol ihn. Stell keine Fragen. Und putz deine Schuhe, bevor du gehst.“

Ich war sehr neugierig, aber erst musste ich Hassan holen. Weil er nicht im Haus war, musste ich in das Café gehen, wo er arbeitete. „Was willst du?“, fragte er.

„Ich soll dich zu Mutter holen“, sagte ich.

„Warum?“ Hassan nahm ein feuchtes Wischtuch in die Hand. Die Tropfen fielen auf meine Schuhe.

„Jande ist zu Besuch gekommen.“

Ich trat einen Schritt zurück, aber Hassan wischte Tisch für Tisch hinter mir her. „Was will Jande denn hier?“, fragte er.

„Weiß nicht. Ich soll dich holen.“

„Ich mag sie nicht“, sagte Hassan und warf den Lappen auf den nächsten Tisch.

„Ihre Mutter ist dabei.“

„Die Mutter mag ich auch nicht!“

„Komm“, sagte ich.

Vor unserem Haus warteten die drei Frauen. Jande stand auf Schuhen mit spitzen Absätzen und winkte.

„Wie klein sie ist und wie hässlich!“, flüsterte Hassan. „Warum habe ich keine hübschen Cousinen?“

Da wusste ich, an wen er dachte.

„Hallo, Hassan", sagten die drei Frauen.

Hassan ging ins Haus, ohne Jande angesehen zu haben. Die kleinen Küken liefen durch den Garten. Aber Jande fand sie nicht süß, und sie nahm auch kein Küken in die Hand. Wir hörten die Absätze ihrer Schuhe, als würden Nägel in die Steine des Weges geschlagen. Hassan sagte ein Schimpfwort, als ginge einer seiner Freunde neben ihm, nicht Chalat, seine Schwester.

Meine Mutter machte Tee in der Küche. Ich brachte die Gläser und die Teller mit dem Gebäck in das Wohnzimmer. „Über was reden sie?", fragte meine Mutter, als ich zurückkam.

„Sie schweigen", sagte ich. „Weil Hassan Jande nicht mag."

„Wir sollten zu ihnen gehen", sagte meine Mutter. „Wir wollen sie nicht allein lassen."

„Wie lange du schon nicht mehr bei uns warst", sagte Jandes Mutter zu Hassan. „Damals war Jande noch ein kleines Mädchen. Erinnerst du dich?"

„Nein", sagte Hassan, „ich erinnere mich nicht."

„Du warst bei uns zu Besuch", sagte Jandes Mutter.

„Daran erinnere ich mich gut", sagte Hassan. „Nur Jande habe ich vergessen."

„Wie groß Chalat geworden ist", sagte Jandes Mutter. „Kein Mädchen mehr, eine richtige Frau."

„Sie ist nicht einmal dreizehn Jahre alt", sagte Hassan. „Sie ist noch sehr jung!"

„Es ist noch nicht lange her, da war ich in der Schule", sagte ich.

Dann schwiegen wir wieder.

„Ich finde, wenn Mädchen zu klein sind, sollten sie keine hohen Absätze tragen", sagte Hassan. „Weil sie sich lächerlich machen."

Die Tasse, die Jande hielt, klapperte auf der Untertasse. Hassan lächelte zufrieden.

„Wie die Zeit vergeht", sagte Jandes Mutter.

„Ist Jande endlich verheiratet?", fragte Hassan.

„Wir haben keine Eile", sagte ihre Mutter.

„Das sehe ich", sagte Hassan und grinste.

Als Hassan gegangen war, kam Goran. Er war nicht mehr oft da, aber heute war er bei uns. Sein Auto war laut, ich konnte es hören, wenn es die Straße herunterkam.

Er setzte sich an den Platz, an dem Hassan gesessen hatte. Auch er sah Jande nicht an, sondern nur ihre Mutter.

„Gehst du bitte in den Garten, Jande?", sagte ihre Mutter.

„Geh du auch, Chalat. Zeig Jande die Küken", sagte meine Mutter.

Goran, mein ältester Bruder, nickte und schwieg.

Als ich mit Jande im Garten war, wollte ich ihr die Küken zeigen, aber Jande stellte sich unter das Fenster, um zu lauschen. Als auch ich lauschen wollte, schob sie mich weg. Erst als ich den Mund aufmachte, um laut zu rufen, dass Jande nicht die Küken anschaute, sondern unter dem Fenster stand, durfte ich mit ihr lauschen.

„Lieber Goran", begann Jandes Mutter, „ich bin gekommen, weil meine Familie mich geschickt hat."

„Trink erst mal deinen Tee, Goran", sagte meine Mutter.

Als Goran getrunken hatte und nichts sagte, redete Jandes Mutter wieder. „Wir wollen unsere Tochter Jande eurem Sohn Hassan zur Frau geben", sagte sie.

Erstaunt sah ich Jande an. Sie hatte die Augen zusammengekniffen und lächelte.

„Warte, Goran", sagte meine Mutter. „Ehe du etwas sagst, höre meine Schwester zu Ende an, was sie zu sagen hat."

„Und wir wollen im Tausch, dass unser Sohn Ciwan eure Tochter Chalat heiratet."

Jande sah mich an. Sie grinste, als sie sah, dass ich rot im Gesicht wurde.

Dann redeten meine Mutter und Jandes Mutter auf Goran ein. „Jande ist ein sehr anständiges Mädchen", sagte ihre Mutter.

„Es ist Kultura, wenn die Kinder in der Familie heiraten", sagte meine Mutter.

„Chalat ist alt genug", sagte Jandes Mutter. „Und ihr Cousin Ciwan mag sie."

„Nicht alle Familien haben so viel Glück, dass die Kinder einander heiraten können, Goran", sagte meine Mutter. „Manche Familien müssen in fremde Familien heiraten."

„Jande mag Hassan", sagte ihre Mutter.

„Chalat mag Ciwan", sagte meine Mutter.

„Nein", sagte Goran. „Ich will nicht, dass Chalat getauscht wird. Ich will, dass sie *verkauft* wird. Ich brauche das Geld, damit ich Gulzar heiraten kann."

„Aber Gulzar ist eine Fremde! Wir kennen ihre Familie nicht!", rief meine Mutter.

„Ich kenne Gulzar – das reicht für unsere Familie", sagte Goran.

„Aber dann müssen wir für Jande bezahlen, wenn Hassan sie heiratet", sagte meine Mutter.

„Sie ist vier Jahre älter als Hassan", sagte Goran. „Er will sie nicht. Wir verhandeln den Preis, wenn Hassan Ja gesagt hat."

Die Frauen waren still, weil Goran entschieden hatte. Sie waren Frauen. Wenn er entschieden hatte – weil er der älteste Sohn der Familie war –, mussten sie schweigen.

„Und wenn Hassan die Verlobung ablehnt, dann brauchen wir nichts zu bezahlen", sagte Goran. „Hassan soll entscheiden."

Wir hörten, wie Jandes Mutter leise sagte: „Ich werde zu einem Sheikh gehen, der Magie macht, damit Hassan am Verlobungstag Ja sagt."

„Wenn du Magie willst, dann bezahlst du sie auch", sagte Goran.

„Ja, das tue ich", sagte Jandes Mutter.

Als wir hörten, wie sie aufstanden, gingen wir schnell vom Fenster weg.

„Wie süß diese Küken sind!“, rief Jande.

Als Jande einen Schritt machte, trat sie mit der Spitze ihres Absatzes auf ein Küken und durchbohrte es. Sie hatte es nicht einmal bemerkt.

„So süß!“, rief sie.

Ich starrte auf ihren Schuhabsatz, an dem mein totes Küken hing.

Goran ging an uns vorbei, ohne uns anzuschauen. Ich wollte etwas zu ihm sagen, aber er war in Eile. Wir hörten sein Auto, das wütend über die Straße hustete.

Der mächtige Sheikh

Meine Mutter sagte zu einer Nachbarin: „Wir gehen zum Sheikh, um einen Zauber zu kaufen, eine Magie.“

Als die Nachbarin neugierig schaute, sagte Jandes Mutter: „Für meine Tochter Jande, die Hassan, Chalats Bruder, heiraten wird.“

„Und Chalat – warum geht sie mit?“, fragte die Nachbarin.

„Ihre Hände sind unbeteiligt. Chalat wird die Magie überbringen. Es ist nötig, wenn es eine starke Magie ist.“

Die erste Nachbarin sagte einer zweiten Nachbarin, was sie gehört hatte. Eine dritte Nachbarin wusste noch nichts, einer vierten wurde die Nachricht zugerufen, und eine fünfte wusste es bereits von einer sechsten Nachbarin. Als wir die Straße verließen, wusste jede Nachbarin, dass wir eine Magie kaufen würden, eine mächtige, eine teure. Und dass es eine Hochzeit geben würde – Hassan und Jande – der Sheikh werde es fügen – seine Cousine sei sie – eine Heirat in der Familie – da wisse die Familie, dass sie keine Schlampe sei von der Straße irgendwo.

Das Haus, in dem die Magie verkauft wurde, war kleiner als unser Haus. Nichts daran war besonders. Es hatte Gitter vor den Fenstern, aber das war nicht ungewöhnlich und auch nicht unheimlich. Die Tür stand offen. Es schien unbewohnt.

„Ihr werdet sehen!“, sagte Jandes Mutter. „Hassan wird Jande lieben.“

Wir traten in einen sehr großen, dämmrigen Raum. Die wartenden Frauen saßen darin an drei Wände gelehnt. An der vierten Wand saß ein Mann. Während die Frauen miteinander flüsterten, wirkte der Mann abwesend, als trenne ihn eine unsichtbare Wand von den anderen. Er trug eine weiße Gebetskappe und einen weißen Umhang. Er hatte einen weißen Bart, so lang wie ein Zopf. Er wirkte freundlich und machte mir keine Angst.

„Er ist sehr mächtig“, flüsterte Jandes Mutter meiner Mutter zu. „Er ist sehr teuer.“

Der Mann winkte, und eine Frau ging nach vorne. Sie war alt. Es war schwierig für sie, von der Wand hochzukommen. Sie ging langsam und gebeugt. Es dauerte lange, bis sie vor dem Sheikh niedergekniet war, seine Füße und Hände geküsst hatte und vor ihm saß.

Der Sheikh sprach leise mit ihr. Sie nickte und gab Auskunft. Leise und vertraut sprachen sie miteinander. Der Sheikh hatte sie in den Raum geholt, der ihn umgab. Dort war er mit ihr allein. Manchmal schwiegen sie. Einmal strich er ihr über das graue Haar.

Es verging einige Zeit, aber es gab viel zu schauen an den Wänden. Die Frauen waren so verschieden. Ein kluger Mann war dieser Sheikh, wenn er für alle einen Zauber hatte. Ein paar Frauen sahen sich neugierig um. Viele Frauen sahen auf den Boden, gefangen in dem, was sie bedrückte. Andere Frauen sahen in die Luft, manche hasserfüllt, manche sehnsüchtig. Dieser Mann musste die Frauen gut kennen.

Schließlich gab er uns ein Zeichen. Wir erhoben uns zu dritt. Da sah er kurz auf, aber es störte ihn nicht, dass ich dabei war. Er lächelte sogar, als ich mich in die Mitte zwischen die beiden Frauen setzte.

„Wie kann ich dir helfen, meine Tochter?“, fragte er Jandes Mutter, weil er wusste, dass er ihr helfen sollte, nicht meiner Mutter und mir. Als sie seine Füße und seine Hände geküsst hatte, berührte er ihre Schulter. „Meine Tochter, sprich aus, was dich bedrückt.“

„Hassan ist der Sohn meiner Schwester." – Der Sheikh sah meine Mutter an. – „Ich möchte, dass er auf der Verlobungsfeier Ja sagt, wenn er gefragt wird, ob er Jande – meine Tochter – heiraten will."

„Du weißt, was du willst", sagte der Mann lächelnd.

Jandes Mutter nickte eifrig.

„Bring beim nächsten Mal ein getragenes T-Shirt von Hassan mit", sagte er. „Ich werde einen Liebeszauber aussprechen und dir Anweisungen geben. So wird euer Wunsch in Erfüllung gehen."

Als er schwieg, erhob sich meine Mutter, weil sie dachte, er würde nun eine andere Frau rufen. Aber Jandes Mutter war sitzen geblieben, weil sie wusste, dass er noch etwas sagen würde.

„Bring das T-Shirt mit und dreihundert Dinar, dann wird euer Wunsch in Erfüllung gehen", sagte er.

Dann küsste ihm Jandes Mutter noch einmal die Hand und erhob sich.

Zwei Tage später hatte Jandes Mutter dem Sheikh ein T-Shirt von Hassan gebracht. Er hatte seine Hände darüber gehalten und mit geschlossenen Augen in einer fremden Sprache gesprochen. Dann hatte er geschwiegen, aber unter den geschlossenen Lidern hatten sich seine Augen heftig bewegt. Es war, als würden seine Gedanken mit Hassans Gedanken kämpfen. Schließlich atmete er erleichtert aus. Er hatte Hassan besiegt.

„Das Mädchen soll das T-Shirt überbringen", sagte er. „Sie hat einen reinen Geist. So wird die Magie von ihren Händen unversehrt sein."

Jandes Mutter legte das zusammengerollte Geld in seine Hand und küsste sie.

„Wenn der Junge schlafen geht, legt diese Magie auf die Türschwelle seines Zimmers. Wenn er darüber tritt, wird er von ihr erfasst sein." Er öffnete die Augen und betrachtete müde die vielen Frauen, die noch auf seine Magie warteten.

Und so trug ich das T-Shirt auf meinen Händen, als sei es ein Gefäß, bis zum Rand gefüllt mit heiligem Wasser.

„Wir gehen zu Fuß", sagte Jandes Mutter. „Wenn wir im Bus von anderen Frauen gestoßen werden – nein, die Magie darf nicht beschädigt werden."

Also gingen wir durch einen heißen Tag zu Fuß. Ich ging in der Mitte, die beiden Frauen neben mir, als trüge ich einen kostbaren Schatz. *Wer ist dieses Mädchen?*, fragten die Blicke der Menschen. Niemand schaute auf das T-Shirt, die Menschen schauten auf mich. Dabei war das Kostbare ein T-Shirt, das eine Woche lang von Hassan getragen worden war.

In der Straße wussten die Frauen, dass ich eine Trägerin war. Zuerst standen sie ängstlich still. Sogar die Nachbarin, die fast nie das Haus verlassen durfte, stand in ihrem Garten und schaute auf die Straße. Andere Frauen wichen zurück, als wir stehen blieben. Dann kamen sie langsam näher. Dabei gab es nichts zu betrachten. Das Hemd war sogar ein wenig fleckig, weil Hassan eine Suppe mit Möhren gegessen hatte.

„Ein T-Shirt ist es", sagte ein Kind leise.

„Schmutzig ist es", sagte ein Mädchen.

„Alles kann es sein, was eine Magie trägt", erklärte eine Frau ihrer Tochter, die in meiner Klasse gewesen war. Sie wagte nicht, mir in die Augen zu schauen.

„Ein unverheiratetes Mädchen muss das T-Shirt tragen", erklärte eine Frau ihrem Kind, das nichts verstand.

„Darf ich es berühren?", fragte ein anderes Kind.

Ganz erschrocken riss die Mutter es zurück. „Dieser Sheikh – es gibt nichts, worüber er keine Macht hat."

„Ein Junge – wenn er dumm ist, heiratet er das falsche Mädchen."

„Eine Junge – wenn er einen eigenen Willen hat, findet er keine gute Frau."

„So ist es", sagten die Frauen und folgten uns mit ihren Blicken.

„Schnell, Chalat, trage es ins Haus. Sag nichts", flüsterte meine Mutter.

Dann schoben mich die beiden Frauen durch die Tür. „Niemand darf es sehen", sagte Jandes Mutter. „Wo tun wir es hin, bis der Morgen kommt?"

Wir überlegten. Dann hatte meine Mutter eine gute Idee. „Wir tun es zu der schmutzigen Wäsche. Dort wird niemand danach suchen." Sie hob einige Kleidungsstücke an, und ich legte Hassans T-Shirt vorsichtig in den Korb.

„Jetzt müssen wir Hassans Fenster verschließen", sagte Jandes Mutter. „Wenn Hassan das T-Shirt auf der Türschwelle sieht, dann wird er nicht darüber treten wollen. Aber wenn das Fenster verschlossen ist, hat er keine Wahl."

„Geh in den Garten, Chalat", sagte meine Mutter.

„Sie spricht immer mit sich selbst", sagte Awer. „Ich habe sie beobachtet."

Ich sah Awer böse an. Er ging schnell weg, weil er Angst vor meinem Blick hatte.

„Komm, setz dich zu mir", sagte mein Vater. „Es ist genug Sonne für uns beide da." Er saß auf der Bank im Garten, als müsse er sich ausruhen.

„Es ist genug Sonne für alle Menschen da", sagte ich.

„Das stimmt", sagte er.

„Hassan soll Jande heiraten", sagte ich.

Er schwieg, es interessierte ihn nicht.

„Und ich soll *verkauft* werden", sagte ich.

Er hatte die Augen geschlossen, als sei er eingeschlafen.

Das Haus von Zahra war wie verlassen. Nachbarinnen kamen vorbei und schauten neugierig in den Garten. Zwei Tage hatte ich Zahra schon nicht mehr gesehen. Ich wusste nicht, was ich tun sollte. Hassan hatte das T-Shirt am Morgen bemerkt, aber er war über die Türschwelle getreten und zur Arbeit gegangen. Alle wussten von der Magie, nur Zahra wusste nichts. Warum hatte mich Hassan nicht zu ihr geschickt, wie er es sonst tat? Wirkte die Magie bereits auf ihn? Oder auf sie?

Meine Mutter rief mich ins Haus. „Wo tun wir das T-Shirt hin?“, fragte sie mich.

Wir legten es flach unter den Teppich, an den Platz, an dem Hassan sitzen würde.

Meine Mutter sah mich an wie eine junge Frau. „Heute ist ein Festtag“, sagte sie. „Von den drei Festen, die wir vor einer Hochzeit feiern, ist es das kleinste Fest. Aber es ist das schönste von allen!“ Sie schaute mich mit glücklichen Augen an, weit in die Vergangenheit schauend. „Ich sah deinen Vater bei dieser Gelegenheit zum ersten Mal“, sagte sie. „Dabei hatte ich solche Angst vor diesem Fest gehabt. Und danach war ich sehr glücklich.“

„Hast du wie Jande Magie gemacht?“, fragte ich und wich aus, weil sie so tat, als wolle sie mich schlagen.

„Nein, Chalat, nein!“

„Und wenn Vater in ein anderes Mädchen verliebt gewesen wäre?“ Ich dachte an Zahra – wie glücklich sie gewesen wäre, wenn Hassan sie gefragt hätte.

„Dein Vater war nur in mich verliebt!“ Meine Mutter sah mich empört an.

Ich belegte das Gebäck mit so viel Puderzucker, dass es nicht mehr zu erkennen war.

„Aber ich weiß, was du meinst, Chalat“, sagte sie und sah mich ernst an. „Hassan darf kein Mädchen heiraten, über das die Leute reden. Sie würden über uns, die Familie, reden. Und über dich, ein junges Mädchen, würden sie auch reden.“

Als Jande in unser Haus kam, konnte ich nicht vergessen, dass sie auf das Küken getreten war. Sie lächelte mich an, aber ich konnte sie nicht richtig anschauen. Sie war sehr stolz auf diesen Tag. Wie ein junges Mädchen hielt sie den Kopf gesenkt, dabei war sie vier Jahre älter als Hassan. Mit der Hand hatte sie kurz ihren schwarzen Anhänger berührt wie eine fromme Frau.

Als wir in der Küche waren, erklärte mir meine Mutter, dass Jande den Koranvers aus dem Anhänger entfernt hatte und einen winzigen Zettel von dem Sheikh hineingetan hatte, der in einer geheimen Schrift beschrieben war. Auch diesen Zettel hatte Jandes Mutter gekauft. Es gab einen zweiten Sheikh, zu dem sie gegangen war. Sie wollte für Jande sichergehen.

Als wir mit dem Tee aus der Küche kamen, saß Hassan auf seinem Platz, neben ihm Goran. Hassan sah auf den schwarzen Anhänger, den Jande trug, als sehe er in ein schwarzes Auge, das ihn stumm machte.

„Hassan, hör zu", sagte Goran und legte einen Arm um seine Schulter. „Hör zu und sag vor allem nichts Dummes, wenn du antwortest."

„Hassan", fragte Jandes Mutter, „möchtest du dich mit unserer Tochter, deiner Cousine Jande, verloben?"

Hassan nickte sehr langsam, denn der Zauber hatte eine große Wirkung auf ihn. Er war wie im Schlaf.

Jandes Mutter nickte nachdrücklich. „Gut, dann gehen wir zum Mullah von der Moschee und tauschen die Ringe."

Meine Mutter und Jandes Mutter umarmten sich.

An einem Tag stand mein Lehrer in einem schwarzen Anzug vor unserem Tor und rief mich. Erst riss ich die Augen auf, weil ich dachte, er wäre eine Erscheinung wie mein Vater. Etwas, das nur in meinem Kopf war.

„Kommen Sie, Herr Lehrer", sagte ich dann. Am liebsten hätte ich ihn an der Hand genommen, so sehr freute ich mich, dass er wegen mir gekommen war. Ich rannte den Weg entlang ins Haus, um meine Mutter zu holen. „Es ist der Lehrer von der Schule, der am Tor steht", rief ich. „Mutter, wo bist du?"

Sie stand oben und sah auf mich herunter. „Goran kommt gleich. Du hast ihn doch hereingebeten, deinen Lehrer?"

Ich nickte unsicher. Dann ging ich mit ihm in unser Wohnzimmer.

„Du warst lange nicht mehr in der Schule", sagte der Lehrer, der in der Tür stand

Stumm zeigte ich auf einen Platz, auf den er sich setzen sollte. In der Küche holte ich Tee und Gebäck. Als ich ihm den Tee reichte, zitterte das Glas in meiner Hand so, dass ich etwas verschüttete. „Mein Bruder wird gleich kommen."

Dann schwiegen wir. Der Lehrer stellte mir keine Fragen, und ich wusste nicht, was ich sagen sollte. Als Goran kam und sich zu dem Lehrer setzte, war ich schon nicht mehr aufgeregt.

„Chalat ist sehr intelligent", sagte der Lehrer. „Ich möchte Sie bitten, sie wieder zur Schule zu schicken. Ein Mädchen wie Chalat kann auf die Oberschule gehen, wenn sie weiter lernt."

„Wir können sie nicht weiter zur Schule schicken", entgegnete Goran ernst. „Meine Mutter hat niemanden, der ihr im Haus hilft, denn meine Schwägerin Soila ist schwanger."

„Ich weiß, dass es einen guten Grund dafür gibt, Chalat aus der Schule zu nehmen. Ich bin überzeugt, dass Sie es sich gut überlegt haben. Aber Chalat kann ihrer Familie sehr nützen, wenn sie weiter lernt. Sie kann Lehrerin werden oder Ärztin. Wären Sie nicht stolz auf eine studierte Frau in der Familie?"

„Sehen Sie dieses Haus, Herr Lehrer?" Goran hob die Hand und zeigte auf das Dach. „Mein Vater hat es gebaut. Aber dann ist er gestorben, und meine Mutter ist allein mit dem großen Haus, mit dem Garten, mit den Tieren. Es gibt keine Frau im Haus außer Chalat."

Ich biss mir auf die Zunge. Jande würde kommen, wenn Hassan sie geheiratet hatte. Ich mochte sie nicht, aber sie war eine Frau. Goran sah mich streng an, weil er sah, was ich dachte.

„Wenn solche Mädchen wie Chalat nicht zur Schule gehen – was soll aus dem Irak werden?", fragte der Lehrer ernst. „Nichts wird sich jemals verändern. Die Kurden werden immer bleiben, was sie sind."

Der Lehrer dachte also, dass sich der Irak durch meinen Schulbesuch verändern würde. Darauf war ich sehr stolz.

„Ob Chalat zur Schule geht, macht keinen Unterschied für Kurdistan", sagte Goran. „Für unsere Familie aber macht es einen Unterschied, wenn sie im Haus hilft." Er lächelte erst mich, dann den Lehrer an.

„Käme ich hierher, wenn es keinen Unterschied machen würde?", fragte der Lehrer.

„Es ist unsere Kultura, dass Mädchen ins Haus kommen, wenn sie alt genug sind", entgegnete Goran. „So ist es in unserer Familie – so ist es in allen Familien, die ich kenne."

„Ich verstehe", sagte der Lehrer und sah mich traurig an.

„Was würden die anderen Familien von uns denken, wenn wir Chalat nicht ins Haus nehmen würden? Was würden sie denken, wenn unsere Familie aus ihr eine Lehrerin machen will? Oder sogar eine Ärztin? Wie wären wir bei den Nachbarn angesehen?"

„Sie könnten stolz auf Chalat sein."

„Nein, wenn wir bei den anderen Familien schlecht angesehen wären, könnte ich nicht stolz sein", sagte Goran. „Das Ansehen der Familie ist wichtiger als Chalats Schulbesuch."

Teil II – Eine islamische Ehe

Die Feinde der Gläubigen

Die neue Zeit begann mit einem Streit zwischen meinen Brüdern. Awer, der sonst nie etwas gegen seine Brüder sagte, hatte den Streit angefangen. Es war ein Streit, der in unserem Wohnzimmer begann, während ich meiner Mutter dabei half, Kleidungsstücke auszubessern.

Mein Bruder Hassan war seit einem Monat bei der Polizei angestellt. Awer, mein jüngster Bruder, hatte die Schule verlassen und verdiente sein Geld als Schuhputzer. Karuan war Soldat gewesen und kämpfte nun für die Peschmerga. Goran hatte verschiedene Jobs. Das waren meine Brüder. Aber der Streit hatte zwischen meinen beiden jüngsten Brüdern begonnen.

„Es wird eine neue Zeit kommen", sagte Awer, als Hassan davon erzählte, wie er heute den Verkehr geregelt hatte. Meine Mutter hatte gerne zugehört. Sie war es gewesen, die Hassan bei der Polizei angemeldet hatte. Für sie war ein Mann, der für die Peschmerga gestorben war, genug. Und jetzt war auch noch Karuan in den Bergen. Es war geschehen, ohne dass sie etwas dagegen tun konnte.

„Eure Gesellschaft ist gottlos", sagte Awer. „Ihr lebt wie Ungläubige."

Hassan erstarrte.

„Ja, das meine ich so", sagte Awer.

„Ich bin Verkehrspolizist", sagte Hassan. „Was ist daran gottlos?"

„Alle Polizisten sind Feinde der Gläubigen!"

„Wer redet so, Awer?", fragte meine Mutter.

„Manche Leute in der Moschee reden so", sagte Awer.

„Welche Leute?", fragte Hassan. „Sag mir Namen, dann bekommen sie morgen Besuch."

Awer hatte einen roten Kopf bekommen.

„Was sagen diese Leute?", fragte Hassan.

„Viele Dinge", sagte Awer. „Es sind Mullahs, die viele Dinge wissen."

Hassan lachte über ihn, aber Awer war sehr aufgebracht. „Die jungen Männer sind besser als die alten Männer, weil sie an etwas glauben. Das sagen diese Männer."

Hassan tippte sich an die Stirn.

„Wir müssen die Ungläubigen bekämpfen!", rief Awer. „Es wird eine große Schlacht geben gegen die Kufr[5]. Jeder muss wissen, auf welcher Seite er steht!"

„Und wo stehst du?", fragte Hassan.

„Ich stehe auf der Seite Allahs!"

„Da stehe ich auch – jeder von uns!"

„Du trinkst Alkohol", sagte Awer. „Wie kannst du sagen, dass du auf der Seite Allahs stehst!?"

Hassan trank manchmal Alkohol, das war richtig. Für die Gesundheit, sagte er. Für den Magen, sagte er. Weil er nicht jede Speise vertragen könne. Er trank jeden Tag, immer, wenn er aß.

„Und du rauchst heimlich, Awer", sagte Hassan. „Denkst du, Allah sieht nicht, was ich sehe?"

„Ich rauche nicht mehr, seit ich weiß, dass es haram ist", sagte Awer. „Und Mädchen und Frauen müssen zu Hause bleiben. Bei meiner Arbeit sehe ich die Beine der Frauen. Sie kennen keine Scham!"

„Dann schau woanders hin!", sagte Hassan und lachte. „Du sitzt auf deinem kleinen Stuhl und schaust den Frauen nach, dabei solltest du Schuhe putzen. Gottlos ist das!"

„Es wird eine neue Zeit kommen", sagte Awer und ballte die Fäuste.

„Mir egal", sagte Hassan und begann, seine Uniform anzuziehen. „Und wage es nicht, einen irakischen Polizisten zu schlagen, Awer!"

„Was ist denn schlecht daran, wenn Awer ein frommer Mann wird?", fragte meine Mutter. „Ein Mann, der betet, ist besser als ein Mann, der nicht betet."

„Ein Mann, der betet, kann nicht heimlich rauchen", sagte Hassan und lächelte seinen Bruder an.

„Ein Mann, der Alkohol trinkt, ist ein Kufr!", entgegnete ihm Awer wütend.

„Ich wünsche mir für Chalat einen frommen Mann", sagte meine Mutter. „Wenn er kein Cousin ist, soll er ein Mann der Moschee sein, vielleicht ein Mullah. Das wäre eine große Ehre für unsere Familie." Sie nahm meine Hand und drückte sie fest. „Wenn Goran Geld für dich will, dann will ich einen Mann, der fromm ist."

„Ein Mann wird heute kommen", sagte meine Mutter. Sie stand in meinem Zimmer und betrachtete mich. „Wie du gewachsen bist, Chalat."

Sie reichte mir einige Sachen, die ich über meine Kleidung anziehen sollte. Einen schwarzen Umhang aus dichtem Stoff und einen langen schwarzen Hidschab[6]. Ich sah sie fragend an. Wenn ein Mann kam, würden wir aus dem Haus gehen? Ohne etwas zu sagen, reichte sie mir ein Paar weiße Handschuhe. Dazu ein Paar weiße Socken, die ich gegen meine blauen Socken tauschen musste.

Ich stellte mich vor den Spiegel und betrachtete mich. Von hinten trat sie an mich heran und sah mir über die Schulter. Dann lächelte sie, nahm den Hidschab hoch und legte ihn halb über mein Gesicht, sodass nur noch meine Augen zu sehen waren. Sie probierte ein wenig seinen Sitz, dann befestigte sie den Hidschab seitlich mit einer Nadel.

„So sieht eine islamische Frau aus", sagte sie. „Sie soll sich den Blicken der Männer entziehen. Alle Schönheit ist in Allah. In allem wollen wir nicht das falsche Begehren wecken."

Was redete meine Mutter? Noch nie hatte sie so mit mir gesprochen.

„Die Lippen zu zeigen ist haram. Junge Frauen, die ihren Mund nicht verhüllen, sind schamlos."

Ich verstand nicht, warum dieser Mann kam. War er ein Freund von Awer? Aber warum hatte meine Mutter diese Dinge für mich gekauft? Ich hätte in der Küche meine Arbeiten machen können. Warum musste ich ihn bedienen? Warum war Schuxan, meine Schwester, nicht bei uns, wenn wir wichtigen Besuch hatten?

„Ein frommer Mann ist er", sagte meine Mutter. „Awer kennt ihn aus der Moschee. Er ist ein Freund, ein sehr guter Bekannter. Awer hat viel von ihm gelernt. Er ist ein Mann, der ein Leben lebt, wie es unser Prophet gelebt hat."

Ich stellte mir einen Mann vor, der oft in die Moschee ging. Der dort mit anderen Männern betete und leise sprach. Einen Mann, der sich über dem Lesen seine Augen verdorben hatte. Einen Mann, der mich durch seine Brillengläser klug und freundlich ansah.

Meine Mutter gab mir einen Kuss auf die Stirn. „Als ich deinen Vater kennengelernt habe, wusste ich nicht, wer er war. Und was für ein Glück hatte ich, ihn zu treffen! Wie gut hatten meine Eltern ihn ausgewählt!"

So geküsst hatte mich meine Mutter noch nie. Also dachte ich, dass mein Bruder Awer einen Mann in der Moschee getroffen hatte, der so war wie mein Vater. Gerne wollte ich ihn bedienen! Und ich wollte mich ihm so zeigen, dass er einen guten Eindruck von mir hatte. Meine Mutter wusste mehr über meinen Vater als ich. Mich hatte er mehr geliebt als meine Geschwister, aber was wusste ich von ihm? Ein Kämpfer der Peschmerga war er gewesen – das wusste ich. Nichts wusste ich von seinem Glauben.

„Du bist jetzt eine richtige Frau, Chalat. Fünfzehn Jahre alt."

Seit ich mit elf Jahren aus der Schule genommen worden war – wie langweilig und eintönig war mein Leben gewesen! Und im letzten Jahr, seit Awer immer häufiger in die Moschee ging, hatte er sehr streng auf mich aufgepasst. Ich durfte nicht mehr einkaufen, von meinen Freundinnen hatte ich nichts mehr gehört, nicht einmal in den Garten durfte ich gehen, ohne dass Awer mich beobachtete. Da er aufgehört hatte zu rauchen, gab es nichts, mit dem ich ihn vom Bewachen hätte abbringen können. Es war lange her, dass ich meine Tante mit dem Bus in ihrem Dorf besucht hatte.

Ich freute mich, dass ich diesen Mann bedienen durfte. Die schwarze Kleidung gefiel mir nicht, aber ich war neugierig auf das, was der Mann in unser Haus brachte. Vielleicht war ich auch ein wenig ängstlich, aber auch die Schule hatte mir zuerst Angst gemacht, und wie schön war mein Leben dort gewesen. Wenn dieser Mann wie mein Vater war, dann wollte ich keine Angst vor einem neuen Leben haben.

Meine Mutter bereitete den Tee und das Gebäck für den Besuch vor. Ich stand in weißen Handschuhen neben ihr und durfte nichts anfassen. Nur das silberne Tablett hielt ich und sah im Spiegel das schwarze Mädchen, das ich geworden war.

„Du darfst ihn nicht anschauen." Meine Mutter wandte sich um und sah mich eindringlich an. „Eine islamische Frau hält die Augen gesenkt. Schau auf das Tablett, schau auf den Tee, schau auf den Boden, aber schau ihn nicht an. Er wird sonst denken, dass du schamlos bist. Er wird dich anschauen. Lass dir nichts anmerken."

Sie bürstete etwas von meinem Umhang.

„Und soll ich mich setzen?", fragte ich.

„Nein, aber nein!", rief meine Mutter. „Du stellst die Sachen hin, du machst eine Verbeugung und kommst sofort wieder in die Küche. Aber nicht laufen, sondern normal gehen!"

Meine Mutter stellte die Teegläser und eine kleine Schale mit Gebäck auf das Tablett. Sie horchte, was in dem Zimmer gesprochen wurde. Dann gab sie mir einen kleinen Stoß.

Der Umhang war sehr lang. Ich musste darauf achten, nicht zu stolpern. Vorsichtig schob ich den Stoff über den Boden. Auf dem kleinen Tisch stellte ich die Gläser und das Gebäck ab.

Der Mann trug keine kurdische Hose wie Goran und Awer. Seine Hose war blau, die Socken waren in einem helleren Blau. Als er das

Teeglas in die Hand nahm, sah ich, dass er eine weiße Narbe auf dem Handrücken hatte. Aber seine Hände waren nicht hart und rau wie die Hände meiner Brüder.

Dann wandte ich mich um und ging wieder in die Küche. Er hatte mich angesehen. Sein Blick war auf mir gewesen, auf meinem Gesicht. Ich spürte, dass dieser Mann nicht wie mein Vater war.

„Gut gemacht, Chalat", flüsterte meine Mutter, als ich die Sachen abgestellt hatte.

„Ich stolpere, wenn ich diesen Umhang trage", sagte ich leise. „Ich kann nicht darin laufen."

Aber sie hörte mich nicht, sondern machte mir ein Zeichen zu lauschen, was die Männer miteinander besprachen.

Awer redete viel, während Goran schwieg. Auch der Mann redete über eine neue Gesellschaft, aber seine Stimme war nicht laut wie die Stimme von Awer. Seine Worte klangen wie die Worte des Imam. Durch vielfache Wiederholung waren sie glatt geworden. Wie Steine lagen sie in einer Reihe nebeneinander.

Wir lauschten, bis der Mann und Awer gegangen waren. Goran saß auf dem Boden und sah uns an. Ich sah, dass er schlechte Laune hatte.

„Er ist ein frommer Mann", sagte meine Mutter. „Wenn er vom Leben des Propheten redet, dann ist mir, als sehe ich den Propheten."

Aber Goran schwieg. Ich sah ihm an, dass er nicht den Propheten gesehen hatte, als der Mann gesprochen hatte. „Wer ist der Mann?", fragte er meine Mutter, als könne sie darauf eine Antwort geben.

„Ein Freund von Awer ist er", sagte meine Mutter.

„Wenn er ein Freund von Awer ist – *warum* ist er ein Freund von Awer?"

„Sie haben sich in der Moschee kennengelernt."

„Awer ist der Freund von jedem", sagte Goran. „Aber dieser Mann ist der Freund von niemandem. Warum ist er der Freund von Awer?"

„Wir kennen ihn doch nicht, Goran", sagte meine Mutter. „Er ist sicherlich fromm."

„Was heißt das?", fragte Goran. „Es gibt fromme Männer jetzt, die nicht gut sind!"

„Er ist ein Kurde wie wir", sagte meine Mutter.

„Wo kommt er her?", fragte Goran. „Er hat mir keine Antwort gegeben, als ich ihn danach gefragt habe."

Meine Mutter wusste auch keine Antwort.

„Dieser Mann ist wie ein schlechter Traum[7]", sagte er schließlich.

Meine Mutter wagte nicht, ihm zu widersprechen.

„Warum hört Chalat, was wir besprechen? Es geht sie nichts an", sagte Goran dann grob. „Sie soll auf ihr Zimmer gehen."

Eine Sache vor Allah

Ich hatte mich auf mein Bett geworfen. Mein Gesicht zur Wand. Keine Geräusche, nur mein Atmen, immer heftiger. In meinem Kopf mein Ersticken.

Wenn der Tod kommt, dachte ich, *dann werde ich mit ihm gehen. Ich werde nicht diesen Mann heiraten, den ich nicht will.*

Mein Zimmer, in dem ich allein war – seit Schuxans Heirat gehörte es mir, nun würde ich es verlieren.

Die kalte Wand, die weiße Wand. Aus ihr trat die Gestalt meines Vaters hervor wie aus einem Schneesturm in den Bergen. Dort, wo er mit den Toten lebte und mit den Kämpfern.

Hilf mir gegen diesen Mann, bat ich ihn. *Ich habe niemanden als dich.*

Ich werde bei dir sein, Chalat!, flüsterte er.

Seine Stimme im Heulen des Windes. Im irren Chor der Stimmen der Toten, die sich lustig machten über sein Versprechen. Sie lachten und riefen sich zu: „Was kann er gegen die Lebenden ausrichten, dieser für immer gestorbene Vater!"

„Ich wollte es dir zuerst sagen, bevor ich Mutter erzähle, dass zwei Frauen mich angesprochen haben."

Es war die Stimme Schuxans, die in den Raum gekommen war. „Sie haben gefragt, ob sie uns besuchen dürfen", sagte die Stimme. „Sie haben nach dir gefragt. *Chalat* – sie haben deinen Namen genannt."

Erst dieser Mann, dann diese Frauen. Nun waren sie zu dritt.

„Ich habe ihnen gesagt, dass sie uns gern besuchen dürfen." Schuxan streichelte meine Haare. „Wie schön du geworden bist, Chalat."

Wusste sie nicht, dass dieser Mann mich nicht hatte sehen wollen? Dass er auf einer Verhüllung bestanden hatte? Dass ich ihn nicht hatte anschauen dürfen, als käme Böses aus meinem Blick? Hatte ihr niemand gesagt, dass dieser Mann ein Fremder war? Hatte ihr niemand berichtet, wie Goran diesen Mann ansah?

„Chalat, so schnell ist es gegangen, dass du kein Mädchen mehr bist. Und nun ist es Zeit, dass ein Mann dich zu sich nimmt. Alles ist in Allahs Hand. Unser Glück, unser Leben, die Zeit, die wir haben – wir sind in seiner Hand."

Schuxan hatte einen Cousin geheiratet. Warum konnte ich nicht einen Cousin heiraten? Warum nicht jemanden, den ich kannte? Evro, den Nachbarsjungen, der mir so nahgekommen war. Seine Stimme war für immer in mir. Warum nicht einen jungen Mann, den Goran ausgewählt hatte? Warum nicht einen anderen als diesen Mann? Warum diesen Mann, der in mein Leben einbrach wie ein Dämon? Warum diesen Mann, der seine Frauen schickte wie seine Kämpfer?

„Es geht nicht um Liebe, Chalat", sagte Schuxans Stimme. „Es geht um etwas viel Größeres – es geht um eine Heirat. Wenn ein Junge dich anschaut – was ist das? Dieser Mann sucht eine Frau. Es ist eine große Sache zwischen ihm und dir, eine Sache vor Allah."

Ihre Hand streichelte über mein Haar. Wusste sie nicht, dass der Mann nicht wegen mir gekommen war? Er wollte nicht wissen, wer ich war. Er hatte nichts von mir sehen wollen. Nur einen Umhang, aber das hatte ihm gereicht. Meine Frömmigkeit war ihm wichtiger gewesen als ich.

„Die Frauen, die kommen werden – es ist seine Mutter und seine Schwester. Der Mann hat sie geschickt, damit sie dich anschauen. Sie werden sehr genau sein, weil der Mann dich nicht kennt. Es geht um den Ruf unserer Familie, Chalat. Ein Mädchen von uns darf keine Schlampe sein. Es wäre schrecklich vor unseren Nachbarn und allen Bekannten, wenn du vor den Augen dieser Frauen nicht bestehst."

Es gab nur die Hoffnung für mich, dass Goran diesen Mann nicht wollte. Goran entschied in unserer Familie. Weder dieser Mann noch seine Frauen noch meine Mutter oder Schuxan konnten etwas dagegen ausrichten. Ich musste mich darauf verlassen, dass Goran diesen Mann und seine Familie ablehnte.

„Ich weiß, dass du aufgeregt bist, Chalat, aber denke immer daran, ein Mädchen darf nicht zeigen, was es fühlt. Es ist haram und gehört sich nicht, dass ein Mädchen weint oder lacht."

Es waren zwei Frauen, auch in Schwarz gekleidet, wie ich es nun kannte. Als es an der Tür klopfte, hielt mich meine Mutter zurück.

„Es ziemt sich nicht für eine unverheiratete Frau, die Tür zu öffnen", ermahnte sie mich. „Was ist, wenn ein Mann in der Tür steht? Ein Bote kann es sein oder Freund."

Sie schickte mich in die Küche zu Schuxan. Dort stand ich und wartete. Schuxan besah mich erneut von allen Seiten.

„Du kannst die Frauen anblicken", sagte sie. „Aber schau nicht frech. Schau der älteren Frau in die Augen, aber nicht zu lange. Sie ist seine Mutter, sie wird über dich zu bestimmen haben."

Als ich den Raum betrat, sagte meine Mutter: „Du kannst den Umhang abnehmen, Chalat. Es sind keine Männer hier."

„*Assalam Alaikum*[8]“, sagte ich leise und nahm den Umhang und den Hidschab langsam ab.

„*Wa Alaikum Assalam*“ sagte die ältere Frau. Sie hatte eine raue Stimme. Die jüngere Frau sagte nichts, aber sie hatte mich die ganze Zeit beobachtet.

Beide Frauen waren dünn, die ältere Frau war klein, die jüngere so groß wie Goran. Erst sah ich der Mutter des Mannes in die Augen, aber wenig später sah ich in ihr Gesicht. Ich konnte nicht anders, denn sie war über und über tätowiert. Über der Stirn war eine Sonne, die Strahlen einer Sonne. Auf ihrem Kinn waren Gestalten oder Tiere. Die Wangen – darauf waren Sterne und Kreuze. Sie war alt, ihre Haut war sehr faltig geworden. Manche Tattoos waren nur blaue Flecken. Es war eine unheimliche Welt, die auf ihrem Gesicht lebte.

„Was schaust du?“, fragte die Frau mich. „Ich bin eine Iranerin. So ist es bei uns Sitte!“

„Senke den Blick, Chalat. So wie du es gelernt hast“, sagte meine Mutter.

Auch die Hände der Frau, die Handgelenke, das erste Weiß der Unterarme war tätowiert. Ein wenig erinnerten mich die Zeichen an die Nuschtas – die magischen Zeichen –, die der Sheikh für Jande geschrieben hatte. Seltsame Zeichen, die Macht hatten. Der Mann war unheimlich gewesen, seine Mutter erschreckte mich. Wie konnte ich schlafen im Haus dieser Frau?

„Geh, hol Tee, Mädchen!“, sagte die Frau. „Wir wollen sehen, wie du dich nützlich machst.“

In der Küche ermahnte mich Schuxan, nicht mit den Gläsern zu klappern. Dies sei ein schlechtes Zeichen bei den Frauen, die sehr muslimisch seien. Also gaben wir uns alle Mühe, nicht zu klappern. Auf dem Tablett lag eine feines Tuch, darauf die Gläser und der Tee.

Als ich die Gläser ohne Zittern und Klappern hingestellt hatte, durfte ich mich setzen. Die ältere Frau sah mich nicht mehr an, als habe sie genug von mir gesehen.

„Wir sind gekommen, um euch zu fragen, ob ihr eure Tochter unserem Sohn zur Frau gebt", sagte sie. „Es ist der Wunsch unserer Familie, dass wir euch aus diesem Grund besuchen."

„Goran muss es entscheiden", sagte meine Mutter. „Er ist unser ältester Sohn."

Die ältere Frau nickte. „So ist es auch Sitte bei uns."

Die jüngere Frau sah mich feindselig an.

„Wir kennen euch nicht", sagte meine Mutter. „Wo seid ihr her? Erzählt ein wenig."

„Aus Byara[9] sind wir", sagte die Frau, „aber wir kommen aus dem Iran." Sie sprach den Namen des Ortes langsam aus. B-y-a-r-a, sagte sie.

„Ich kenne Byara", sagte meine Mutter. „Aber ich war noch nicht dort."

Die Augen der älteren Frau waren zu Schlitzen geworden. „Die meisten Menschen in dieser Stadt denken, dass es zu gefährlich dort ist."

„Ja, wir hören viel von diesem Ort", sagte meine Mutter vorsichtig.

„Wir werden hier in Sulaimaniyya wohnen. Wir haben ein Haus gemietet für unsere Familie."

„Es ist uns recht, dass Chalat in Sulaimaniyya wohnen wird", sagte meine Mutter.

„Sie wird nicht in Byara wohnen", sagte die ältere Frau. „Meine Söhne wollen sich hier ansiedeln."

„Wir werden unsere Tochter einem Mann gegen Gold zur Frau geben. Einem Tausch wird Goran nicht zustimmen."

Die ältere Frau nickte gleichgültig. „Wir werden eure Tochter nicht untersuchen. Ihr seid eine anständige Familie", sagte sie.

Dann standen sie auf und gingen.

Ich saß im Garten auf der Bank. Mein Vater war heute nicht gekommen. Meine Mutter und Goran sprachen im Haus über den Mann. Sie hatten mich fortgeschickt, aber ich hörte sie leise miteinander sprechen.

„Ich habe seiner Mutter gesagt, dass er uns willkommen ist, wenn er uns besucht." Die Stimme meiner Mutter kam aus dem Fenster.

„Und wenn er zehnmal kommt, ich werde meine Meinung nicht ändern!" Goran war zornig.

„Er kommt mit ein paar Verwandten", sagte meine Mutter.

„Und wenn er mit hundert Verwandten kommt – es ändert nichts!"

Ich kannte meine Mutter. Ich wusste, dass sie nicht alles sagte.

„Ist er mit der ganzen Familie aus Byara gekommen?", fragte Goran.

„Warum sollen sie nicht in der Stadt wohnen wollen? Nicht alle Menschen aus Byara sind schlecht."

Mein Bruder lachte bitter. „Warum gelingt es den Peschmerga nicht, diese paar Dörfer zu erobern? Warum nicht? Nein, diese Leute haben Geld und modernste Waffen. Es sind fremde Kämpfer dort, erfahrene Kämpfer. Veteranen aus Afghanistan. Es ist kein normales Dorf mit Frauen und Kindern."

„Aber wir wissen nichts über den Mann", entgegnete meine Mutter.

„So ist es, wir wissen nichts über ihn!", antwortete mein Bruder.

„Wir wissen aber, dass er ein frommer Mann ist."

„Fromm sein – was bedeutet das? Ist es fromm, den Koran als Feuerschutz zu benutzen – ist das fromm!?"

„Seine Mutter ist eine fromme Frau!", rief meine Mutter. „Sie achtet die Tradition. Wie kann ihr Sohn schlecht sein!?"

Ich hörte, wie Goran lachte. „Sie kommen mir vor wie Männer, die von keiner Frau geboren wurden. Shaitan[10] hat sie sich ausgedacht – so kommen sie mir vor!"

„Wenn schlechte Menschen für das Gute kämpfen – was wird daraus werden?", fragte Goran leise. „Das Paradies, das sie versprechen, wird die Hölle sein."

Niemand redet von mir, dachte ich. *Können sie nicht überlegen, ob ich glücklich sein werde oder unglücklich?*

„Und dass sie in der Stadt wohnen wollen – was heißt das schon?", sagte Goran bitter.

„Sie können nicht schlecht sein", sagte meine Mutter.

„Sie können eine Vorhut sein", sagte Goran. „Sie führen einen Krieg gegen die Ungläubigen. Sulaimaniyya – da wollen sie hin! Solche Leute geben sich nicht mit einem Dorf wie Byara zufrieden!"

„Lass uns abwarten", sagte meine Mutter.

Zwölf Goldringe

„Heute kommen Leute", sagte meine Mutter. „Sie werden mit Goran und deinen Brüdern über dich sprechen."

Sie trug eine kurdische Tracht, ein bunter Stoff, sehr schön gemustert. Auch Schuxan trug eine kurdische Tracht. Meine Mutter sprach, Schuxan schaute mich an, als müsse sie gleich weinen.

„Du wirst heute den Tschador[11] tragen", sagte meine Mutter. „Dein Gesicht wird zu sehen sein, also blicke immer zu Boden. Schaue niemals auf."

„Aber sind diese Männer keine Kurden?", fragte ich.

„Sie sind strenggläubige Kurden", sagte sie.

„Darf ich wenigstens kurdische Kleidung unter dem Tschador tragen?", bat ich sie.

„Es wird darunter nichts zu sehen sein", versicherte Schuxan meiner Mutter.

Und so durfte ich mein schönstes kurdisches Kleid anziehen. Darüber warf ich den schwarzen Umhang und band mir das schwarze Kopftuch um. Ich hatte mich mit Schuxan im Spiegel als eine Kurdin betrachtet. Nun wollte ich mich nicht mehr sehen.

„Es ist kein Spaß", sagte meine Mutter streng. „Verärgere deinen Mann nicht, bevor du ihn geheiratet hast."

„Aber Goran ist gegen diesen Mann", sagte ich.

„Wir werden sehen", sagte sie.

Schuxan sah auf den Boden.

Der fromme Mann kam mit fremden Männern. Ich sah, dass er ein weißes Gewand trug. Die anderen Männer trugen Straßenkleider.

„Es sind zehn Männer, die er mitgebracht hat", flüsterte meine Mutter.

Schuxan rückte ein wenig mein Kopftuch zurecht, um auch jedes Haar zu bedecken. Wir hörten, wie Goran und Awer die Männer begrüßten. Viele fremde Stimmen antworteten ihm.

Dann brachten wir den Männern Tee und Gebäck in großen Tellern, die wir vorbereitet hatten. Ich sah die kurdischen Hosen meiner Brüder, die Hosen der Männer und das weiße Kleid des frommen Mannes.

Die Männer beobachteten mich ganz genau. Leise stellte ich die Gläser auf den Tisch und goss den Tee ein. Nicht zu voll, nicht zu wenig. Auch meine Mutter und Schuxan schauten mir zu.

„Nichts hat geklappert", flüsterte Schuxan in der Küche. „Gut gemacht, Chalat. Du warst ganz ruhig."

Dann stellten wir uns an die Tür und rieben Gläser trocken.

„Wir bedanken uns für die Einladung", sagte ein Mann. Er hatte eine hohe Stimme und sprach für die anderen.

Ich sah, dass meine Mutter lächelte. Da wusste ich, dass es nicht Goran gewesen war, der die Männer eingeladen hatte.

„Ihr seid willkommen", sagte Goran. „Es freut mich, die Familie von Umar kennenzulernen. Es ist uns eine große Ehre."

Sie redeten und bedankten sich. Alle sprachen, außer dem frommen Mann, der Umar hieß. Jetzt wusste ich seinen Namen. Aber ich erschrak bei dem Gedanken. Ein Name bedeutete, dass er mir näher gekommen war.

„Wir haben viel von eurer Familie gehört", sagte der Mann. „Ihr seid bekannt in Sulaimaniyya."

„Sulaimaniyya war nicht immer eine so große Stadt", sagte Goran. „Wir sind eine der ältesten Familien."

„Wir dagegen sind eine der jüngsten Familien in dieser Stadt", sagte der Mann. Einige der Männer lachten. Goran schwieg.

„Wir kommen aus Byara, aber was spielt das für eine Rolle? Byara ist unbedeutend, ein kleines Dorf."

„Wir kennen Byara, aber wir waren noch niemals dort, obwohl es nicht weit ist." Goran war in seinen Worten vorsichtig.

„Es gibt Verhandlungen mit den Peschmerga[12]", sagte der Mann. „Bald wird jeder Byara besuchen können, der will. Und jeder wird Sulaimaniyya besuchen können, der will."

„Und ihr habt ein Haus gemietet in Sulaimaniyya, höre ich."

„Ja, wir wollen uns hier niederlassen, Arbeit finden."

„Das freut mich", sagte Goran.

„Mein Bruder Umar möchte heiraten", sagte der Mann.

„So soll es sein. Wenn ihr bleiben wollt, solltet ihr heiraten", sagte Goran.

„Wir möchten, dass mein Bruder Umar deine Schwester Chalat zur Frau nimmt."

Goran schwieg. Alle Männer schwiegen, die im Raum waren. Wir sahen nicht, welche Blicke sie wechselten.

„Wir können euch Chalat nicht im Tausch anbieten", sagte Goran schließlich.

„Wir werden euch einen guten Preis bezahlen", sagte der Mann.

„Chalat ist eine große Hilfe in unserem Haushalt. Ich weiß nicht, wie wir sie ersetzen können."

„Sag deinen Preis", sagte der Mann.

„Zwölf dicke Goldringe", sagte Goran.

Awer stieß hörbar den Atem aus. Die Männer flüsterten.

„Abgemacht", sagte der Mann. Er hatte nicht einmal verhandelt.

Ich stürzte in mein Zimmer, warf mich aufs Bett und hielt mir die Ohren zu.

„Chalat, bald kommt der Mann, der dich heiraten wird", sagte Goran. „Er heißt Umar." Er stand in meinem Zimmer und redete. Es kümmerte ihn nicht, dass ich ihn nicht ansah.

Ich sah zur Wand. Goran konnte mich nicht zwingen, ihm zu glauben.

„Es ist eine sehr anständige Familie. Sie sind fromm. Selbst unter ihnen tut er sich durch seine Frömmigkeit hervor. Es ist eine große Ehre für dich, dass er dich zu seiner Frau nehmen will."

Weil es eine Ehre ist, haben sie so viel Gold bezahlt, dachte ich.

„Eine Ehe bedeutet, dass Umar ein König ist und du ein Nichts bist. Du musst ihm dienen, du bist für ihn da. Ohne dass er es sagt, darfst du nichts machen."

Gehorchen ist nicht schlimm, dachte ich. *Das Andere ist schlimmer, das ich noch nicht kenne.*

„Wenn ihr Streit habt oder wenn er dich schlägt, dann darfst du nicht zu uns kommen. Wenn du zu uns kommst, weil du ungehorsam warst, werde ich dich wieder zu ihm zurückschicken."

Ja, weil du Angst vor diesen Männern hast, dachte ich. *Weil du das Gold nicht zurückgeben willst, das du von ihnen bekommen hast.*

„Wenn du diesen Mann später nicht mehr magst, dann darfst du es dir nicht anmerken lassen. Du darfst nicht über diese Dinge reden. Eine Ehe ist so, dass du versprochen hast zu schweigen."

Goran, du bist nicht verheiratet, dachte ich. *Was weißt du, wie es für mich sein wird?*

„Aber es ist auch schön, eine Frau zu sein, an der Seite eines Mannes. So wie es im Koran steht: Allah hat Zuneigung und Barmherzigkeit zwischen euch gesetzt."

Goran, deine frommen Worte sind eine Lüge, dachte ich.

Meine Mutter kam und setzte sich an mein Bett. „Schau mich an oder schau mich nicht an. Rede oder rede nicht. Aber hör zu, was ich dir zu sagen habe."

Sie fasste mich nicht an, weil ich bald fort sein würde. Ich war nichts mehr, das zu ihr gehörte.

„Du bist ein Teil unserer Familie. Wenn du unglücklich wirst, dann bringst du Schande über deine Familie. Wir haben diesen

Mann für dich ausgesucht. Er ist unser Geschenk an dich. Zeig dich vor allen dankbar."

Mein Vater, der mir gestern erschienen war, zeigte sich heute nicht. Er wusste, wie falsch sie reden würde.

„Wenn dein Mann fromm ist, ist es dein Segen. Wenn dein Mann dich braucht, sei für ihn da. Wenn er Gehorsam fordert, sei gehorsam."

Du hast deinen Mann geliebt, dachte ich. *Was redest du?*

„Wenn du nicht glücklich bist mit diesem Mann, dann gibt es Kinder, die dich glücklich machen werden. Kinder, vor denen du glücklich sein sollst, denn sie gehören ihm, wie alles ihm gehört."

Es war so schwer, mir von diesem Mann irgendetwas vorzustellen – wie konnte ich mir Kinder von ihm vorstellen?

„Geh den Weg, den alle Frauen gehen." So sprach meine Mutter.

Dann kam Schuxan und streichelte mich. Was gab es zu sagen? Also sagte sie nichts.

Nach langer Zeit ging ich wieder durch die Stadt. Es war so schön, das Licht zu sehen, wie es durch die Straßen floss. Es wunderte mich, dass niemand anhielt, um es anzuschauen.

„Bist du glücklich?", fragte meine Mutter, die neben mir ging.

„Sie freut sich endlich", sagte Schuxan, die auf der anderen Seite ging.

Ich sagte ihnen nicht, dass ich das Licht einatmen wollte, solange es ging. Ich ließ es langsam über meine Hände in meine Ärmel gleiten.

Drei Frauen gingen durch die Straßen von Sulaimaniyya. Drei Frauen in schwarzen Umhängen, und eine – die jüngste von ihnen – fasste nach dem Licht, als sei sie gerade verrückt geworden.

„Wir gehen zum Friedhof", sagte ich.

„Nein", sagte meine Mutter, „wir gehen Gold kaufen."

„Wir haben keine Zeit", sagte Schuxan.

„Wir gehen ohne Blumen", sagte ich und formte meine Hände, um das Licht einzusammeln wie einen Regenschauer. Als sei ich verrückt geworden.

Als wir vor seinem Grab standen, ließ ich das Licht aus meinen Händen auf die Erde tropfen. Schuxan zog meine Mutter zurück, damit ich allein mit ihm sein konnte. Dann warf ich mich auf das Grab, um ihn zu umarmen, der mein toter Vater war.

„Was tust du!?", rief meine Mutter.

Ich küsste die Erde, unter der mein Vater lag. Ich weinte, die Tränen flossen in den Staub. „Niemals hättest du dies zugelassen!", rief ich. „Niemals, niemals!" Dann lag ich auf seinem Grab, weinte und küsste seinen Staub, weinte und küsste den Staub.

„Du bist verrückt geworden!", schimpfte meine Mutter.

„Du bist überall schmutzig!", rief Schuxan.

„Wir müssen ihr einen neuen Umhang kaufen, bevor wir zum Juwelier gehen", sagte meine Mutter.

Die Leute schauten mich an und überlegten, was mit mir passiert sein konnte. Kinder zeigten auf mich oder blieben einfach stehen.

„Was ist passiert?", fragte der Händler. „Ein Unfall?"

„Nein, kein Unfall", sagte ich.

„Ein Unglück", sagte meine Mutter.

„Ja, ein Unglück", sagte ich.

„Es muss schnell gehen", sagte Schuxan.

„Du bringst Schande über unsere Familie", sagte meine Mutter.

Der Händler sah mich wie ein merkwürdiges Mädchen an.

„Ich habe meinen Vater umarmt", sagte ich.

Der Händler beeilte sich, etwas Passendes für mich zu finden.

„Es muss nicht teuer sein", sagte meine Mutter, „nur sauber muss es sein."

„Alles ist gut", sagte meine Mutter.

Mit langen Schritten gingen wir durch die Straßen. Schwarze Schatten, die es eiliger hatten als die Leute in der Stadt.

„Ich habe ein schlechtes Gefühl“, sagte Schuxan.

„Schuxan, rede nicht so“, ermahnte meine Mutter sie.

Weil es von mir verlangt wurde, schaute ich auf die Straße. Wie gern hätte ich die schönen Dinge angeschaut!

Als wir in die Basarstraße einbogen, gingen wir langsam, nicht schneller als die Schauenden. Uns kam eine Frau entgegen, die sehr dick und sehr groß war. Sie war ganz in schwarzen Stoff gehüllt. Einen Niqab, der ihr Gesicht bedeckte – glänzender, teurer Stoff. Als sie an mir vorbeikam, schüttelte sie ihren Arm, als kenne sie mich. Eine Unzahl von Goldringen sah ich. Wie reich diese Frau war, wie reich! Hinter ihr eine Reihe schwarz gekleidete Dienerinnen, die ihr gehörten wie alles, was an ihrem Unterarm war.

Vor dem Juwelierladen wartete die Familie meines neuen Mannes. Die beiden Frauen schauten mich wütend an.

„Warten wir ab, was du wert bist“, flüsterte die Schwester von Umar. Sehr nah an mein Ohr war sie gekommen. Nur ich konnte es hören.

Mein neuer Mann stand nicht bei den Männern. Goran und Awer waren dabei.

„Mädchen, wir werden dir schon Gehorsam beibringen“, flüsterte die Mutter von Umar. Sehr nah an mein anderes Ohr war sie gekommen.

Die Familie führte uns zu sich. Der älteste Bruder ging voraus.

Goran hatte die Goldringe ausgesucht. Der Mann hatte ihn kurz angesehen, Goran hatte genickt, dann hatte der Mann ein Bündel US-Dollar aus dem Hemd geholt und es dem Juwelier überreicht. Das Geld, das er zurückbekam, steckte er ein, ohne es zu zählen.

An den Armen trug ich nun zwölf dicke Goldringe. Ich winkelte die Arme ein wenig an, sonst wären sie heruntergerutscht. Ich hielt den Blick gesenkt, schaute aber nicht auf die Straße, sondern auf die Goldringe.

Erschrocken hatte der Juwelier die Tätowierungen im Gesicht der Mutter angeschaut. Mitleidig hatte er dann mich angesehen. Aber als er das Geld entgegennahm, hatte er gestrahlt. Aus dem Mund des Bruders war ein verächtliches Schnalzen gekommen, als er das amerikanische Geld überreichte.

Das Haus war groß, aber alles an ihm war alt. Die Farbe war von der Mauer abgerieben. Die Gitter vor den Fenstern waren lange nicht mehr gestrichen worden. Das Dach war eingedrückt. Der Garten, durch den wir gingen – er war völlig ungepflegt. Auf dem Rasen wuchsen kleine Sträucher. Der Zaun stand schief.

„Wie lange wohnt ihr schon hier?", fragte Goran.

„Etwas länger als einen Monat", sagte der Mann.

„Habt ihr es gekauft?"

„Dieses Haus!? Nein, wir haben es gemietet, wenn du es wissen willst." Wenn der Mann lachte, öffnete er nur den Mund, kein Laut kam heraus.

„Willkommen, Mädchen", sagte die Mutter.

„Es wird dir hier bestimmt gefallen", sagte die Schwester.

Weil das Haus nur wenige Fenster besaß, war es dunkel in dem Raum, in dem wir in einem großen Kreis saßen.

„Das Mädchen sitzt bei uns", sagte die Frau und deutete auf ihre Seite.

„Geh, Chalat", sagte meine Mutter.

Ich stand auf und ging durch das Schweigen der Männer hindurch, um mich neben die Mutter zu setzen. Mit gesenktem Blick saß ich dort und betrachtete erst den schmutzigen Teppich, dann die Tätowierungen auf den Händen der Frau. Ich wusste nicht, welche Bedeutung sie hatten. Zahlen, Kreuze, Sterne, ein Mond und Pfeile, die auf die Finger gezeichnet waren. Die Frau trug sie, weil etwas Böses in diesen Zeichen war.

Die Gläser, die wir bekamen, waren schmutzig und hatten Risse. Das Tablett war fleckig. Alles in diesem Haus war voller Schmutz.

„Gefällt dir dein neues Zuhause?", flüsterte mir die Schwester zu.

Ich nickte sehr wenig.

„Umar ist in der Moschee", sagte seine Mutter. „Er hat keine Zeit."

Die Hände der Schwester waren nicht tätowiert. Sie waren sehr weiß, als würde sie beim Tod der Mutter ihre Tätowierungen erben.

„Habt ihr das Haus so übernommen?", fragte Goran.

„Alles war drin", sagte ein anderer Mann, „außer den Waffen dort und den Truhen."

Er zeigte auf eine Wand. Ich sah Gewehre dort, die an der Wand lehnten. Moderne Waffen, glänzend und sauber. Goran kannte sich mit Waffen gut aus. Er betrachtete stumm, was dort an der Wand stand.

„Wenn wir bleiben wollen, werden wir sie wohl verstecken müssen", sagte der älteste Bruder. Er lachte, ohne dass ein Lachen zu hören war.

„Ihr dürft die Waffen in Sulaimaniyya nicht zeigen", sagte Goran.

„Keine Sorge, erst einmal sind wir Gäste", sagte der Mann. Es klang wie eine Drohung.

„Es geht mich nichts an", sagte Goran.

Keiner der Männer sagte etwas.

„Wir wollen bald die Ringe tauschen", sagte der älteste Mann.

„Ihr seid uns willkommen", sagte Goran.

„Wir haben einen Mullah aus der Moschee bestellt."

„Wir werden das Fest ausrichten", sagte Goran.

„So ist es üblich", sagte der Mann.

Goran nickte.

„Hier, trink das", sagte die Mutter.

Sie reichte mir ein Glas mit Wasser. Trübe schwamm darin die fein zerstoßene Asche einer schwarzen Magie.

„Trink, Mädchen, trink!"

Kein Gott außer Allah

Am Tag, als der Mullah kam, war ich wie eine Puppe geworden. Viele Dinge geschahen einfach, nicht einmal Schuxan sprach mit mir. Es war, als wäre ich stumm geworden. Es war, als wäre ich unbeteiligt. Ich feierte die Hochzeit einer fremden Frau.

Diese Frau war am Morgen mit einem schwarzen Umhang und einem schwarzen Kopftuch bekleidet worden. Der Umhang war so lang, dass ihre Füße nicht zu sehen waren. Die Haare wurden unter einem schwarzen Haarnetz versteckt, darüber wurde ihr eng der Hidschab umgebunden. Am Morgen schon wurden ihr weiße Handschuhe angezogen, sodass sie nichts anfassen durfte.

Niemand hätte ihre Gefühle erraten können, denn sie sah auf den Boden, auf einen Punkt, den nur sie sah. Als sie ihr Zimmer verließ und zu den Frauen ging, folgten ihr die Mutter und die Schwester. Das Gesicht des jungen Mädchens war bleich. Alle Frauen hatten gerötete Gesichter, nur sie war bleich. Alles Blut war aus ihrem Körper geflossen. Sie ging wie eine Sterbende in das Zimmer der Frauen.

Dort wurde getanzt und gesungen, und als sie kam, wurde geklatscht. Getanzt und geklatscht und gejubelt. Die Frauen umarmten sich und flüsterten und riefen sich Dinge zu. Aber dieses fremde Mädchen – ihre Lippen zitterten, als könne sie die Tränen nicht zurückhalten. Sie waren aufeinandergepresst, als sei die Sprache aus ihr gewichen, und sie wolle ihr nun den Zugang verwehren.

Es gab zwei große Zimmer, die zurechtgemacht worden waren. In dem einen Zimmer saßen die Männer, in dem anderen Zimmer tanzten, liefen und wirbelten die Frauen umher. Nur dieses Mädchen nicht, als sei sie eine Botin aus dem Männerzimmer. Dieses Mädchen bewegte sich nicht. Sie stand in der Mitte des Raumes. Sie schaute auf den Boden, auf einen Punkt vor sich, den nur sie sah. Nichts lag dort, was zu sehen war, aber sie schaute darauf mit ihrer Traurigkeit.

Es gab so viel zu sehen. Die bunten Kleider der Frauen, ihre vielen Muster, der Fall der weichen Stoffe, der faltige Wurf der Kleider. Ein Mädchen, schwarz gekleidet, war die Mitte eines bunten Tanzes von Farben. Ein Mädchen, stumm geworden im Gesang der kurdischen Frauen. Unter all den Liedern gab es kein Lied für sie. Unter all den Stoffen hatte sie den schwarzen Stoff gewählt.

Dann hob die Schwester des Mädchens die Hand und bat die Frauen, still zu sein. Als niemand mehr flüsterte, als keine Frau sich mehr bewegte, da sahen sie alle das Mädchen an. In der Stille bemerkten sie ihr Schweigen. In der Erstarrung sahen sie, dass in ihrer Mitte dieses Mädchen gewesen war.

Die Schwester nahm das Mädchen an der Hand. Goldringe berührten sich leise, als sie aus dem Raum ging. Wie vor einem Geistmädchen wichen die Frauen vor ihr zurück, als sie in den Raum der Männer geführt wurde.

Der Mullah war ein schöner Mann. Ein langes weißes Gewand trug er, auf dem Kopf eine weiße Kappe, vorsichtig auf die Haare gedrückt. Eine Stirn des Geistes, eine Gestalt, die sich gefiel.

Der Mann hatte schöne Hände. Weiche Hände, die gepflegt waren. Hände, die dieser Mann mit einer Frau getauscht hatte, die nun die Hände eines Mannes hatte. Er war groß und sprach ernst zu dem Mädchen: „Du musst alles wiederholen." Seine Stimme war poliert wie ein glänzendes schwarzes Holz.

Das Mädchen nickte und hatte nicht einmal den Blick gehoben.

Ich, Chalat, schwöre, dass es keinen Gott gibt außer Allah.
Ich schwöre, dass Mohammed sein Gesandter ist.
Ich, Tochter von Awat,
Tochter von Saeed,
Tochter von Asad,
Tochter von Faesula,
Tochter von Ibrahim,
Tochter von Selma,

Tochter von Rachman,
bin einverstanden,
diesen Mann zu heiraten.

Ein Mann trat vor. Er war nicht größer als das Mädchen. Wie der Mullah trug er einen weißen Umhang und eine weiße Kappe.

Der Mullah nahm die Hand des Mädchens, streifte den Handschuh ab und gab dem Mann die Hand des Mädchens.

Als der Mann das Mädchen berührte, sah jeder, dass sie zitterte. Auf seiner Hand – für jeden sichtbar – die weißliche Spur einer schlecht verheilten Narbe.

Der Mann schob ihr den Ring auf den Finger.

Das Mädchen wurde einem schrecklichen Mann zur Frau gegeben.

Als mein Mann aufstand, um zu den Männern zu gehen, die sich umarmten, ging ich in mein Zimmer. Dort lag ich auf dem Rücken und starrte zur Decke wie eine Tote. Ich trug den Schmuck, der Goran gehörte. Ich trug den Ring von einem Mann, den ich nicht wollte.

Und so lag ich, die Augen mit verschwimmenden Tränen gefüllt.

Schuxan hatte gesehen, dass ich das große Zimmer verlassen hatte. Niemand sonst hatte es bemerkt. Es war, als sei der schöne Mullah die Braut. Ihn umringten die Männer.

„Was ist, Chalat?", fragte Schuxan. „Warum weinst du wieder?"

Ich will diesen Mann nicht heiraten, dachte ich. *Ich will lieber sterben, als ihn zu heiraten.*

„Du musst dich von deinem Vater lösen", sagte sie. „Er zieht dich dorthin, wo die Toten sind, dabei hast du ein Leben vor dir."

Ein Leben, das ich tot betrete, dachte ich. *Was für ein Leben ist das?* „Ich will diesen Mann nicht heiraten", sagte ich. „Ich will lieber tot sein."

„Das geht nicht, das darfst du nicht sagen, Chalat."

„Ihr habt mich dazu gezwungen."

„Eine Ehe, die von der Familie verhandelt wurde, darf nicht getrennt werden. Das ist noch nie in unserer Familie passiert. Was für eine Schande wäre es!" Sie fühlte meine Stirn, ob ich krank war. „Dieser Mann hat viel Gold für dich gegeben. Daran siehst du, wie viel du ihm wert bist."

Ich weiß, dass ich ihm nichts bedeute, dachte ich. *Und ich verstehe nicht, warum er dieses Gold gibt.*

„Dieser Mann wird dich lieben."

Wie ich ihn hasse, wird dieser Mann mich hassen, dachte ich.

„Du musst etwas essen. Ich mache dir einen Teller fertig."

Hassan kam mit dem Teller. „Schuxan hat mich geschickt", sagte er. Ich wollte ihn nicht anschauen. „Das Essen hat dir Schuxan ausgesucht. Ich habe schon gegessen. Es ist wirklich lecker!"

Was dort gegessen wurde – ich ekelte mich davor.

„Ich habe mir frei genommen, um dabei zu sein, wenn du heiratest", sagte Hassan. Ich wünschte, Schuxan hätte ihn nicht geschickt.

„Ich lasse dich jetzt allein", sagte Hassan.

Umar kam, weil Schuxan ihn geschickt hatte.

Er setzte sich vor mein Bett, sie stand in der Tür. „Warum bist du traurig?", fragte er.

Seine Stimme war eine andere gewesen, als er den Schwur vor Allah gesprochen hatte. Dieser Mann hatte eine zweite Stimme. Kein Hass war darin, nichts von einem Gefühl, das aus einem Menschen kam.

„Magst du das Essen nicht? Ist das Essen nicht lecker?", fragte er.

Aus dem Augenwinkel sah ich, dass er seine weiße Kappe nicht abgenommen hatte.

„Vielleicht ist sie krank", sagte er zu Schuxan.

„Nein, ich glaube nicht", sagte Schuxan.

Er stand auf. „Ich weiß nicht, was ich hier soll."

„Sie ist sehr jung", sagte Schuxan sanft. „Es ist sehr viel für sie."

„Dann kümmere dich um sie", sagte er und verließ den Raum.

„Warum liegst du so da?", fragte Goran an meinem Bett. „Gibt es einen Grund, dass du nicht bei den anderen Frauen bist?" Schuxan hatte ihn geschickt, um nach mir zu sehen.

„Ich fühle mich nicht gut, Goran."

„Heute bist du noch bei uns, Chalat. Ab morgen bist du bei ihm und seiner Familie. Ich hoffe, du weißt, was das heißt?"

Ich gab ihm keine Antwort.

„Gib mir deinen Arm", sagte er.

Er nahm meinen Arm, weil ich mich nicht bewegte. Ich spürte, wie er mir die Goldringe einen nach dem anderen abnahm.

Bei meinem Abschiedsfest durfte ich kurdische Kleider tragen. Alle meine Brüder waren gekommen. Auch Karuan war da. Nach der Militärzeit war er zu den Peschmerga in die Berge gegangen wie mein Vater. Deshalb war Soila oft allein, aber heute waren wir alle glücklich, dass er bei uns war. Verwandte waren aus den Dörfern und der Stadt gekommen. Alle trugen kurdische Kleider. Die Männer fassten die Frauen an den Händen und tanzten gemeinsam. Die Alten klatschten und sangen.

„Umar verlangt, dass die Braut zu ihm kommt!", rief Schuxan in den Kreis der Feiernden. „Er hat einen Boten geschickt, der sie holen soll."

„Nein", entschied Goran, „dieses Fest wird im Haus der Braut gefeiert."

„Es ist eine Tradition", sagte Schuxan. „Ich weiß nicht, was daran haram für ihn ist."

„Ich sage dem Boten, dass Umar zu uns kommen soll, um die Braut zu holen", sagte Karuan.

Dann tanzten die Menschen und sangen lauter als zuvor.

Also war Umar mit seinen Brüdern in zwei Wagen erschienen. Er trug das weiße Kleid und die Kopfbedeckung eines Mullah. Seinen Brüdern ging er mit kurzen und schnellen Schritten voraus. Wütend sah er sich im Haus meiner Mutter um. Meine Brüder schauten, auch seine Brüder schauten, wie er ohne ein Wort zu sagen zwischen den bunten Kleidern umherlief. Er suchte die Braut, von der er nur die Augen kannte.

Dann stellte sich vor mich hin und brüllte: „Warum trägst du kurdische Kleider? Was für eine Schamlose bist du?"

Ich konnte nichts sagen, so erschrocken war ich. Schuxan hatte mir für diesen Tag ihre Kleider geliehen, weil sie bunter und schöner waren als meine.

Schuxan stieß mich zur Seite und stellte sich ihm entgegen: „Was willst du?", rief sie. „Das ist unsere Kultura. Wir sind Kurden, wir feiern wie Kurden!"

„Sie ist meine Frau", sagte er. „Ich verlange, dass sie islamische Kleidung trägt!"

„Sie ist eine Kurdin", sagte Schuxan. „Auch wenn sie dich geheiratet hat, bleibt sie eine Kurdin."

„Sofort zieht meine Frau Kleidung an, die halal[13] ist!", schrie er wütend.

„Jetzt ist meine Schwester eine Kurdin – wenn sie mit dir geht, ist sie deine Frau!" Schuxan schrie genauso laut wie er.

Umar drehte sich um und lief aus dem Haus in den Garten. Als er zurückkam, hatte er einen dicken Stock in der Hand. „Wer tanzt, dem breche ich die Beine!", rief er außer sich.

Karuan ging in die Mitte des Kreises neben Umar. „Dann brich mir die Beine, denn ich tanze jetzt."

Und als er zu tanzen begann, sangen alle, klatschten alle, die Männer und Frauen fassten sich an den hoch erhobenen Händen. Nur ich wagte nicht, weil er mir schreckliche Angst gemacht hatte. Ich hielt die Augen gesenkt und bewegte mich nicht.

„Zieh das Kleid aus!“ Umar riss an dem schönen Stoff und hob den Stock gegen mich.

„Sie behält die Kleidung an, solange wir dieses Fest feiern!“, rief ihm die tanzende Schuxan über die Schulter zu.

Ein Bruder von Umar sprach leise auf ihn ein und nahm ihm den Stock ab.

„Setz dich dort auf den Stuhl“, fuhr Umar mich an. Er stellte sich neben mich, die Lehne meines Stuhles fest gefasst. „Wann hat diese gotteslästerliche Feierei ein Ende?!“, rief er.

Wie es Tradition ist, gab es nach dem Tanz ein großes Essen im Haus der Brautmutter. Dort zog mich Schuxan in mein Zimmer. Sie ließ mich die kurdischen Sachen ablegen und gab mir den schwarzen Umhang und das schwarze Kopftuch an. Dann fand sie ein Paar schwarze Handschuhe für mich.

„Verärgere ihn nicht weiter“, riet sie mir. „Er ist jetzt dein Mann.“

Sie fand auch ein Paar schwarze Socken für mich zu meinen schwarzen Schuhen.

„Du kannst auf mich zählen“, flüsterte sie. „Ich bin so traurig.“ Sie umarmte mich lange. Es war so, als könne sie mir nicht in die Augen sehen. „Ich halte mein Versprechen“, sagte sie. Sie hatte nicht vergessen, was die Familie meinem Vater versprochen hatte, als er starb.

„Er hätte es nicht gewollt“, sprach sie in mein Ohr. „Sein letzter Atemzug bist du, hat er gesagt.“ Als sie mich losließ, hatte sie Tränen in den Augen. „Ist der Mann ein Kurde?“ Sie stellte sich die Frage anscheinend selbst. „Ein Kurde, der kein Kurde ist – was ist er dann?“

Umar saß mit seiner Familie zusammen. Dort war ein freier Platz für mich. Schuxan begleitete mich dorthin.

Ich sah die Blicke meiner Familie, die ich verlassen würde. Sie hatten mich weggegeben. Es gab nichts, was ich tun konnte. Ich war die schwarze Braut im bunten Kurdistan.

Meine Mutter hatte mit Nachbarinnen ein sehr schönes Mahl zubereitet. Große Teller stellten sie in die Mitte. Viele kleine Teller überallhin, wo Platz war. Es dauerte einige Zeit, bis alles aus der Küche hereingetragen worden war. Die wunderbaren Gerüche, der schöne Anblick ließ uns vergessen, dass wir schwiegen. Umar redete mit niemandem, nicht einmal mit seiner Familie.

Ohne etwas zu sagen, machte er sich den Teller voll und begann, schnell zu essen. Seine Familie tat es ihm nach. Auch ich tat mir etwas auf den Teller, damit niemand von ihnen bemerkte, dass ich nichts aß.

Die Gespräche in der Küche zwischen den Frauen waren laut und fröhlich. Die Feiernden aßen schweigend vor sich hin.

Als Umar fertig gegessen hatte, sagte er: „Chalat, aufstehen!"

Ich verstand nicht, dass er bereits gehen wollte.

„Schnell, was machst du denn? Bist du eine Schildkröte oder was bist du?"

Als wir aufstanden, erhoben sich auch alle anderen. Die Teller wurden weggetragen, um Platz zu machen. Es dauerte einige Zeit, bis wir uns aufgestellt hatten. Bevor die kurdische Braut das Haus ihrer Mutter verlässt, wird sie die Hände küssen. Und auch der Bräutigam wird die Hände küssen. So ist es Tradition.

Meine Familie stellte sich nebeneinander für Umar auf. Ich sah deutlich, dass er sich nur über ihre Hände beugte, ohne sie zu berühren. Dann umarmte er jeden Einzelnen in seiner eigenen Familie.

Während er hinter mir stand, küsste ich die Hände, die mir seine Familie hinhielt. Die Hand seiner Mutter und seiner Schwester berührte ich nicht. Dann umarmte ich meine Brüder und meine Schwester.

Als ich meine Mutter umarmte, flüsterte ich: „Das werde ich euch nie verzeihen!"

Die Brautnacht

Die Mutter zeigte mir das Brautzimmer. Es war das hellste Zimmer in diesem dunklen Haus. „Hier werdet ihr heute schlafen", sagte sie.

Sie verließ das Zimmer, ihre Tochter blieb. „Dort werden wir schlafen", sagte sie und rollte zwei schwarze Matten aus. „Wir werden für euch beten."

Unschlüssig sah ich mich um.

„Wenn du beten willst, unter dem Bett sind zwei Teppiche."

Sie rollte einen kleinen Teppich für sich aus. Dann kniete sie sich zum Gebet hin. Sie sah sich nach mir um, bis auch ich mich hinkniete. Ich hörte die Worte, die sie sprach. Mir aber kamen die Tränen. In diesem Haus würde ich nicht beten können. In diesem Haus würde ich nicht einmal atmen können.

Als sie zu Ende gebetet hatte, berührte sie mit dem Fuß meine Schulter. Ich wischte mir die Tränen ab und erhob mich. „Denk nicht, dass er dich lieben wird. Er liebt eine andere Frau, aber er darf sie nicht heiraten." Sie sagte es, als müsse sie mich an etwas erinnern, das ich bereits wusste.

Sie half mir aus dem Umhang und zog die Schuhe für mich aus. Als ich den Hidschab abnehmen wollte, griff sie nach meiner Hand. „Das Kopftuch lässt du an. Er will deine Haare nicht sehen. Wenn er sie sieht, ist sein Gebet unrein geworden."

Halb angekleidet, halb ausgekleidet legte ich mich auf das große, flache Bett. Am Kopfende war ein weißes Tuch gespannt. Das Fenster war mit einer dunklen Holzlade verschlossen.

„Bleib so liegen", sagte sie. „Ich werde dich einweisen. Merk dir, was ich sage."

Ich starrte zur Decke, bis ich die Augen schloss. Ich lag gebettet wie eine Tote. Ich stellte mir vor, gestorben zu sein, dann konnte ich atmen.

„Du hast keine Tätowierungen. Das ist gut, denn manche Zeichen sind haram." Sie ordnete meine Kleider ein wenig. „Er mag nicht, wenn du ihn berührst. Halte deine Hände bei dir. Am Körper wie jetzt. Beweg dich nicht, dann machst du nichts falsch. Wir werden dabei sein. Sieh uns in die Augen. Sprechen werden wir nicht, auch nicht flüstern. Keine Zeichen, nur unsere Blicke werden dir sagen, wenn du etwas falsch machst."

Sie zog an dem Tuch unter mir, bis es glatt gespannt war. „Wenn es geschehen ist, werden wir das Bett neu beziehen, dann kannst du schlafen. Das Tuch mit dem Blut von dieser Nacht werden wir für dich verwahren. Es ist Eigentum unserer Familie."

Dann kam ihre Mutter. Ich fühlte, wie sie meine Kleider absuchte. „Warst du bei einem Sheikh für eine Magie?", fragte sie.

Ich schüttelte den Kopf. Sie suchte weiter, bis sie sicher war, dass ich keine Nuschtas, keine Zauberzeichen am Körper trug. „Wir möchten nicht, dass du dorthin gehst. Wenn du etwas willst, dann sprich mit mir darüber. Ich kenne einen Sheikh, zu dem ich gehen werde."

„Bleib so liegen", sagte die Schwester. „Er wird gleich kommen."

Wir warteten schweigend auf Umar.

Als er kam, gab es einen großen Streit zwischen ihm und seiner Mutter. Am Ende war er so wütend mit ihr, wie er mit mir gewesen war. Dann erst ging sie. Dann erst ging seine Schwester.

„Denk an das, was ich dir gesagt habe", zischte sie im Vorbeigehen. „Mach nichts falsch!"

„Raus, alle beide!", rief Umar. „Nichts mehr will ich hören!"

Dann schloss ich die Augen, weil er neben mir stand. Er zog unter dem Bett den Teppich hervor. Dann kniete er und betete. Seine Stimme im Gebet war warm, als spreche ein anderer als er.

Nichts passierte mir. Irgendwann schlief ich ein. In dieser Nacht hatte ich keinen Traum.

Am Morgen weckte mich die Stimme des Nachbarsjungen Evro. Leise berührte sie mein Ohr, sagte mir nichts, was Worte waren. Ein

Lufthauch, ein kalter Kitzel, ein unentschlossenes Spiel. Ein Loch in einem hölzernen Zaun.

Dann schreckte ich aus dem Bett auf. Mit einem Krach war die Tür aufgestoßen worden. Jemand stieß die Lade vor dem Fenster laut gegen die Hauswand. Einmal, zweimal. Morgenlicht drang herein, Hände klatschten, Gelächter von Männerstimmen, Dankrufe.

Umar schob mich auf meiner Seite aus dem Bett. Er rollte sich zur anderen Seite heraus.

Und dann sammelte sich die Familie um das weiße Brauttuch. Stille. Entsetzen. Unglaube. Fassungslosigkeit. Wie ein böser Traum.

Erst sagte die Schwester: „Das ist –"

Dann sprach die Mutter es leise aus: „Schlampe, diese!"

Und dann brach ein Sturm von Stimmen los. Mehrere Männer zerrten von verschiedenen Seiten an dem Brauttuch. Ich wurde ins Gesicht geschlagen, der Hidschab wurde mir heruntergerissen, ich wurde an den Haaren gezogen, heftig gestoßen, auf die Füße getreten, in den Magen geboxt, von hinten gewürgt, von vorne angespuckt. Ich hielt mir die Hände vor das Gesicht und konnte nicht einmal weinen, so erschrocken war ich über das, was mir passierte.

„Schlampe! Hure! Dirne!", riefen die Frauen.

Die Männer riefen die Namen von Teilen des weiblichen Unterkörpers.

„Gold hat sie uns gekostet", rief ein Mann.

„Schei- haben wir für Gold bekommen!"

„Das Gold holen wir uns zurück!"

„Heim mit dem Flittchen!"

„Die Ehe ist ungültig!"

„Falsch geschworen!"

„Was wagt sie vor dem Allwissenden!?"

„Bringt sie weg!"

Zwei Männer holten die Autos. Ein Mann hielt mich von hinten fest. Die Mutter und die Schwester beschimpften mich von vorne.

Sie waren außer sich. „Schlampe, wir wollten dich vorher untersuchen – hätten wir es bloß getan! Eine ehrenwerte Familie sind sie, haben wir gedacht. Nein, eine Schlampenfamilie ist das!"

Dann zerrten sie mich ins Auto. Erst verschwand der Fahrer unter dem Brauttuch, dann hatte er sich freigekämpft. Aus dem geöffneten Fenster brüllte die Familie von Umar mit vielen Stimmen durch die Straße. Sie hupten, sie schrien, sie schwenkten das weiße Tuch.

In unserer Straße begann ich zu weinen.

„Zu spät, Schlampe!"

„Schande über deine Familie!"

„Die Tränen einer Betrügerin!"

Die Kinder in unserer Straße vergaßen, zur Schule zu gehen. Die Mütter, die ihnen gewinkt hatten, ließen die Hände sinken.

Vor unserem Haus griffen mich Hände von links und rechts, um mich aus dem Auto zu ziehen. Ich stieß gegen die scharfe Kante der Tür. Als ich an meinen Kopf fasste, hatte ich Blut an den Händen.

„Ja, jetzt blutest du!", brüllte ein Mann.

„Aber nicht da, wo du bluten solltest!" Die Schwester lachte schrill.

Goran stand in der Tür, daneben meine Mutter und Schuxan. Sie sahen entsetzt, wie ich von zwei Männern durch den Garten gezogen wurde, das ganze Gesicht blutüberströmt.

Gleich hinter mir und den Männern kamen die Mutter und die Schwester. „Eine Schlampe, eine Hure – die nicht geblutet hat!" Dahinter schwenkten andere Brüder das weiße Brauttuch.

Der älteste Bruder rief: „Wir fordern unser Gold zurück."

„Die Schlampe bringen wir euch!", rief die Mutter außer sich.

Meine Schwester entriss mich den beiden Männern und umarmte mich schützend. Während Goran erregt mit den Männern stritt, flüsterte Schuxan beruhigend auf mich ein. Dann sagte ich ihr, was passiert war.

„Schluss jetzt!", rief Schuxan. „Schluss, Schluss, Schluss!"

Gebrüll der Männer, Kreischen der Frauen antwortete ihr.

„Wir gehen zur Klinik", rief Schuxan so laut, dass es auch die Nachbarn auf der Straße hören konnten. „Wir bringen sie zu einer Ärztin."

„Was willst du in einer Klinik, Schwester einer Hure!? Jetzt ist es zu spät! Hättet ihr vorher auf sie aufgepasst!"

„Zwei Möglichkeiten!", rief Schuxan. „Hört mir zu!"

Viele Stimmen, die sich nicht einigen konnten.

„Eine Möglichkeit, unsere Tochter ist eine Schlampe."

Gelächter, Johlen, Pfiffe.

„Die andere Möglichkeit: Euer Sohn ist eine Frau!"

Die Ärztin war nicht größer als ich. Sie hatte einen weißen Kittel an und trug ihr Haar ganz offen. Es war schwarz, und auch ihre Fingernägel waren schwarz lackiert. Sie hatte mich in ihren Raum gezogen und abgeschlossen. Vorher hatte sie gerufen: „Wenn keine Ruhe ist, dann hole ich die Polizei!"

Aber es war keine Ruhe draußen. Ich hörte, dass Schuxan sich für mich stritt.

Dann betupfte die Ärztin meine Wunde am Kopf. Weil sie so nett war, konnte ich zum ersten Mal richtig weinen.

„Als ich in deinem Alter war, bin ich noch zur Schule gegangen", sagte die Ärztin nach einer Weile.

„Meine Brüder haben mich aus der Schule genommen", sagte ich ihr. „Mein Lehrer ist zweimal gekommen, um mich wieder in die Schule zu holen."

Wir hörten die Familien draußen streiten. Die Stimme von Goran, die Stimmen der Brüder von Umar.

„Und nun haben sie dich verheiratet." Sie sah mich mitleidig an.

„Gestern", sagte ich.

Sie schüttelte den Kopf. „Und was ist mit dir?"

„Sie sagen, es ist etwas mit meinem Blut", sagte ich.

„Du weißt wirklich nichts", sagte sie, wieder kopfschüttelnd. „Einen Freund hast du noch nicht gehabt?"

„Sie meinen – ob ich einen Jungen angeschaut habe?"

„Etwas mehr als angeschaut."

Ich wusste nicht, wovon sie sprach, die Ärztin.

„Geküsst zum Beispiel."

„Nein", rief ich entsetzt und fühlte, wie die Hitze in mein Gesicht stieg.

„Was ein Mann macht, wenn er dein Mann ist – weißt du das?"

„Er hat gebetet, dann bin ich eingeschlafen."

Die Ärztin lächelte. „Es war ein anstrengender Tag für dich."

Ich nickte.

„Und gegessen hast du auch nichts."

Ich schüttelte stumm den Kopf. „Ich konnte nicht."

„Und jetzt fühlst du dich schwach?"

„Wie tot", sagte ich, weil sie eine Ärztin war.

Sie legte mir etwas um den Arm. Dann schaute sie auf eine Anzeige. „Und der Mann – kanntest du ihn?"

„Ja, er war bei uns zu Besuch."

„Wie oft kam er?"

„Einmal kam er, dann kam seine Mutter."

„Magst du ihn?"

„Weiß nicht – nein."

„Du siehst aus, als hättest du viel geweint. Dein Mann – wer hat ihn ausgesucht?"

„Natürlich meine Mutter! Wir sind eine anständige Familie!"

„Ich muss dich untersuchen", sagte sie.

„Am Kopf? Blutet es noch?"

„Nein, es blutet nicht mehr. Und nicht am Kopf. Du musst dich hinlegen, wenn ich dich untersuche."

Ich legte mich auf das schmale Bett, damit sie mich untersuchen konnte.

„Ich untersuche dich, weil ich wissen will, ob ein Junge dich berührt hat."

„Meine Brüder haben mich oft berührt", sagte ich, weil es die Wahrheit war.

Sie streichelte meine Hand, dann untersuchte sie mich, obwohl ich mich sehr schämte. Aber ich hatte mehr Angst davor, dass sie mir nicht mehr helfen würde.

„Es ist alles in Ordnung mit dir", sagte sie dann.

„Bin ich nicht krank?", fragte ich sie. „Sagen Sie es der anderen Familie, was mit dem Blut ist – und meiner auch?"

„Klar, mache ich", sagte sie. „Etwas noch: Wenn alles vorbei ist, kommst du zu mir, dann helfe ich dir, dass du nicht zu viele Kinder bekommst. Versprochen?"

Ich versprach es ihr.

Dann trat sie vor die Tür, und alle waren still. „Dieses Mädchen sollte nicht verheiratet werden. Sie ist nicht einmal fünfzehn Jahre alt! Wie können Sie –"

„Wir wollen nur wissen, ob sie eine Jungfrau ist!", riefen Schuxan und die Mutter von Umar gleichzeitig. Ein Bruder von Umar hielt das weiße Brauttuch in die Höhe.

„Ich habe sie untersucht." Die Ärztin wartete, bis es völlig still war. Dann sagte sie: „Damit es alle von Ihnen wissen: Sie ist noch eine Jungfrau!"

Im Haus von Umar wurde ich ins Brautzimmer geschickt. Vor dem Zimmer warteten seine Mutter und seine Schwester auf ihn. Sie saßen auf zwei kleinen Stühlen rechts und links neben der Tür.

„Wenn er aus der Moschee kommt, werde ich ihn zu dir schicken", sagte seine Mutter. „Wir warten vor deiner Tür." Sie gab mir ein neues Brauttuch.

Es hatte viel Streit in unserer Straße gegeben.

„Sie hat einen Zauber gemacht", hatte seine Mutter gerufen.

„Mach lieber einen Zauber für deinen Sohn!", hatte meine Mutter gerufen.

Viele Nachbarn waren uns gefolgt. Sogar Kinder waren dabei. Sie waren nicht zur Schule gegangen, sondern ihren Eltern nachgegangen.

„Chalat hat einen Mann geheiratet, der eine Frau ist!", hatte Schuxan gerufen.

„Kann ein Mann Kinder bekommen, wenn er eine Frau ist?", hatte ein Kind gefragt. Die Leute in der Straße hatten gelacht.

Bevor die Mutter in den Wagen stieg, hatte sie laut und verächtlich gesagt: „Umar – so einer nennt sich mein Sohn, pffft."

Damit war der Streit zu Ende, und wir waren gefahren.

Ich bezog das Bett neu und setzte mich an die Wand. Jetzt war ich allein und ich verstand nichts. Viele Gedanken gingen mir durch den Kopf. Ich hatte etwas Schreckliches erwartete, aber es war nichts passiert. Nur eine große Verwirrung. Ich war beschimpft worden für etwas, das ich nicht verstand. Und dann war alles gut geworden. Ich war der Ärztin sehr dankbar. Ihr Lehrer hatte sich gegen ihre Brüder durchgesetzt, und sie war eine Ärztin geworden. Was für ein Glück sie hatte!

Dann hörte ich, dass Umar kam. Ich hörte, wie er mit seiner Mutter stritt. Die Stühle wurden weggeschoben. Als sich die Tür öffnete, sah ich zu Boden.

„Du hast Schande über mich gebracht", sagte er.

„Es tut mir leid", sagte ich leise.

„Schäm dich", sagte er. „Du bist keine richtige Frau." Er trug den weißen Umhang. Seine Gebetskappe hatte er auf einen Stuhl gelegt. „Ich bin ein Mullah", sagte er. „Ich bin sehr anerkannt."

Ich hatte nicht gewusst, dass er helle Augen hatte. Wie aus trübem Glas waren sie gemacht. Als er seinen weißen Umhang über den Kopf zog, saß ich auf dem Boden vor ihm.

„Soll ich dir helfen?", fragte ich leise.

Er hatte einen roten Kopf bekommen und sah mich wütend an. „Sei still!“ Er beugte sich vor und schlug mich mit der flachen Hand ins Gesicht.

Mit einem Ruck zog er den Ärmel des Hemdes hoch. An seinem Arm hatte er etwas festgebunden. Er löste eine Ampulle mit einer dunklen Flüssigkeit, dann eine zweite. „Es ist richtiges Blut“, sagte er und hielt es lange ins Licht. „Mein Blut – ich habe es mir heute abnehmen lassen.“

Er war ein Betrüger, ein richtiger Betrüger! Nicht an mir – an seiner Familie! Er war kein frommer Mann – er war ein falscher Mann!

Er lächelte, weil er meine Gedanken erraten hatte. „Ich bin dein Mann. Du darfst mich nicht verraten, denn du bekommst Kinder von mir. Die Kinder werden dir nie verzeihen, wenn du mich verrätst.“

„Nein, ich werde nichts sagen.“

„Du wirst schweigen, denn wenn du redest, werde ich dich töten. Wie ich dich geschlagen habe, werde ich dir ein Messer ins Herz stoßen. Dann wird dein Blut den ganzen Boden bedecken!“ Er hielt eine Ampulle mit seinem Blut vor mein Gesicht. „Steh auf!“, sagte er. „Zieh dich unter dem Umhang aus. Mach schon!“

Ich tat, was er wollte. Unter dem Umhang war ich jetzt unbekleidet.

„Ich werde das Blut auf das Bett spritzen. Dann wirst du den Umhang hochziehen und dich in das Blut legen!“

Kaum hatte er gesagt, was er plante, da spritzte er schon sein Blut auf das Tuch. Weil ich nicht schnell genug war, stieß er mich auf das Bett. „Beweg dich wie eine Frau!“, fuhr er mich an.

Ich bewegte mich auf dem nassen Tuch, so schnell ich konnte. Dann fasste er meinen Arm und zog mich vom Bett. Er zog das Tuch mit einem einzigen Ruck vom Bett, ging zur Tür, trat sie auf. „Hier habt ihr euer verdammtes Brauttuch“, rief er. „Ich möchte jetzt schlafen!“

Dann schlug er die Tür krachend zu.

Eine amtliche Ehe

In der ersten Zeit durfte ich das düstere Haus nicht verlassen. Bei allem, was ich tat, musste ich einen Umhang tragen und einen Hidschab, der jedes Haar von mir bedeckte. Einkäufe erledigte die Schwester. Einen anderen Grund, das Haus zu verlassen, gab es nicht.

Aber an einem Tag wurde ich von der Schwester in das große Zimmer geholt. „Hallo, du bist fleißig", sagte sie. „Wie geht es dir?"

Ich hatte den Boden gewischt und schaute hoch. Von dieser Schwester hatte ich nur Anweisungen aus ihrem Mund und böse Blicke aus ihren Augen erhalten. Warum war sie freundlich zu mir?

„Lass dich anschauen", sagte sie und betrachtete mich von oben bis unten. „Zieh den Umhang aus."

Darunter hatte ich eine Hose an und eine Bluse, blau und farbig.

„Nenn mich Hada, Chalat", sagte sie. Etwas war mit ihr geschehen, dabei hatte ich nur den Boden gewischt.

Sie löste meinen Hidschab und nahm mir das Haarnetz vom Kopf. Ich war wie eine Puppe für sie. „Etwas von deinem Haar ist zu sehen." Sie nickte zufrieden.

Ich band mir den Hidschab fest um den Kopf.

„So ist es besser", sagte sie. „Gut so, Chalat."

Sie stellte den Eimer weg. „Komm, wir warten auf dich."

Umar, seine Mutter, seine Brüder schauten mich an, als ich kam. „Heute ist ein besonderer Tag", sagte Hada.

Alle nickten im Einverständnis. Nur mein Mann schaute auf den Boden.

„Wir machen deine Heirat mit Umar amtlich", sagte der älteste Bruder.

Ich sagte nichts, obwohl ich nicht wusste, wovon er sprach.

„Du sprichst nicht. Hat Umar dir so viel Angst gemacht?" Der Bruder lachte. Dann lachten die anderen auch. Nur Umar lachte nicht.

Sie hatten eine Kiste zwischen sich stehen. Rostig, aber sehr stabil. Schwere Beschläge an den Seiten, oben ein glänzendes neues

Schloss. Er öffnete sie und griff hinein. Als er sie wieder schloss, hielt er ein dickes Bündel US-Dollar in der Hand.

„Auf zum Passamt!", sagte er.

Im Auto stieg ich vorne ein. Nur der Sitz neben dem Fahrer war frei.

„Stoß dich nicht!" Hada legte mir die Hand auf den Kopf.

Umar saß hinter mir. Ich spürte seinen Blick voller Wut.

Wir fuhren durch die Stadt, am Friedhof vorbei, an meiner Schule, an vielen Straßen, die ich kannte. Mit einem Mal war ich sehr traurig über mein Leben.

„Ich wusste nicht, wie groß dieses Sulaimaniyya ist", rief der Bruder nach hinten.

Vor dem Amt hing eine Fahne müde in der Hitze. Diesmal ging ich als Erste die Treppe hinauf. Der Bruder sprach kurz mit einem Wachmann. Als er seine Hand gedrückt hatte, ging der Mann in das Büro. Dann wurden wir vorgelassen.

Der Mann, der hinter einem Schreibtisch saß, winkte uns freundlich herein.

„Wir möchten eine Hochzeit amtlich machen. Vor dem Mullah sind sie bereits getraut." Der Bruder zeigte erst auf Umar, dann auf mich.

„Ich benötige den Pass des Mädchens", sagte der Amtmann.

Erschrocken schaute ich mich nach Umar um.

„Ich habe den Pass des Mädchens mitgebracht", sagte der Bruder. Er legte meinen Pass auf den Tisch.

„Den Pass des Mannes brauche ich auch", sagte der Amtmann.

„Er besitzt noch keinen Pass. Wir kommen aus dem Iran, wohnen aber schon lange in Byara", sagte der Bruder. „Jetzt wollen wir uns in Sulaimaniyya niederlassen."

Der Amtmann machte ein ernstes Gesicht.

„Aber der Ehemann ist kein Islamist." Der Bruder schob mich nach vorn. „Sehen Sie nur, wie seine Frau gekleidet ist."

„Ich muss mit meinem Chef sprechen", sagte der Amtmann. „Sie wollen irakische Pässe?"

„Ja, wir wollen irakische Pässe. Ist es nicht so, dass ein Mann, der eine Irakerin heiratet, einen irakischen Pass bekommt? Und seine Familie auch?"

„Hmm, davon habe ich gehört – aber ich bin mir nicht sicher", sagte der Amtmann langsam. „Ich frage meinen Chef. Es ist am besten, Sie kommen mit."

Er zwinkerte dem Bruder von Umar zu. Dann gingen sie im Gespräch wie alte Freunde die große Treppe hoch.

Als wir wieder im Auto saßen, verteilte der Bruder neue irakische Pässe. Meinen Pass steckte er in seine Tasche. „Sie wollten wissen, wie wir heißen", sagte er lachend. „Mustafa heißen wir. Ich habe gedacht, das ist nicht schwer zu merken."

Als im Haus ein heftiger Streit zwischen Umar und seinem Bruder entstand, kam Hada in unseren Raum, um sich mit mir zu unterhalten. Ich wusste, sie wollte nicht, dass ich zuhören konnte.

Sie streiten zu oft, dachte ich. *Umar wird weggehen.*

„Es geht dich nichts an", sagte Hada. Sie zog die Holzlade vor das Fenster. Es war dunkel, die Stimmen leiser. Ich hörte nur noch ihre Stimme. Tief, wie von einem Mann.

Umar ist frommer als seine Brüder, dachte ich. Etwas war mit seiner Frömmigkeit, das ihn von seinen Brüdern unterschied.

„Es geht immer um diese Iranerin", sagte sie. Sie wollte mich an einem Schmerz durch den dunklen Raum führen. „Umar wird sie heiraten, weil er jetzt ein Iraker ist. Sie wird einen Pass bekommen. Weil er ein Iraker durch dich ist, wird auch sie, die er liebt, eine Irakerin sein."

Wir hörten, dass Möbel über den Boden geschoben wurden. Zwei Männer schrien sich an, dann drei Männer.

Sie streiten nicht wegen einer Frau, dachte ich. *Nicht wegen der Iranerin.*

„Er liebt diese Frau." Hada sprach sanft zu mir, wie zu einem Kind. „Er spricht ihre Sprache. Sie hat sein erstes Leben geteilt."

Es war die Stimme einer Lügnerin, die zu mir sprach. Ich sah eine schöne Frau vor mir, dabei hatte ich noch nie eine Iranerin gesehen.

„War sie auch so gekleidet wie ich?", fragte ich Hada. „Diese Iranerin?"

„Sie ist eine fromme Frau – nicht so wie du." Ihre Stimme war scharf. „Du bist fromm, weil es dir gesagt wird."

Es war still, dann ging der Streit weiter.

Sie streiten um Geld, dachte ich. *Umar streitet mit seinem Bruder um Geld.* Ich glaubte zu hören, dass die schwere Truhe über den Boden geschoben wurde.

„Du sollst nicht lauschen!", fuhr Hada mich an. „Geh in die Küche zu meiner Mutter – hilf ihr dort!"

Etwas war geschehen. In dieser Familie war etwas zerbrochen. Etwas Wichtiges.

„Wenn du die Iranerin kennen würdest, dann wüsstest du, warum sie so streiten", sagte Hada. „Geh jetzt zu meiner Mutter!" Sie öffnete den Laden vor dem Fenster und lauschte.

„Es gibt keinen Streit", sagte ihre Mutter. „In diesem Haus ist jede Stimme laut. Selbst wir, wenn wir sprechen – jeder kann uns hören."

Sie stellte mir einen Topf Bohnen hin und drückte mir ein Messer in die Hand. „Warum bekommst du keine Kinder?", fragte sie plötzlich. „Sei ehrlich!"

Ich wusste nichts von diesen Dingen. Was hätte ich ihr sagen können?

„Du hast doch irgendeine Magie gemacht", sagte sie. „Ich werde herausfinden, welche."

Wie kann sie so etwas annehmen?, dachte ich. *Ich gehe nicht aus dem Haus, ich habe kein Geld – wie soll ich einen Sheikh bezahlen?*

„Ich weiß, dass es in der zweiten Nacht nicht dein Blut war“, sagte sie. „Es hat eine Woche gedauert, bis du geblutet hast.“

In dieser Nacht, nach dem Schmerz, hatte Umar das Tuch abgezogen, um es zu falten und unter seinem Umhang zu verstecken, aber er hatte kein Tuch gefunden, um das Bett neu zu beziehen. Er war nicht zurückgekommen in dieser Nacht.

„Ich werde dich beobachten. Verlass dich darauf, dass ich deinen Zauber entdecke!“

Ich versuchte zu hören, worüber die Männer stritten, aber die Mutter klopfte mit dem Messer auf den Tisch, wenn die Stimmen lauter wurden.

„Du bist ein merkwürdiges Mädchen“, sagte sie.

Ich wusste nicht, was diese fremde Frau damit meinte.

„Manchmal denke ich, du bist schwach. Dann wieder denke ich, du wartest auf etwas, von dem ich nicht weiß, was es ist.“

Ich warte auf den Tod, dachte ich. Wie eine Sterbende warte ich auf das Ende von dem, was mir geschieht.

Weil Umar Streit mit seinem Bruder hatte, sind wir in ein anderes Haus gezogen. Es hatte zwei Stockwerke. Oben wohnte die Mutter. Unten wohnte Umar mit mir.

Ich verstand diese Familie nicht. Meine Familie hätte sich wegen eines Streites nicht getrennt. Aber ich wusste nichts von dieser Familie. Vielleicht waren die Männer nicht seine Brüder. Vielleicht hatten sie Geld gesammelt, um irakische Pässe zu bekommen. Sicherlich hatten sie Familien, die sie nun auch mit irakischen Pässen versorgen würden.

Das Haus stand in einer Reihe mit anderen Häusern. Auf einer Seite hatten wir einen Nachbarn. Auf dem flachen Dach konnte ich Wäsche aufhängen und auf die anderen Dächer blicken. Ein wenig Wind ging dort und es gab einen schönen Blick sogar auf die Berge. Mein Bruder Karuan kämpfte dort, nicht anders als mein Vater dort gekämpft hatte. Die weiße Spitze der Berge zu sehen, ihre weißen Schläfen – es versetzte mir einen Stich ins Herz. Wie gerne wäre ich ein Mann gewesen! Wie gerne wäre ich durch eine Kugel gestorben!

„Wenn es einen Gott gibt außer Allah – hilf mir!", betete ich leise. „Hilf mir, bitte." Nur der Himmel war da, mein Vater hatte mich verlassen.

„Komm runter!", rief die Mutter. „Was machst du dort!"

Ich nahm den Korb mit der Wäsche und kletterte ins Haus.

„Wusste ich, dass du dort oben bist", sagte sie. „Was gibt es zu schauen?"

„Nichts – den Himmel, unten den kleinen Garten! Mir wird schwindelig, wenn ich dort stehe."

Seine Mutter saß in einem Stuhl. Sie konnte im Haus laufen, aber sie stieg nicht die Leiter zum Dach hinauf. „Hada geht zurück nach Byara", sagte sie. „Was wollt ihr zu zweit sein für eine alte Frau!?"

„Dann habe ich niemanden mehr, mit dem ich sprechen kann." Ich ließ mir meine Freude nicht anmerken.

„Ich sehe, wenn du mich anlügst." Sie stieß mit dem Finger in die Luft, als durchkreuze sie meinen Blick.

Alles an dieser Frau war alt, nur ihre schwarzen Augen waren ohne Alter. Voller Hass und voller Wissen, vor dem ich Angst hatte. Sie war eine Dschinn-Frau[14] für mich.

„Mach mir einen Tee", sagte sie. „Gieß ihn nicht ab. Ich mag es, wenn ein paar Blätter darin schwimmen."

Sie hatte eine eigene kleine Küche. Dort kochte ich das Wasser auf.

„Nimm diese Tasse. Und den Teller auch. Er gehört dazu."

Es war altes Geschirr, Sternzeichen waren darauf, durchzogen von schwarzen Bruchstellen.

Als sie aus der Tasse schlürfte, sah sie mich die ganze Zeit an. „Schau mich an!", fuhr sie mich an. „Was wagst du wegzuschauen, wenn ich in deinen Augen lese!?"

Die Augen dieser Frau machten mir Angst. Wenn sie starb, dann würde Shaitan ihre schwarzen Augen einer anderen Dschinn-Frau geben.

Sie drehte die Untertasse, schloss die Augen und goss den Rest der Teeblätter auf die Tasse. Lange betrachtete sie die Zeichen, die erschienen waren. Etwas gefiel ihr nicht daran. Sie zog geräuschvoll Luft durch die Zähne.

„Was siehst du?" Ich war neugierig, und es war eine Abwechslung von meinem eintönigen Leben mit Umar.

„Das Wissen ist nur für mich", sagte sie mürrisch.

Sie schloss die Augen. Als ich dachte, sie sei in ihrem Stuhl eingeschlafen, sah ich, dass sie ihre Augen nicht ganz geschlossen hatte. *Wie ein Reptil schläft sie*, dachte ich.

„Lass dich scheiden, wenn du willst", sagte sie. „Wir brauchen dich nicht mehr."

In ihrem Schlaf hatte ich mich getäuscht. Dschinn-Augen schliefen nie.

„Geh zurück zu deiner Familie, wenn du willst. Du wirst sehen, was daraus wird."

Ich sah die alte Frau verwundert an. Eine Scheidung – das war unvorstellbar!

„Du bist keine gute Frau für Umar." Sie hob die Hand, um mir das Sprechen zu verbieten.

Unheimlich war mir diese Frau, die so sicher in ihrem dunklen Wissen war.

„Es wäre besser, du wärst tot", sagte sie und legte ihre rissige gelbe Hand auf die Untertasse, um die Zeichen vor mir zu verbergen.

Ich bat Umar, das Haus verlassen zu dürfen. Ich konnte nicht atmen darin, ich fühlte mich wie eine Gefangene. Meine Familie hatte ich schon lange nicht mehr gesehen.

„Es ist haram, wenn eine Frau sich anderen Männern zeigt", sagte er. „Was für eine Schlampe bist du, dass du einen solchen Wunsch hast?"

Ich schlug ihm vor, einen Niqab zu tragen, der mein Gesicht bedeckte.

„Es ist haram, wenn eine Frau sich allein zeigt. Die anderen Männer denken, sie sei wie eine Hündin für sie."

„Dann begleite du mich. Jeder Mann sieht dann, dass ich zu dir gehöre."

„Was ich tue, geht dich nichts an" sagte er. „Bring das Essen hoch und geh dann nach unten!"

Er aß oben mit seiner Mutter und schickte mich weg, als ich das Essen aufgetragen hatte. Ich hörte, wie sie leise miteinander redeten. Wenn diese Frau allein mit ihm war, dann redete sie Schlechtes über mich.

Was ich auch tat – nichts war ihr gut genug. Das Essen war kalt, wenn es oben war. Die Kleider, die ich gewaschen hatte, waren nicht sauber. Als Hada geputzt hatte, war alles glänzend gewesen. Dabei bekam ich das Wasser von oben, wenn sie es bereits gebraucht hatte. Auf dem Dach stand ein Behälter, den sie abließ. Das Wasser, das unten ankam, war immer schmutzig. Ich musste Eimer von oben heruntertragen, wenn ich sauberes Wasser haben wollte.

„Was bist du für eine", rief sie zu mir herunter, „dass du dich mit schmutzigem Wasser wäschst? Hast du keine Scham?"

Ich saß so lange vor dem Essen, bis es kalt war. Dann zwang ich mich, etwas zu essen. Er dachte, dass ich nichts wert war. Er wollte, dass ich schlecht von mir dachte. Er warf mir oft vor, dass nur mein Äußeres ihm gehorchte. Würde er mit mir zufrieden sein, wenn ich mich hasste?

Dann ging ich nach oben, um das Geschirr zu holen. Als ich den Tisch leer geräumt hatte, sagte er: „Setz dich vor mich hin!"

Seine Mutter tat, als schlafe sie bereits. Ihre Augen aber waren böse und wach.

Als ich saß, packte Umar mich an den Haaren und riss meinen Kopf nach vorne. „Du bist ein faules Mädchen", schrie er in mein Ohr. „Dein Blick ist schlecht, dein Körper ist verdorben!"

Ich versuchte, den Kopf zu schütteln, aber er hatte mich fest gepackt. Er schlug mich mit der freien Hand so fest ins Gesicht, dass ich einen Moment einen hellen Blitz sah.

„Warum bekommst du keine Kinder?", schrie er wieder in mein Ohr.

„Wenn sie keine Kinder hat, kann sie sich scheiden lassen", flüsterte seine Mutter. Dann lehnte sie sich zurück und schloss wieder halb die bösen Augen.

„Du hast vor Allah ein Versprechen gegeben und gedenkst, es zu brechen!?" Er riss an meinen Haaren und schlug mir wieder ins Gesicht. „Wann bekommst du Kinder?", schrie er. „Denk nicht daran, dich scheiden zu lassen. Eine Frau, die sich scheiden lässt, werde ich mit Allahs Schwert töten!"

„Sie macht einen Zauber", sagte die Mutter. „Ich hab dies in ihrem Nachtkleid gefunden." Sie reichte Umar einen Zettel. Einen Augenblick sah ich, dass ein Sheikh darauf Zeichen geschrieben hatte.

Außer sich vor Wut schlug Umar mich mit der Faust. „Das ist haram, du Frau eines Shaitans!", schrie er. „Denkst du, es gibt eine größere Macht als die Macht Allahs!? Denkst du, in meinem Bett kannst du eine andere Macht als die Macht Allahs anrufen!?"

Er war so außer sich, dass seine Mutter seine Hand fasste und beruhigend in Persisch auf ihn einsprach.

Ich hatte diese Nuschta nicht versteckt. Seine Mutter hatte sie versteckt. Aber ich war machtlos gegen sie, die seine Wut hervorrufen konnte, wie sie wollte.

„Was wagst du?", rief er. „Allah gibt dir einen Mann, um in seinem Namen Mutter seiner Kinder zu werden. Und du – eine Hure, eine Ungläubige – verweigerst dich Ihm, dem Allmächtigen!?"

Als er wieder die Faust hob, schrie ich laut vor Angst. Ohne aufzuhören. Ich schrie und schrie, bis seine Mutter ihre Hand fest auf meinen Mund drückte.

Aus ihren Reptilienaugen betrachtete mich seine Mutter, als ich auf das Dach gehen wollte, um die Wäsche aufzuhängen.

Mit einem schwarzen Umhang und einem schwarzen Gesichtsschleier stieg ich auf das Dach. Es war wirklich sehr umständlich. Immer wieder musste ich den Schleier zurechtrücken. Beim Bücken nach der Wäsche verrutschte er und beim Aufhängen auch.

Ich war so mit meinem Niqab beschäftigt, dass ich nicht merkte, dass eine andere Frau auf dem Dach war. Durch den Schlitz sah ich, dass sie mich mit dem Finger zu sich winkte. Sie war eine ältere Frau. Ihr rundes Gesicht wirkte freundlich. Sie winkte mich hinter eine schwere Decke, die sie auf ihrem Teil des Daches aufgehängt hatte.

„Hier wird uns die alte Frau nicht hören, wenn wir leise sprechen." Dann betrachtete sie mich.

Ich hatte Angst vor Umar und war neugierig – beides war es.

„Nimm das ab", sagte sie.

Ich zögerte. „Mein Mann ist sehr fromm. Er will nicht, dass ich mein Gesicht in der Öffentlichkeit zeige."

„Ich bin eine Frau – vor mir brauchst du dich nicht zu verhüllen."

Als ich mich nicht bewegte, zog sie den Niqab mit einer schnellen Bewegung herunter. Dann stieß sie einen überraschten Schrei aus. Und sofort hielt sie sich die Hand vor den Mund.

„Ich bin gefallen", sagte ich. „Die Treppe."

„Wir haben den Streit mit deinem Mann gehört, aber ich habe nicht gedacht, dass er dich so ins Gesicht geschlagen hat."

Ich stand nur vor ihr und begann zu weinen. Sie umarmte mich. Und da musste ich noch mehr weinen.

„Was sagt deine Familie dazu?“, fragte sie leise, als ich sie wieder anschauen konnte.

„Er will nicht, dass ich Kontakt zu meiner Familie habe.“ Ich schlug die Hände vor das Gesicht, weil ich mich so schämte. Was für ein elendes Mädchen war ich geworden!

„Dein Umar ist ein besonderer Mann“, sagte sie. „Er führt ein Leben nicht wie jeder.“

Ich sah sie fragend an.

„Er war bereits im Gefängnis wegen islamistischer Hetze. Ein wahrhaft frommer Mann ist er!“ Sie lächelte bitter. Diese Frau war nicht nur freundlich. Das runde Gesicht hatte mich getäuscht.

Wie konnte ein frommer Mann ins Gefängnis kommen? Das verstand ich nicht.

„Diese Stadt gehört den Peschmerga. Wenn jemand zu Gewalt aufruft, dann wissen sie es.“

„Umar hat zu Gewalt aufgerufen!?“

Sie lachte leise. „Schau dein Gesicht an, dann weißt du, was für ein Mann er ist.“

„Aber ich bin seine Frau!“

„Du hast Angst vor ihm, nicht wahr?“

Ich nickte stumm.

„Das verstehe ich“, sagte sie und umarmte mich wieder.

„Aber du musst auch verstehen, dass ich keine Angst vor ihm habe – nicht vor ihm, nicht vor seiner Mutter, nicht vor diesen Iranern, die Pässe in Sulaimaniyya erhalten haben.“

„Das weißt du?“, fragte ich erstaunt.

„Es ist besser, zu viel zu wissen als zu wenig – so eine Zeit ist es.“

„Was ist da oben, Chalat? Wie lange brauchst du noch?“ Seine Mutter stand an der Stiege unseres Hauses. „Sag, du hast eine Nachbarin getroffen“, flüsterte die Frau. „Eine fromme Frau.“

Ich zog mir meinen Niqab wieder über den Kopf und nahm den leeren Korb in die Hand.

„Was war da los? Ich habe Stimmen gehört." Seine Mutter stand vor mir und starrte mich an.

„Ich habe eine Nachbarin getroffen", sagte ich. „Sie war wie ich dort wegen der Wäsche. Eine fromme Frau."

Seine Mutter setzte sich wieder in ihren Stuhl. Das Aufstehen hatte ihr Schmerzen bereitet.

Morgentochter

Die Nachbarin hieß Welat. Sie hatte drei Kinder – zwei große Töchter und einen Sohn, die alle zur Schule gingen.

„Wenn das Haus leer ist, kommst du zu mir", hatte sie gesagt. „Du bist meine Morgentochter."

Es waren lustige Worte, die sie gebrauchte. Es waren Worte, die niemand außer ihr benutzte.

„Warum hast du diesen Mann geheiratet?", fragte sie. Ich musste nichts tun. Sie brachte den Tee, und mit jedem der kleinen Teller mit Gebäck brachte sie eine neue Frage. Auf alles musste ich ihr eine Antwort geben.

„Ich muss alles wissen", sagte sie. „Ich will in dein Leben kriechen."

„Ich bin allein in meinem Leben. Es ist genug Platz dort."

Da musste sie lachen, aber sie vergaß ihre Frage nicht.

„Ich wurde verkauft", sagte ich und schämte mich dafür.

Traurig teilte sie mein Leben mit mir.

„Die Familie von Umar hat zwölf Goldringe geboten. Da hat Goran mich weggegeben."

„Aber warum hat Goran das Gold genommen? Du bist seine Schwester."

„Das Mädchen, das er heiraten will, hat einen Bruder."

„... lass mich raten, dieser Bruder will auch Gold."

Ich nickte.

Sie lachte kurz. „Du sagst, die Familie hat Gold geboten – nicht Umar?"

„Nein, sie waren alle bei Goran. Sechs Männer mit Umar."

„Männer?" Sie sah mich aufmerksam an. „Du nennst sie Männer, nicht Brüder?"

„Nein, sie haben sich zerstritten. Ich glaube nicht, dass sie Brüder waren."

„Aber sie haben als eine Familie Pässe bekommen?"

Ich nickte. „Danach hat er sich mit dem ältesten Bruder zerstritten."

„Was war der Grund für den Streit?"

„Ich glaube, es ging um Geld", sagte ich.

Welat überlegte mit mir. Ich verstand mein Leben nicht, aber ich war jetzt nicht mehr so einsam.

„Du musst dir alles genau merken", sagte sie. „Wenn wir zwei in deinem Leben sicher sein wollen, dann darfst du nichts vergessen."

Als sie den Tee brachte, erzählte ich ihr von der Tasse und dem Teller, aus dem seine Mutter Magie machte. Aber nicht alles war wichtig.

„Das Geld für die Ringe?"

„Das waren US-Dollar. Sie sind in einer großen Kiste. Es muss sehr viel Geld sein, sehr viel!"

Welat nickte. „Perfekt, so etwas muss ich wissen!"

„Sie kommen aus Byara", erzählte ich. Aber das wusste Welat bereits von einer Nachbarin. „Ich habe Waffen im Haus gesehen."

Das interessierte Welat sehr. Ich musste ihr die Waffen genau beschreiben. Ich kannte mich aus, weil Karuan mir Waffen in einem Buch gezeigt hatte. Welat wollte sogar wissen, ob die Männer die Waffen wie Kämpfer in die Hand genommen hatten. Aber so etwas wusste ich nicht.

„Seine Mutter ist im Gesicht und am Körper tätowiert", erzählte ich.

Dann umarmte Welat mich. Als ich sie ansah, bemerkte ich einen Glanz in ihren Augen.

„Chalat, das ist kein Spaß", sagte sie eindringlich. „Du bist in großer Gefahr. Ich bin nur eine Nachbarin, die neugierig ist."

Ich schüttelte den Kopf, weil ich ihr sehr dankbar war.

„Geh jetzt, Morgentochter", sagte sie, „und sei sehr vorsichtig."

Wenn Hada aus Byara zu uns kam, ging sie mit ihrer Mutter in die Stadt. Dann war ich allein im Haus. Sie gingen auf die Straße, schwarz und gebückt. Zwei Frauen aus der Fremde.

„Du bist ein hübsches Mädchen", hatte die Mutter zu mir gesagt. „Wir werden dir etwas aus der Stadt mitbringen."

„Etwas Schönes", sagte Hada. „Ein Kleid, das dir gefallen wird."

„Und wenn wir zurückkommen, werde ich dir die Zukunft lesen."

„Und wir werden Tee trinken."

„Ja, das werden wir."

„Und wir werden deine Zukunft sehen."

Sie waren fort, das Haus war leer, aber etwas Unheimliches blieb. Es war größer als Umar und seine Mutter. Dieses Haus war nicht leer. Etwas versteckte sich darin. Statt auf das Dach zu gehen, um Welat zu treffen, stellte ich mich in die Mitte des großen Zimmers und schloss die Augen. Dann begann ich zu suchen.

In einer Teedose fand ich eine fein zusammengerollte Nuschta. Ich betrachtete die kleinen Zeichen, die fünf langen Reihen. Ein Sheikh hatte sie geschrieben. Dies war die Schrift eines Meisters!

Aus dieser Teedose wurde mir die Zukunft gelesen. Was war noch in diesem Haus?

Ich besaß ein eigenes Bett, weil Umar das große Bett wütend auseinandergerückt hatte. Als ich dort suchte, fand ich unter meinem Kopfteil auch eine weitere Nuschta. Ich zerriss sie und warf sie in die Toilette. Ich fühlte auch unter dem Bett von Umar. Als ich mit der Hand dorthin griff, fühlte ich etwas. Es war ein wasserdicht verklebtes Bündel Papier. Vorsichtig zog ich es heraus, vorsichtig, um es wieder zurücklegen zu können. Es waren US-Dollar, sicherlich mehrere Tausend.

Das Dielenbrett, auf dem der Fuß seines Bettes stand, war lose. Ich verschob das Bett und hob das Brett an. Und blickte auf eine mit Öl eingeriebene Pistole, deren Lauf auf mich gerichtet war.

Als ich hörte, wie das Tor zum Garten bewegt wurde, schob ich das Bett zurück. Dieses Haus war voll von versteckten Dingen und Zeichen.

Die Mutter rief mich in ihr Zimmer. Sie saß in ihrem Stuhl, Hada stand hinter ihr. Auf einem kleinen Tisch lag etwas, das in Packpapier eingewickelt war. Erwartungsvoll sahen sie mich an.

„Es ist ein Geschenk für dich und war sehr teuer", sagte die Mutter.

Zu dritt sahen wir auf das Paket.

„Nun pack es aus!", sagte Hada. „Es wird dir gefallen." Sie konnten ihren Blick nicht von meinen Händen nehmen, als ich das Papier aufriss.

Es war ein Kleid. Schwarz mit weißen Kreisen.

„Fass es an, halte es hoch." Hada tat so, als hielte sie das Kleid in den eigenen Händen.

„Ist es nicht schön?", fragte die Mutter.

Ja, es war wirklich schön. Ich sagte es ihnen und bedankte mich. Sie hatten mich für einen Augenblick glücklich gemacht.

„Ich sehe, du willst es anziehen." Hada drehte sich ungelenk im Kreis.

„Zieh es hier an!" Ihre Mutter lachte.

Also warf ich meinen Umhang ab und zog mir das Kleid über den Körper.

„Was für ein schönes Mädchen du bist!", rief die Mutter.

„Wie gut dir dieses Kleid steht! Hier, sieh dich an!" Hada hielt mir einen kleinen Spiegel hin.

„Hol mir das Teebesteck, Chalat. Aber sei vorsichtig mit dem Kleid, dass du nichts berührst." Die Mutter hielt die Hand ihrer Tochter.

Ich holte ihre Tasse und den Unterteller aus dem Schrank.

„Glaubst du daran, was ich in den Zeichen sehe?", fragte sie mich.

Und weil sie heute freundlich zu mir gewesen war, nickte ich.

„Sie ist ohne Angst, dieses Mädchen", sagte die Mutter zu ihrer Tochter.

Hada zog eine feine Zange aus der Tasche und nahm das Packpapier damit auf. Ich wunderte mich darüber, sagte aber nichts.

Als wir den Tee getrunken hatten, goss die Mutter den Rest der Teeblätter auf die Untertasse. Es war unheimlich, wie sie beide lange in die Tasse starrten.

„Ich sehe etwas, das mir nicht gefällt", flüsterte die Mutter. „Chalat, ich sehe einen Schatten, der dir folgt. Es ist der Tod."

Unten rief Umar nach seiner Mutter, dann nach mir. Ich erschrak sehr, denn ich hatte ihn nicht kommen hören, so sehr war ich mit meinem Kleid beschäftigt gewesen. Schnell warf ich meinen Hidschab über mein Haar.

„Denk daran", flüsterte Hada, „du bist so schön wie eine arabische Nacht. Das ist der Name dieses Kleides. So schön bist du."

Dann stand Umar in der Tür und sah mich voller Hass an. Voller Hass auf das Kleid, das ich trug. „Wart ihr beiden in der Stadt!?", rief er wie außer sich. „Habt ihr das Kleid dort gekauft!?"

Ich sah erschrocken in seine geweiteten Augen. So hatte ich ihn noch nie gesehen. „Ja, sie haben es mitgebracht."

Seine Mutter und Hada waren still, als wären sie unsichtbar geworden. Kein Wort sagten sie. So erschrocken wie ich waren sie.

Umar stürzte sich nicht auf mich, sondern wandte sich um und rannte in unser Schlafzimmer. Ich stand wie erstarrt in meinem neuen Kleid. Die beiden Frauen sahen mich an, als warteten sie auf etwas. Hatte seine Mutter nicht von meinem Tod gesprochen? Sofort dachte ich an die Pistole, die ich entdeckt hatte. Ich hörte, dass Umar das Bett verschob.

Als ich verstand, fiel die Erstarrung von mir ab. Ich rannte zur Leiter und kletterte schnell hoch. Die kleine eiserne Tür zu Welats Haus stand offen. Ich rief nicht, ich machte mich nicht bemerkbar, ich kletterte einfach in das Haus, ich legte den Riegel um und drückte ihn fest nach unten.

„Welat!" Ich konnte nichts sehen und rief laut ihren Namen. Blind tastete ich nach einer Tür, die plötzlich aufging. Ich sah einen Mann, der die Augen aufriss, als er im Dunkel ein schwarz gekleidetes Mädchen sah. Schwarz wie eine arabische Nacht, mit einer Schrift darauf wie von Sternen.

„Welat!", rief er.

„Welat!", rief ich.

Als sie kam, schob sie ihren Mann beiseite und betrachtete mich.

„Er will mich umbringen!", rief ich. „Er wollte seine Pistole holen, um mich zu töten!"

„Komm, Chalat." Welat führte mich in ihr Zimmer.

„Was ist passiert?", fragte sie ruhig. „Erzähl der Reihe nach."

„Er kam ins Haus und war außer sich, als er mich gesehen hat."

Welat betrachtete mich. „Was ist das für ein Kleid?"

„Es ist ein Geschenk von meiner Schwiegermutter. Sie hat es aus der Stadt mitgebracht."

Ich wollte Welat umarmen, aber sie hielt mir die Hände entgegen. „Halte Abstand von mir, Chalat. Zieh das Kleid vorsichtig aus. Ja, so. Nun lass es auf den Boden fallen."

„Was ist mit dem Kleid?"

„Das werden wir sehen", sagte sie.

Sie beugte sich über das Kleid. „Da sehe ich etwas", sagte sie und sah hoch. „Und da auch. Tropfen sind es, eindeutig Tropfen."

Etwas fleckig war das Kleid dort, wo sie einen Kreis darüber zeichnete, ohne es zu berühren.

„Es ist ein Zauber." Ihre Stimme war voller Furcht. „Er nennt sich *Schwarze-Tropfen-Magie*. Und das da" – sie zeigte auf die Flecken – „sind die Tropfen vom Blut eines toten Mädchens."

„Und was bedeutet das? Was ist das für ein Kleid?"

„Es ist schwarz, damit du die Blutstropfen nicht siehst – verstehst du!?"

„Was ist damit?"

„Dieses Kleid soll dich töten. Es ist ein Todeszauber. Und wenn du nicht gerannt wärst – dein Mann hätte dich getötet."

„Ja, er rannte wie verrückt in unser Zimmer. Dort hat er eine Pistole versteckt."

Welat nickte. Alles war für sie bestätigt. „Wir brauchen eine Zange!", rief sie in das Zimmer ihres Mannes.

„Eine Zange?"

„Ja, es geht um Leben und Tod!"

Ein wenig später hörten wir die Schritte des Mannes.

„Und ein Feuerzeug brauchen wir!", rief Welat ihm nach.

Ihr Mann brachte die Sachen. Er verstand so wenig wie ich, was sie wollte.

Welat reichte mir die Zange. „Nimm das Kleid auf. Geh in euren Garten, schütte das Benzin aus dem Feuerzeug darauf aus und rufe deine Schwiegermutter. Sie wollte dich töten – zünde es vor ihren Augen an."

Wir gingen auf die Straße. Sie öffnete mir die Tür, damit ich das Kleid in den Garten tragen konnte.

„Schau her, Hinar!", rief ich. „Komm heraus und schau!"

Umar kam zuerst, dann seine Mutter. Als ich dachte, er würde sich auf mich stürzen, hörte ich Welats Stimme. Ich blickte mich um und sah viele Menschen in unserem Garten stehen – Männer und Frauen.

„Mit diesem Kleid haben sie den Schwarze-Tropfen-Zauber gemacht", rief Welat.

Die Nachbarn flüsterten miteinander.

„Schau her, Hinar, du wolltest mich töten, aber dein Zauber kann mir nichts mehr anhaben“ rief ich laut.

Ich schüttete Benzin aus dem Feuerzeug auf das Kleid. Dann zündete ich es an. Eine Flamme schoss in die Höhe und machte die Magie in einer schwarzen Wolke unschädlich.

Hinar schrie laut auf, als sie sah, was ich zerstört hatte.

Blutnacht

Im Schlaf beobachtete ich Umar, wenn der Mond auf sein Gesicht schien. Tagsüber durfte ich ihn nicht anschauen. Das war haram. Nicht einmal auf seine Hände durfte ich schauen. Seine Mutter beobachtete jeden Blick von mir. Beim Essen saßen wir zusammen, nachher wurde ich weggeschickt. Dann saß sie bei Umar. Wenn Hada bei ihr war, hörte ich Gespräche, sonst war es still zwischen ihnen. Vielleicht flüsterten sie – ich traute mich nicht zu lauschen.

Im Schlaf aber versuchte ich, in ihm zu lesen. Wie er am Tag sehr aufrecht saß, so lag er gestreckt auf seinem Rücken wie aufgebahrt. Die Hände hielt er über dem Bauch gefaltet. Er hatte gelernt, wie ein Soldat zu schlafen. In einer Reihe mit Kämpfern. Er hatte gelernt, in einer Reihe ein Teil zu sein.

Da lag er, und ich suchte sein Gesicht mit dem blassen Licht des Mondes ab. Verwittert war sein Gesicht. Von Sand und Staub rau. Es war kein Gesicht, das sich im Schlaf verriet.

Nichts an Umar war langgestreckt. Seine Gestalt war gedrungen, fast eckig. Sein Kinn war so breit wie seine Stirn. Die Nase war kurz, die Lippen schmal. Er hatte sich einen Bart wachsen lassen, der sein Gesicht bedeckte wie ein filziges Tuch. Er war ein Mann, der sich verbergen konnte. In allem war er jemand, der nicht auffiel. Alles an ihm war verwechselbar. Hundertfach an anderen Männern gesehen. Es war schwer, ihn zu beobachten, weil sein Gesicht so geworden war, dass die Blicke daran keinen Halt fanden. Umar – was war er? Wer war er, der keinen Namen hatte?

Studiere ihn, hatte Welat gesagt. *Beobachte ihn. Löse ihn wie ein Rätsel.*

Hinter den Lidern bewegten sich seine Augen. Er träumte schlecht. Das hatte ich Welat verraten. *Er ist wie eine Schale, gerade stark genug, um nicht zu zerbrechen.* Wilde Bilder verfolgten ihn. Der Mond holte seine Träume hervor, die sich unter dünnen Decken im Schatten verborgen hatten, ohne zu schlafen. Dann erwachten seine leblosen Augen zu Leben.

Dieses Gesicht aus blassem Stein zu betrachten hatte mich müde gemacht. Umar schlafen zu sehen löste die Angst in mir. Ich legte mich zum Schlaf auf den Rücken wie er. Ich faltete die Hände über meinem Bauch wie ein Kämpfer.

Komm, Mondlicht, dachte ich, *zeig ihm mein Gesicht, wenn er erwacht. Lass ihn in meine Seele schauen. Vielleicht berührt ihn mein Anblick. Oder ich werde zu einem Gesicht in seinem Traum.*

Und dann schlief ich ein.

In der Nacht hatte ich eine Fehlgeburt. In meinem Bauch ertrank mein Kind in seinem Blut. Sein Herz – es schlug und hörte auf zu schlagen. Ich hatte große Schmerzen. Ich schwamm in einer roten Blase aus Schmerzen.

„Hilf mir, Umar“, rief ich, „ich habe solche Schmerzen.“

„Sei still“, brummte er.

„Umar, ich werde sterben.“

„Halt den Mund, ich will schlafen.“

„Umar, Blut kommt aus meinem Körper. Viel Blut.“

„Was geht’s mich an?“

„Ist das nicht ein Kind in dem Blut, Umar?“

„Geh raus, wenn du reden willst.“

„Es ist ein totes Kind, Umar.“

„Ich brauche meinen Schlaf.“

„So viel Blut, Umar, so viel Blut.“

„So hilf dir selbst."

„Ich werde sterben."

„Still, ich muss morgen arbeiten."

Er ist danach wenig nach Hause gekommen. Am Tag kam er einmal und nahm Geld aus seinem Versteck. Ich trug meinen Hidschab und ein schwarzes Gewand, als er kam. Aber er bemerkte es nicht. Er war tief in Gedanken. Nicht mich, nicht Hada, nicht seine Mutter sah er an.

Seine Mutter aber war eine andere Frau geworden, seit ich das Kleid verbrannt hatte.

„Warum spricht sie nicht?", fragte ich Hada. „Sie bewegt sich nicht einmal. Nur ganz wenig."

Die Mutter hatte die Augen geschlossen, ganz geschlossen. Nicht halb geöffnet wie ein Reptil. Auf ihrer weißen Haut schienen die Tätowierungen zu leuchten.

„Was ist mit ihr?"

„Weißt du nicht, was du getan hast?" Hada legte eine Decke über die Füße ihrer Mutter. „Weißt du es nicht?"

„Ich musste es tun", antwortete ich. „Das war eine Todesmagie. Ich habe sie gebannt, damit sie keine Macht mehr hat."

„Du hast sie verbrannt! Die Schwarzen Tropfen verbrannt!" Hada konnte mich nicht anblicken. Etwas an mir machte ihr Angst.

„Wir haben dem Sheikh die Asche gebracht", sagte Hada. Sie sah zu ihrer Mutter, die bleich wie eine Tote war. „Er fasste sich ans Herz – so groß war der Schreck. Erst wollte er nicht mit uns sprechen. ‚Geht weg, geht weg!', hat er dann gerufen. ‚Es gibt nichts, womit ich euch helfen kann.' Er sprach einen mächtigen Zauber aus, um sich und das Haus zu schützen vor dem, was du getan hast. ‚Diese Frau zu schützen, ist mir unmöglich', sagte er und zeigte auf meine Mutter. ‚Der Tod in diesem Kleid ist nicht gebannt. Hattet ihr gedacht, der Tod könnte sterben, wenn es brennt?!' Er zeigte auf meine Mutter. ‚Er hat die Besitzerin erfasst! Sterben wird sie an dem Zauber, den sie bestellt hat. Nichts kann ich für sie tun. Sie soll sich zum Sterben bereit machen.' Schon als meine Mutter das Haus des Sheikhs verließ, war sie vom Tod gezeichnet."

Ich betrachtete die Frau. Kein Hass war in ihren Augen, kein Leben. War in dem Rauch, der aufgestiegen war, der Dschinn des Todes gewesen, der sie nun befallen hatte? Ich hatte nur getan, was Welat mir aufgetragen hatte.

Von diesen Dingen, die magisch waren, wusste ich nichts. Meine Mutter hatte mich davor gewarnt. „Es gibt sie, aber der Koran bannt sie", hatte sie gesagt.

„Kann der Koran ihr nicht helfen?", fragte ich.

„Das geheime Wissen ist viel älter als der Koran", sagte Hada.

In ihren Augen konnte ich lesen, dass es auch viel stärker war, sogar als der Koran. „Siehst du die Zeichen auf ihrer Haut? – Sie ist diesen Zeichen versprochen. Es gibt keinen anderen Weg für sie! Wir fahren mit ihr nach Byara."

Brüder im rechten Glauben

„Zieh den Niqab erst an, wenn wir unser Gebiet erreichen", sagte Umar. Was er mit *unser Gebiet* meinte, sagte er nicht.

„Wenn ihr nach Byara geht – dort sind die Verrückten", hatte Welat gesagt. „Sie haben die Scharia[15] eingeführt für die Frauen. Dort kann dir als Frau alles passieren."

„Du wirst Menschen kennenlernen, wie du sie nicht kennst – Menschen, die nach der Lehre leben. Eine Gemeinschaft, die nach den Lehren lebt", sagte Umar. „Dort wirst du den Koran lesen und ihn verstehen." Er wickelte meinen Koran in den Niqab, den er unter seinen Sitz tat.

„Sie wollen ein Leben wie der Prophet leben." Welat hatte verächtlich gelacht. „Aber ich frage dich: Hatte der Prophet Flugabwehrraketen, gekauft mit Saudi-Dollars? Hatte er Toyota-Geländewagen? Hat er mit Drogen gehandelt? Haben seine Gefährten Pillen geschluckt?"

„Die Lehren des Propheten sind so einfach wie sein Leben. Jeder kann es leben. Wer es lebt, wird reich belohnt werden. Wer es nicht lebt, muss getötet werden", sagte Umar.

„Irre sind sie. Sie reden vom Koran wie vom Buch eines Wahnsinnigen", hatte Welat gesagt.

„Das Paradies ist der Garten Allahs, nicht ein Einkaufszentrum."

„Ihr wahrer Gott ist nicht Allah. Ihr wahrer Gott ist der türkische Geheimdienst."

„Wir sind die wahren Gläubigen!"

„Kufr sind sie – Ungläubige, falsche Muslime!", so Welat.

„Wir sind die Streitmacht Mohammeds!"

„Dein Mann gehört zu Al-Salafi – sei vorsichtig!"

Ich hatte nicht gewusst, wie nah dieses Gebiet bei Sulaimaniyya lag[16]. Es dauerte nicht einmal eine Stunde, und Umar bremste ab und fuhr langsam auf den Haltepunkt der Peschmerga zu.

Wir mussten den Wagen zum Stehen bringen und aussteigen.

„Wo wollt ihr hin?", fragte der Peschmerga unfreundlich. Sein Kollege hielt ein Gewehr im Anschlag.

Umar übergab ihm die vier irakischen Pässe. „Meine Mutter wohnt in Byara", sagte Umar. „Sie war zu Besuch bei uns in der Stadt."

Die Peschmerga schauten nach seiner Mutter, die wie tot war. „Okay, ihr könnt passieren", sagte der Posten unwirsch.

Als wir außer Sichtweite waren, reichte mir Umar den schwarzen Niqab. „Du bist meine Frau. Kein Mann darf dein Gesicht sehen."

Als ich den Niqab umgebunden hatte, reichte mir seine Schwester schwarze Handschuhe,

Nun kam eine Kontrolle der Islamisten. Sie trugen die weiten Hosen der Kurden, aber ein weißes Kopftuch mit einer schwarzen Kordel. Sie waren zu dritt. Jeder von ihnen hielt eine Kalaschnikow. Nicht weit entfernt stand ein schwarzer Geländewagen. Am Rückfenster lehnten zwei Panzerfäuste mit leuchtend rotem Kopf. Umar fuhr langsam heran und drehte das Fenster herunter.

„Wir grüßen dich, Mullah Umar", sagte die Wache und streckte sich.

„Allah schütze euch, Brüder im rechten Glauben", sagte er nicht ohne Stolz.

Dann fuhren wir durch einen lang gestreckten Ort. Dort, wo ein kleiner Platz war, standen vor der Moschee mehrere weiße Toyotas. Ich sah Männer, die Raketenwerfer auf die Ladefläche hoben. Niemand besaß ein altes Gewehr. Ich sah mehrere Kalaschnikows und kurze Maschinenpistolen.

„Kennst du dich mit Waffen aus, Chalat?", fragte Umar.

„Nein", sagte ich, aber es war eine Lüge.

„Hier in Byara – das sind MANPADS", sagte Hada stolz. „Damit werden in Afghanistan Hubschrauber abgeschossen."

„Ach so", sagte ich. „Diese Rohre mit den roten Köpfen?"

Sie nickte. „Niemand wagt es, uns anzugreifen."

Umar musste wieder aussteigen, um einige Kämpfer zu umarmen. Er war sehr vertraut mit ihnen. Niemand fragte ihn nach einem Ausweis. Alle kannten ihn.

Wir fuhren noch eine kurze Strecke.

„Wir bringen Chalat zu den Frauen", sagte Umar.

„Wer sind sie?", fragte ich, weil mich Welat gewarnt hatte.

„Frauen von Freunden", sagte Hada. „Du wirst dort schlafen. Die Männer schlafen in einem anderen Haus."

„Leg den Niqab ab", sagte eine Frau, die mich empfing. „Dieser Raum hat keine Fenster."

Sie war groß. So, wie sie mich freundlich ansah, erinnerte sie mich an Welat. Die vier Frauen, die im Zimmer saßen, bewunderten sie ganz offensichtlich.

„Wir freuen uns, dich kennenzulernen, Schwester", sagte sie.

„Sei gegrüßt, der Schutz Allahs mit dir", murmelten die anderen Frauen.

Ich setzte mich in ihren Kreis. Sie brachten mir Tee und boten mir Gebäck an. Ich wusste nicht, was ich sagen sollte. Was waren das für Frauen? Wohnten sie in Byara? Kamen sie wie ich aus Städten?

„Wir haben hier keine Namen, Schwester. Wir nennen dich *Genna* – das bedeutet Himmel."

„Ein schöner Name", sagte ich. „Danke."

„Wir wissen natürlich, wer dein Mann ist", sagte die große Frau. „Es muss dich stolz machen, seine Frau zu sein."

Ich nickte. Es war sehr ungewohnt für mich, dass jemand gut von Umar sprach. In Sulaimaniyya wussten alle, dass er ein Fremder war. Sie misstrauten ihm. Aber diese Frauen schienen ihn zu bewundern.

„Wir haben gesehen, dass du einen Niqab trägst", sagte die Frau. „Die meisten Mädchen in der Stadt sind gekleidet wie Huren."

„Ich tue, was mein Mann mir sagt." Ich wusste nicht, ob ich seinen Namen aussprechen durfte.

„So ist es recht", sagte die Frau. „Wir dienen unseren Männern, und darin dienen wir Allah."

Ich nickte. In Umar diente ich Allah – so verstand ich sie.

„Es ist haram, sein Gesicht zu zeigen. Es ist haram, seine Stimme zu erheben. Es ist haram, schlechte Gedanken zu haben. Wofür hat Mohammed Gebote erlassen, wenn wir sie nicht befolgen?"

Ich wagte nicht zu sprechen. Was diese Frau sagte, war mir sehr fremd.

„Wir sprachen gerade darüber, Schwester Genna, was unser Beitrag im Dschihad[17] sein kann", sagte eine andere Frau, die fast ein Mädchen war. Sie sprach Kurdisch, aber sie sah fremd aus. Dunkel war ihre Haut, sehr schmal und ernst war ihr Gesicht.

„Ich war eine Professorin in Sulaimaniyya“, sagte die große Frau. „Jetzt bin ich eine Kämpferin im Dschihad.“ Sie hob ihr Kleid und zeigte eine Pistole, die sie im Gürtel trug.

„Erzähl unserer Schwester, warum du dich dazu entschlossen hast.“

Die Professorin sah mir in die Augen. „Ich war eine Frau, die keinen Schleier trug. Heute hasse ich mich dafür. Ich zeigte mich den Männern. Ich stritt mit ihnen. Ich trug Kleider, für die ich mich heute schäme. Wie eine dieser Stadthuren war ich, als mein Mann eine Bombe gebaut hat und gestorben ist. So will ich sterben, um mit ihm zu leben.“

Die Frauen murmelten: „Er ist ein Märtyrer des Einzigen Gottes. Das Paradies ist sein Lohn.“

„Der Dschihad ist mein Weg“, sagte die Professorin. „Wir müssen die Ungläubigen töten.“

„Was ist deine Meinung, Schwester Genna?“, fragte das Mädchen.

„Ich weiß nicht“, sagte ich. „Ich kenne keine Ungläubigen.“

Die Professorin starrte mich wild an. Die anderen Frauen blickten zu Boden. Ich hatte etwas Falsches gesagt.

„Ungläubig ist, wer einen Glauben hat wie ein geliehenes Kleid“, sagte die Professorin streng. „Deine Schwester – wenn sie nicht den wahren Glauben hat, ist sie eine Ungläubige. Deine Mutter auch. Selbst dein Kind, wenn es den Glauben ablehnt. Der Dschihad ist der Weg: Töte sie! Sie sind nicht mehr wert als ein geliehenes Kleid.“

„Mein Mann sagt mir, wie ich leben soll.“ Ich war vorsichtig. Wenn es stimmte, was sie sagten, dann würden diese Frauen also ihr Kind töten?

„Wenn du dein Kind mehr liebst als den Propheten, dann liebst du ihn nicht. Dann gehört ihm deine Zunge, aber nicht dein Herz!“

Ich war gläubig, weil meine Mutter gläubig war. Aber diese Frauen waren anders. Der Glaube war in ihnen ausgebrochen wie eine Krankheit.

„Denkst du nicht, dass Frauen den Dschihad kämpfen sollen?", fragte die Professorin.

„Wenn mein Mann es mir sagt …" Umar hatte mir jede Freude verboten, aber nicht vom Dschihad gesprochen. Nicht ein einziges Mal.

„Frauen folgen ihren Männern. Gehorsam und Treue ist ihre größte Tugend! So wie du, Schwester Genna, deinem Mann nach Byara gefolgt bist, weil er dein Mann ist, so folgst du ihm in den Dschihad – so tötest und stirbst du, weil er dein Mann ist."

Die Professorin legte ihre Pistole auf den kleinen Tisch. Der Lauf zeigte auf mich.

„Ich sehe, dass dein Mann dich schlägt, Schwester", sagte die Professorin streng. „Du schuldest ihm Gehorsam."

„Ich weiß. Es ist manchmal schwer." Ich blickte zu Boden.

Ich wusste, dass diese Frauen mit ihren Männern reden würden. Und die Männer würden mit Umar reden. Und Umar würde mich wieder schlagen.

„Das Leben ist eine Prüfung, die wir bestehen müssen", sagte die Professorin. „Was wäre das Paradies, wenn nicht eine Prüfung davorstehen würde?"

„Hast du eine Verfehlung begangen, dass er dich schlägt?", fragte die ältere Frau.

„Hast du ihm Kinder geboren?", fragte die jüngste Frau.

Ich schüttelte den Kopf.

„Dann muss er dich schlagen, Schwester", sagte die Professorin. „Es ist seine Pflicht."

Die anderen Frauen nickten.

„Hast du schon eine zweite Frau für deinen Mann ausgesucht, Schwester Genna? Sie könnte ihm Kinder gebären."

Für ihn – eine zweite Frau!? Wie diese Frauen redeten, war wirklich sehr sonderbar.

„Es ist unsere Aufgabe, eine zweite Frau auszusuchen. Für den Dschihad müssen die Männer viele Kinder zeugen."

„Ich habe meinem Mann eine zweite Frau ausgesucht", sagte die ältere Frau. „Sie hat ihm zwei Söhne geboren. Es ist meine Pflicht."

„Und es ist die Pflicht der zweiten Frau, eine dritte Frau auszusuchen", sagte die Professorin. „So steht es geschrieben."

„Die zweite Frau ist nicht gut für ihn", sagte die ältere Frau bitter. „Sie denkt zu viel an sich." Die anderen Frauen nickten verständnisvoll. „Wenn er sagt, dass er ein Märtyrer werden will, dann weint sie."

Die Frauen sahen mich an, als sei auch ich so eine Frau, die an sich denkt.

„Mein Mann spricht nicht mit mir über diese Dinge wie Dschihad", sagte ich. „Er sagt mir nur, wenn etwas haram ist."

„Der Dschihad ist das Höchste", sagte die Professorin. „Deinem Mann schuldest du Gehorsam. Allah schuldest du dein Leben!"

„Wollt ihr wirklich sterben?", fragte ich leise.

Die Frauen sahen mich fassungslos an. „Wir sind die Frauen von Märtyrern. Wie kannst du das fragen!?"

„Wenn dein Mann ein Märtyrer ist – willst du ihm nicht folgen ins Paradies?", fragte mich die Professorin.

Wenn Umar starb, sollte ich sterben wollen? Verstand ich die Frauen von Byara richtig?

„Du weißt, dass ein Märtyrer mit zweiundsiebzig schönen Engelfrauen belohnt wird?", fragte sie.

Ich stellte mir Umar im Paradies vor.

„Willst du nicht im Paradies mit deinem Mann sein?", fragte die Professorin.

Ich wusste nicht, ob sie ernst meinten, was sie sagten. Dazu kannte ich sie zu wenig.

„Die Engelfrauen sind der Lohn Allahs", sagte eine ältere Frau streng.

„Wenn mein Mann mich liebt, dann habe ich keine Angst vor diesen Frauen", sagte die junge Frau. „Wenn ein Märtyrer wieder mit seiner Frau zusammen ist, weil sie eine Märtyrerin geworden ist, dann braucht er die Engelfrauen nicht mehr."

Ich sah, dass sie über die Engelfrauen bereits gestritten hatten.

„Mein Mann hat gesagt, wenn er für die Religion Engelfrauen als Lohn bekommt, dann sei ich die Hübscheste von ihnen, weil ich seine Frau sei. Dann würde er im Paradies auf mich warten." Die Professorin steckte die Pistole wieder in den Gürtel.

„Mein Mann hat gesagt, er wird im Paradies beten, dass ich bald zu ihm komme", sagte die jüngste Frau. „Möge Allah seine Gebete erhören."

„Die Engelfrauen sind wie zweite Frauen. Ich bin seine erste Frau im Paradies, sagt mein Mann."

„Kann ich im Paradies eine Engelfrau wegschicken, wenn sie mit mir streiten will?", fragte eine Frau, die bisher still gewesen war.

„Sprich mit deinem Mann, dann wird er sie fortschicken."

„Allah in seiner Weisheit wird deinem Mann keine Engelfrau schenken, die mit dir streitet", sagte die Professorin. „Sie werden wie deine Schwestern sein. Es wird keinen Streit geben."

„Eine Engelfrau hat keine Kinder, die dein Mann vorziehen könnte. Es gibt keine Arbeit, die ihr aufteilen müsst. Worüber sollte es Streit geben?" Es war alles ganz einfach für die jüngste Frau.

„Wenn wir Märtyrerinnen sind, dann bekommen wir dort unseren Mann zurück!" Die ältere Frau wusste, was sie sich als Lohn wünschte.

„Eine Engelfrau wird mit dir nicht um deinen Mann streiten, denn sie ist eine Engelfrau, keine richtige Frau. So steht es geschrieben."

Um das Gebet einzuleiten, sprach die Professorin die Worte:

Wenn ich Allah liebe,
Bin ich sein Ohr, mit dem er hört,
Sein Auge, mit dem er sieht,
Sein Fuß, mit dem er geht,
Seine Hand, mit der er lenkt.
Wenn er mich bittet,
Dann gebe ich, was er verlangt.

Obwohl sie mich *Himmel* genannt hatten, habe ich diese Frauen nie wieder gesehen. Etwas an mir hatte ihnen wohl nicht gefallen.

Als ich hochschwanger war, sagte mir Hada, dass Umar mich nach Byara bringen wollte. Eine Klinik sei haram. Dass mich ein Arzt, ein fremder Mann, entbinden würde, sei völlig ausgeschlossen. In Byara gebe es eine sehr gute Hebamme, die alle Kinder dort entbinde. Sie sei eine sehr fromme Frau. Eine Freundin ihrer Mutter. Sie habe sich bereit erklärt.

„Nein!", sagte ich. „Ich bekomme mein Kind in Sulaimaniyya."

Hada sagte nichts. Sie sah mich an, ob ich es ernst meinte. Dann holte sie Umar.

„Wir gehen nach Byara. Dort wirst du dein Kind bekommen." Umar stellte eine Reisetasche in mein Zimmer.

„Ich möchte mit Schuxan sprechen. Ich möchte endlich, dass sie mich besucht."

Umar hatte mir jeglichen Kontakt zu meiner Familie untersagt. Aber bei Welat konnte ich mit ihr am Telefon sprechen. Wir hatten beide geweint. Ich stieß seine Tasche mit dem Fuß zur Seite. Umar wurde rot im Gesicht und baute sich vor mir auf.

„Schlag mich ruhig, schlag deine schwangere Frau!"

Seine Lippen bebten.

„Und wenn ich sterbe – ich bleibe hier!"

Wie konnte ich das Kind lieben, das ich von diesem Mann bekam, wenn es diesem Mann ähnlich war?

„Ich habe von einer Fehlgeburt geträumt", sagte ich. „In meinem Traum ist das Kind gestorben."

„Was für ein Unsinn, an Träume zu glauben!", stieß er verächtlich hervor. „Das ist haram."

„Die Märtyrerfrauen glauben, dass sie ins Paradies kommen, wenn sie töten."

„Welche?“

„Die Frauen der Männer, die in den Märtyrertod gehen wollen.“

Umar war still. Ich sah, dass er die Kontrolle über sich wiederfand, so schnell er sie verloren hatte.

„Was bist du in Sulaimaniyya?“, fragte ich. „In Byara bist du ein Mullah, aber in Sulaimaniyya bist du was? – Ja, was?“

Hada schaute mit großen Augen, wie wir uns stritten.

„Du warst nicht zu Besuch in Byara“, sagte ich fest. „Du bist einer von ihnen. Ich hab es gesehen.“ Mit meinem Kind im Bauch hatte ich die Angst vor ihm verloren.

„Wir haben Frieden mit den Peschmerga geschlossen“, sagte er. „Das Dorf lebt von der Landwirtschaft.“

„Hütet ihr Schafe mit Manpads?“, fragte ich.

Umar war mir unheimlich, wenn er die Wut unterdrückte. Er konnte sich in einen anderen Menschen verwandeln. „Gut“, sagte er. „Ich hole die Frau her. Sie hat viele Kinder zur Welt gebracht. Mehr als ein Arzt.“

So schlecht es mir ging, so viele Schmerzen ich hatte, die ich nicht kannte – dieser Frau ging es ihren Worten zufolge schlechter als mir. „Was soll ich sagen“, klagte sie. „Mullah Umar hat mich geholt, und nun bin ich in der Stadt und habe schlechte Träume.“

„Ich habe geträumt, dass ich eine Fehlgeburt habe“, sagte ich.

„Ich träume, dass ich bald sterben werde“, sagte sie und fasste sich mit schmerzerfülltem Gesicht an den Rücken. Weil sie kein Bett fand, in dem sie schlafen konnte, durfte sie bei mir schlafen.

„Was ist, wenn es kein Junge ist?“, fragte ich.

„Dann ist es ein Mädchen“, sagte sie. „Stell keine dummen Fragen.“

„In Sulaimaniyya gibt es eine Klinik für die Geburten.“

„Allah hat mir geschickte Hände gegeben. Willst du an seiner Weisheit zweifeln?“ Sie zeigte mir ihre Hände. Dort war sie tätowiert, nur dort. Es waren Hände – wenn sie mich gestreichelt hätte, dann hätte ich geweint. Solche Hände hatte sie. Gute Hände.

„Werde ich glücklich mit dem Kind sein?", fragte ich.

„Kind", sagte sie, „ich bin eine Hebamme."

„Ich liebe ihn nicht", sagte ich leise.

„Wenn ich zurückfahre, werde ich auf der Rückbank sitzen", sagte sie. „Ich will in Byara sterben, nicht auf der Fahrt." Ich musste ihr recht geben: Umar war ein wilder Fahrer.

„Mögen Sie Byara?", fragte ich. „Gefällt es Ihnen dort?"

„Ich bin dort geboren, Kind", sagte sie. Dann lagen wir schweigend nebeneinander. „Byara hat sich verändert", sagte sie.

„Ich war einmal dort. Einige Frauen waren dort, die ins Paradies wollen."

„Ich kenne diese Frauen", sagte sie. „Allah sieht in ihre Herzen."

Mehr musste sie nicht sagen, damit ich sie verstand.

Von Zeichen und Worten

Im Dezember 2000 wurde mein erstes Kind *Nigin* geboren. Es hatte *Abdullah* heißen sollen. Aber da es ein Mädchen war, konnte ich mir den Namen selbst aussuchen.

Umar fuhr meine Hebamme wieder nach Byara. Zum Abschied hatte ich ihre Hand genommen und sie geküsst. Dann sprach sie ihren Segen aus:

Keine Frau wird gebären,
Ohne dass Er es weiß.

Und bevor sie zu Umar ins Auto stieg, rief sie mir augenzwinkernd zu:

Und keine wird früher sterben,
Als es in Seinem Buche steht.

Ich hatte ein Kind bekommen, ein Mädchen. Niemand aus meiner Familie kam, es anzuschauen. Niemand kam, um mir Glück zu wünschen. Niemand sprach es an mit seinem Namen. Es gab keine Feier. Es war, als sei es nicht geboren worden. Kein Verwandter, der ihm den Segensgruß Allahs ins Ohr flüsterte. Wie gern hätte ich das Kind meinem Vater gezeigt!

„Was bist du für ein Muslim!?", warf ich Umar vor. „Gibt es keine Tradition für dich?"

„Alles, was zwischen dem Leben des Propheten und uns steht, werden wir niederreißen. Von was sprichst du?"

„Ich spreche von meiner Familie", sagte ich. „Ich möchte, dass meine Familie mein Kind sieht. Ist es kein Teil von ihr?"

„Ich bin deine Familie. Die reinen Gläubigen sind deine Familie!"

„Alle in meiner Familie sind Muslime!", rief ich empört.

Aber er lachte nur. Er schüttelte den Kopf darüber, wie wenig ich verstand. „Die Stunde der Strafe ist gekommen", sagte er leise. „Sei vorsichtig."

„Willst du mir drohen!?" Mit einem Kind, das ich im Arm hielt, hatte ich keine Angst mehr vor ihm.

Er lächelte. „Die Strafenden werden andere sein. Die Strafe wird andere treffen."

Ich bat ihn, mir Geld zu geben, um wenigstens ein Busticket zu kaufen. Ich wollte meine Mutter besuchen. Ich wollte mit dem Kind den Park besuchen.

„Es ist zu gefährlich dort", sagte er.

„Für mich? Für das Kind?"

„Boten werden kommen. Boten des Schrecklichen, zu strafen die Maßlosen. Die sich erhoben haben gegen Ihn, den Einzigen Gott. Wenn ein Zeichen kommt, dann sehen sie es nicht. Wenn ein Wort kommt, dann hören sie es nicht!" Dann wandte er sich ab.

„Wie redest du mit mir!?", rief ich ihm nach. „Dies ist keine Moschee!"

„Wenn die Zeit gekommen ist, ist alles eine Moschee. Wenn der Park die Sünde ist, dann ist der Park die Strafe." Dann hörte ich, wie er den Schlüssel im Schloss drehte.

Nur Hada hatte noch einen Schlüssel. Vom Dach stieg Welat herunter, die gewartet hatte, bis Umar das Haus verließ. Vor Hada hatte sie keinen Respekt. Welat war einfach gekommen, wie ich zu ihr gekommen war. Hada war anders als ihre Mutter. Sie war nicht das Böse selbst. Und von ihrer Mutter war nicht mal ein kleiner Teil geblieben.

„Kein Wort zu Umar", hatte Welat von ihr verlangt. „Dann ist es nicht anders, als seist du eine Freundin."

Hada hatte genickt. Ein Licht war in ihre Augen getreten wie eine unverhoffte Freude.

Wir riefen Schuxan mit ihrem Handy an und erzählten ihr, wie süß mein Kind war. Wir hielten ihre Stimme an das Ohr des Kindes.

„Was für ein Mensch ist er?!", fragte Schuxan empört. Wir stellten das Telefon laut, sodass sie bei uns war.

„Er redet, als wäre er in einer Moschee. Von Zeichen und Strafen spricht er. Von schrecklichen Dingen, von Gefahren überall."

„Umar ist nicht der Einzige, der so redet", sagte Schuxan.

„In Byara sprechen jetzt alle so", sagte Hada.

„Wer ist das?", fragte Schuxan.

„Das ist Hada, seine Schwester. Erinnerst du dich?"

„Ja, ich erinnere mich – traut ihr seiner Schwester?"

„Ja, wir trauen ihr", sagte Welat. „Ich bin übrigens die Nachbarin."

Da war uns, als hätte das Kind einen Sprechlaut von sich gegeben. „Ich glaube, dass Kind hat etwas gesagt." Ich legte den Hörer an seinen Mund.

„Ganz deutlich, ich höre es auch", sagte Schuxan. „Ein kluges Kind!"

An diesem Abend wurde in unserem großen Park eine Frau mit Säure angegriffen. Welat zeigte mir ein Bild aus der Zeitung, wie sie im Krankenhaus lag. Der Kopf der jungen Frau war mit einem weißen Verband bedeckt, nur die Augen und der Mund waren frei. Der Täter konnte entkommen. Auf einer Parkbank in der Nähe wurde ein Koran gefunden.

Wenn der Park die Sünde ist, dann ist der Park die Strafe, hatte Umar gesagt.

Schuxan erzählte mir, dass Goran heiraten würde. „Wir werden euch abholen“, sagte sie.

„Umar wird nicht kommen“, sagte ich traurig. „Und mir wird er verbieten zu kommen.“

Schuxan war still. Dann sagte sie: „Was für ein Mensch ist er?!“ Sie schimpfte auf ihn, der vor nichts Achtung hatte.

„Karuan wird dich abholen“, sagte sie. „Er wird mit Umar sprechen.“

„Es hat keinen Zweck“, sagte ich bedrückt.

„Wir werden sehen.“ Dann legte Schuxan auf, ohne ein weiteres Wort gesagt zu haben.

„Umar ist nicht so schlimm, wie ihr denkt“, sagte Hada.

„Er ist dein Bruder, ich verstehe, dass du nicht schlecht über ihn redest.“

„Er ist mein Halbbruder“, sagte Hada.

Welat und ich sahen sie überrascht an.

„Diese Männer in Byara sind schlimmer als er. Als mich Umar gefragt hat, ob ich auf Chalat aufpassen will, da habe ich sofort Ja gesagt.“

„Ich kann auf mich selbst aufpassen“, sagte ich leise.

„Ich habe vor vier Tagen etwas Schreckliches erlebt“, sagte Hada. Dann schwieg sie. Und wir warteten, bis die Bilder vor ihren Augen ihren stummen Schrecken verloren hatten.

„Es gibt eine alte Frau in Byara“, begann sie zu erzählen. „Meine Mutter kennt sie. Wie sich alte Frauen kennen. Diese Frau ist gesteinigt worden. Die Islamischen haben das Urteil über sie gesprochen. Ein Mullah hat sie verurteilt. Es war auf der Straße. Dort, wo der Platz ist, wo die Moschee steht. Wir sind oft dort. Ein Mullah hielt ein Buch, aber er las nicht. Sie stand vor ihm, ganz verhüllt. Wir wussten, dass sie es war, weil wir gesehen hatten, wie zwei Männer ihr einen Sack über den Kopf gezogen haben. Wisst ihr, es war ein Sack, wie wir ihn den Eseln umbinden, wenn sie fressen sollen. So ein Sack war es, ich bin ganz sicher. Vorne hatten sie ihr die Hände mit Plastikbindern gefesselt, als könne diese alte Frau eine Gefahr für die beiden Bewaffneten sein, die ihre Brüder waren.

Die Frau ist eine Witwe. Sie lebt in einem großen Haus am Ortsrand. Ihr Mann war ein Soldat von Saddam. Daher hatte sie dieses Haus. Als er gestorben ist, war es eine Rente für sie. Zwei Brüder hat sie bei sich wohnen lassen. Sie zahlen ihr etwas Geld. Als die neuen Gesetze eingeführt wurden, die Gesetze der Mullahs, da haben die Brüder sie angezeigt. Niemals hätten sie es unter Saddam gewagt, die Witwe eines Soldaten anzuzeigen. Aber die Brüder sind Freunde des Mullahs und wollen das Haus für sich haben. Es hat zwei Stockwerke – ein großes Haus, wie ich gesagt habe. Auch der Garten ist groß, ein Stück ist vorne, ein gleich großes Stück ist hinten. Ein schönes Haus, ein schöner Garten, genug für zwei Familien.

Der Mullah hat die Brüder angehört. Eine Ehebrecherin sei diese Frau, die nicht mehr ihre Schwester sei. Sie habe die Ehre ihres toten Mannes beschädigt. Der eine Bruder hob die Hand zum Schwur, der andere Bruder tat es ihm nach. Wer der Mann gewesen sei, der mit ihr die Unzucht getrieben habe, fragte der Richter. Entkommen sei er, sagten die Brüder. Dort hinauf, sie zeigten in die Berge. Ob er ein Mann voll an Jahren gewesen sei, fragte der Richter. Sie nickten beide. So dunkel sei es nicht gewesen. Sie hätten gesehen, dass er voll an Jahren gewesen sei. Ob die Ehebrecherin etwas vorzubringen habe, fragte der Richter. Nein, sagten die Brüder, sie schweige. Nichts sei aus ihr herausgekommen, nicht ein Wort.

‚Und so wirst du, Frau, verurteilt nach dem islamischen Recht zum Tode durch das Werfen von Steinen auf dich', sagte der Richter. ‚Und deine Brüder werden den ersten Stein werfen. Und dann deren Söhne.'

‚So sei es, damit Recht geschieht', sagte der eine Bruder. ‚Auch durch meine Söhne.'

‚Ich werde es tun und werde meinen Söhnen sagen, dass sie es tun sollen, wie ich es getan habe', sagte der andere Bruder.

‚Tretet zurück, ihr Leute', befahl der Richter. ‚Macht Platz für die Strafe des Allbarmherzigen.'

Die beiden Brüder nahmen Steine aus dem Pflaster. Hinter ihnen standen die Söhne, um es ihnen nachzutun. Der Richter hielt sie aber erst vom Werfen ab: ‚Bevor ihr sie zu Tode bringt, müsst ihr dieser Frau verzeihen, so verlangt es das islamische Recht.'

‚Ich verzeihe dir', sagte der eine Bruder.

‚Ich auch', sagte der andere Bruder.

‚Allah ist der Allgerechte, er ist der Barmherzige', sagte der Mullah. ‚Frau, dir ist verziehen.'

Aber er gab nicht das Zeichen. Etwas stimmte nicht. ‚Die Frau muss sich zum Glauben bekennen, sonst können wir nicht fortfahren', sagte der Mullah.

‚Sie spricht ihre Gebete leise', sagte ein Bruder.

‚Kaum hörbar', sagte der andere Bruder. ‚Nur ihre Lippen bewegen sich.'

Als der Mullah die Hand senkte, begannen die beiden Männer mit aller Kraft zu werfen. Die Frau fiel sofort auf die Straße. Da war es leicht für die Söhne, sie mit ihren Steinen zu treffen. Nicht lange, dann war sie tot, denn sie war eine alte Frau, schon krank."

Dann schwiegen wir, bis wir die Bilder aus Byara nicht mehr vor uns sahen.

Eine Einladung

Eines Tages, als Umar zu Hause war, stand Karuan vor der Tür, um mich abzuholen. Für diese Hochzeit war er aus den Bergen gekommen, wo er ein Kämpfer der Peschmerga war wie unser Vater.

Als Umar die Tür öffnete, stand ich hinter ihm. „Was grüßt du einen Mann an der Tür!?" Umar sah mich wütend an.

„Weißt du nicht, dass ich ihr Bruder bin?", fragte Karuan. Er war so groß, dass er die ganze Tür mit seinem Körper einnahm. Ich konnte sehen, wie Umar sich vor ihm klein machte.

„Unsere Familie feiert die Hochzeit meines Bruders Goran", sagte Karuan. Ich sah, dass er einem Streit nicht aus dem Weg gehen würde.

„Was geht das mich an?", fragte Umar mürrisch.

„Wir laden euch zu dieser Feier ein", sagte Karuan würdevoll. Goran hatte ihm aufgetragen, die Worte zu sagen. Ich glaube, er hatte sie mit ihm geübt.

„Wir werden nicht kommen", sagte Umar.

„Dann kommt Chalat allein", sagte Karuan. Nun sagte er Worte, die er nicht geübt hatte. Ich sah, wie sich die Kraft in seinen Schultern sammelte.

„Nein, ich verbiete es ihr", sagte Umar.

Karuan wartete. Er gab Umar Zeit, sich seine Worte noch einmal zu überlegen. Dann sagte er: „Wenn Chalat nicht bei dieser Feier ist, werden wir sie holen."

„Ich werde es ihr verbieten!"

„Nein", sagte Karuan ruhig. „Du wirst ihr nichts verbieten."

Umar wies mich stumm an, ins Haus zu gehen.

„Ich komme morgen", sagte Karuan. „Und wenn ich Chalat nicht hole, dann hole ich dich, Umar. Und denk nicht, dass eine Gruppe von Islamisten uns daran hindern wird."

Dann drehte er sich um, ohne dass Umar etwas sagen konnte. Und ich drehte mich auch um und ging wortlos in mein Zimmer.

Hada kam, um mit mir zu reden. „Umar kann nicht mit dir sprechen", sagte sie.

„Warum nicht?"

„Er ist aus dem Haus gegangen. Er hat nicht gesagt, wohin er geht."

Es war merkwürdig, ich hatte früher Angst gehabt vor seiner Wut. Aber inzwischen hatte ich mehr Angst vor seiner Beherrschung. In meiner Familie gab es keinen Mann, der so selbstbeherrscht war wie Umar.

„Er sagt, du darfst nur in einem Niqab auf die Feier. Und mit schwarzen Handschuhen."

Ich stellte mir vor, wie es war, auf einer kurdischen Feier in einem Niqab zu sein.

„Und du darfst nicht im Kreis tanzen. Du darfst nicht lachen. Und du darfst nicht mit Männern sprechen. Du darfst nicht singen, natürlich. Und wenn du dich bewegst, nicht so, dass sie dir nachschauen, die Männer." Hada überlegte, ob sie etwas vergessen hatte. „Und du darfst keine glänzenden Schuhe tragen. Und auch keinen glänzenden Gürtel. Keine Kette, keine Ringe. Und auch keine Locken im Haar. Nicht schminken. Nicht die Augenbrauen zupfen, nicht die Haare färben, nicht die Fingernägel machen. Und du darfst nicht über deinen Mann sprechen, wenn sie fragen", sagte sie dann.

An dem Tag, an dem mich Karuan abholte, hatte ich mich geschminkt. Ich trug einen Niqab, aber ich wollte mir dort ein kurdisches Kleid von Schuxan leihen.

„Hat Umar etwas gesagt?", fragte Karuan, als ich in sein Auto stieg.

„Nein, er war fort. Ich habe ihn nicht gesehen."

Karuan fuhr sicher durch den Verkehr, aber er war in Gedanken. Manchmal sah er mich von der Seite an, wie ich schwarz verhüllt war.

„Ich war so lange nicht mehr in der Stadt." Ich sah aus dem Fenster und konnte nicht genug sehen. Diese Menschen da draußen wussten nicht, wie schön ihr Leben war.

„Er sperrt dich ein", sagte Karuan.

„Nicht einmal einkaufen darf ich. Ein Wagen für den Einkauf kommt vor die Tür gefahren. Dann muss ich im Niqab vor die Tür."

„Was für ein Mann ist er?!", sagte Karuan verächtlich.

Wir hielten an einer Ampel. Das Licht der Sonne überquerte ohne Eile die Straße. „Was tut er?", fragte Karuan. „Was ist sein Beruf?"

„Nichts", sagte ich. „Ich weiß es nicht."

„Er tut nichts, oder du weißt nicht, was er tut?", fragte Karuan ernst.

„Keine Ahnung, was er tut."

In den Cafés saßen Menschen und betrachteten die Schatten, die sie auf den Gehweg warfen.

„Schuxan sagt, dass er dich schlägt."

Ich nickte und wandte mein Gesicht ab.

„Was für ein Mensch ist er? Sag es mir, Chalat."

„Er ist unsichtbar, aus Nichts gemacht", sagte ich.

„Ich werde mir deinen unsichtbaren Mann packen." Karuan lachte böse. „Unsichtbare Männer gibt es nur in den Bergen!"

Ich freute mich so über die schön hergerichteten Räume und die vielen Gäste, dass ich vergaß, wie ich vor ihnen stand. Schnell zog mich Schuxan in ihr Zimmer. „Wie du aussiehst – furchtbar! Sind wir auf einer Beerdigung!? Was denkt er, dich so zu schicken!?" Verächtlich warf sie den Niqab auf das Bett. Ich warf die schwarzen Handschuhe hinterher, auch die Socken.

Als sie mich sah, musste sie lachen, denn ich hatte mich heimlich geschminkt. Alles war haram an mir – ich hatte nichts vergessen! Sogar eine glänzende Haarspange hatte ich gefunden.

Als ich in ihrem kurdischen Kleid vor dem Spiegel stand, lachte ich einfach los.

„Worüber lachst du?“, fragte sie.

„Ich lache, weil es haram ist.“

Dann gingen wir in den großen Raum zu Goran und seiner Braut. Vorsichtig umarmte ich die Braut, denn wir waren beide sehr stark geschminkt.

Wir stellten uns in einem Kreis auf. Wir hoben die Hände – Männer neben Frauen. Und dann tanzten wir, bis die Musiker erschöpft waren. Beim Essen saßen wir zusammen. Die vielen Gespräche waren so ungewohnt für mich, dass ich nicht viel von dem verstand, was gesagt wurde.

Dieser Abend war so voller Freude, dass ich keinen Augenblick an Umar dachte. Immer wieder sah ich dorthin, wo Goran saß. Ich sah, wie glücklich die Braut war. Sie schaute zu Boden, weil es Tradition war. Sie schwieg, weil es Tradition war. Aber sie war voller Glück.

Und immer wieder bemerkte ich Blicke, die mich streiften. Wenn die Braut das Glück war, dann war ich das Unglück.

Am Ende gab es einen großen Tanz im Kreis. In der Mitte stand Karuan und filmte mit einer kleinen Kamera.

Bevor Karuan wieder in die Berge ging, besuchte er mich. „Hol Umar“, sagte er. Er sah, dass meine Wange blau war. Ein klopfendes Gefühl war dort, mehr nicht. „Hat er dich mit der Faust geschlagen?“

„Mit dem Schuh“, sagte ich. „Es ist nicht schlimm.“

„Hol Umar“, wiederholte Karuan.

„Er ist in der Stadt.“

„Ruf ihn an. Ich warte auf ihn.“

Karuan setzte sich in den Garten. Die Nachbarinnen schauten nach diesem fremden Mann, der mit mir sprach. Der Mann im Haus des Islamisten.

Nach dem Mann, der die beiden Frauen ins Haus schickte. Nach dem Mann, der manchmal aufstand und rauchte. Nach dem Mann, der manchmal auf der Straße stand und die Hände in den Hosentaschen hielt.

Während ich in der Küche arbeitete, beobachtete mich Hada. Wir versuchten, jede für sich, das Warten auszuhalten.

„Bring ihn davon ab“, sagte Hada leise.

„Er ist mein Bruder. Ich kenne ihn“, antwortete ich. „Es hat keinen Zweck, mit ihm zu sprechen.“

„Ich habe Angst um deinen Bruder“, flüsterte Hada.

„Um ihn?“, fragte ich erstaunt.

Sie nickte stumm.

„Du solltest Angst um Umar haben.“

Sie schüttelte heftig den Kopf. „Ich kenne Umar“, sagte sie.

„Und ich kenne Karuan!“ Ich war stolz auf meinen Bruder, der so stark war.

„Du weißt nichts von Umar“, sagte Hada leise.

„Was weiß ich nicht?“

„Er kann überall sein, wenn er will.“

Was für einen Unsinn Hada redet, dachte ich.

Karuan trat hinter Umar in das große Zimmer. „Heb deine Hände“, sagte er und durchsuchte ihn von der Schulter zu den Füßen.

„Was denkst du zu finden?“, fragte Umar lächelnd.

„Messer, Waffen.“

Dann zeigte Karuan ihm, dass er sich an die Wand setzen sollte. „Ich habe eine Frage an dich, Umar.“

„Bin ich ein Gefangener in meinem Haus?“

„Es ist nicht dein Haus“, sagte Karuan. „Ich kenne den Besitzer.“

Umar sah mich an. Etwas war in diesem Blick. Ich dachte an Hadas Worte. Die Angst kam in mir auf und war unerklärlich.

„Warum schlägst du meine Schwester?“, fragte Karuan.

„Weil sie nicht gehorsam ist“, antwortete Umar. „Es ist meine Pflicht, sie von der Sünde abzuhalten.“

Karuan atmete tief. „Was Sünde ist, bestimmst du?"

„Allah bestimmt, was Sünde ist. Er hat uns die Schrift gegeben. Daraus lesen wir, was eine Sünde ist und was die Strafe ist."

„Ich will nicht mit dir um Worte streiten." Der Hass sammelte sich in Karuans Augen.

„Es sind nicht *Worte*, Karuan. Sie sind größer als Leben und Tod." Umar sprach zu ihm wie zu einem Kind. Als nehme er die Drohung nicht wahr.

„Red nicht!", fuhr Karuan ihn an. „Mach mich nicht wütend."

Umar sah ihn gleichgültig an.

„Sieh dir das Video an!" Karuan warf ihm sein Handy zu.

Umar betrachtete das Video und ließ sich seinen Ekel deutlich anmerken. „Ich sehe meine Frau, wie sie sich fremden Männern zeigt. Sie benimmt sich wie eine Hure."

„Sie ist meine Schwester!", fuhr ihn Karuan an. „Sie tanzt auf der Hochzeit meines Bruders. Es ist ein kurdischer Tanz!"

„Wer ist dieser Mann, dessen Hand du hältst, Chalat?"

„Ich rede mit dir, Umar." Karuan würde sich bald auf ihn stürzen.

„Wie schamlos das ist! Chalat ist eine Schlampe! Wie sie sich aufführt!"

Karuan sah ihn fassungslos an. Hatte dieser kleine Mann keine Angst vor ihm?

„Wie sie tanzt – wie sie lacht! Was für eine Schande!" Umar warf das Handy auf den Boden. „Denkt sie, dass der Weg Allahs der Weg ist, den Huren gehen? Denkt sie, dass sie besser ist als das Vieh?", schimpfte er. „Besser als eine Hündin –"

Da stürzte sich Karuan auf ihn, zog ihn halb hoch und schlug ihn zu Boden. Als er dort lag, zog Karuan langsam seinen Schuh aus. Dann schlug er Umar mit dem Absatz ins Gesicht. Er zog den blutenden Kopf an den Haaren hoch. Lange sah er ihn an, dann sagte er: „Solange ich lebe, wirst du meine Schwester nicht mehr schlagen! Allah hat Männer und Frauen gemacht – was aber bist du?"

Hada rannte in die Küche, um ein Tuch für die Wunde zu holen.

„Solltest du sie noch mal schlagen, gehe ich mit dir in die Berge", sagte Karuan. Dann ließ er den Kopf von Umar auf den Boden fallen und stieg über ihn hinweg.

Das Unsichtbare führt Krieg

Als Karuan nach drei Monaten aus den Bergen zu Besuch kam, wurde er am zweiten Tag in Sulaimaniyya auf offener Straße von einem Scharfschützen in den Rücken geschossen und getötet.

Es war ein langer Trauermarsch. Überall standen bewaffnete Männer. Ganz offen trugen sie ihre Waffen. In jedem Haus, an dem wir vorbeigingen, stand ein Bewaffneter. Links und rechts der Straße gab es keine Autos, die dort parkten. Einem Mann, der laut sein Auto suchte, wurde eine Pistole vor das Gesicht gehalten. Es war ein Trauerzug, so stark und so bewaffnet, wie mein Bruder gewesen war.

Nach der Trauerfeier schickte mich Umar nach Hause. Dort wartete ich und verstand nicht, was geschehen war. Niemand kam in unser Haus, um mir Fragen zu stellen. Niemand hatte mit mir gesprochen.

Hada war im Haus und sah mich schweigend an. Ich war so traurig, gleichzeitig war es etwas anderes. Ich wusste nicht, war ich schuldig geworden? Ein Schuss aus dem Nichts. Ein professioneller Schütze.

„Wir sind Frauen", sagte ich. „Was wissen wir, wie es geschehen ist?"

Hada nickte. „Wir sehen nur einen Teil. Wenn wir nicht alles sehen, wissen wir nichts."

„Wird er heute kommen?", fragte ich.

„Nein, er fährt zu einer Beerdigung in Khurmal. Unser Cousin ist gestorben. Er will, dass ich bei dir bleibe."

Ich umarmte Hada. Wir hatten einen gemeinsamen Schmerz. „Wie ist er gestorben?", fragte ich sie. Wenn sie erzählen wollte, ich würde ihr zuhören.

„Sie halten es geheim", sagte sie.

Es gab eine Ecke im Raum, in der kein Licht war. Dort setzten wir uns hin, einander gegenüber.

„Er hat an etwas gebaut, was sehr gefährlich war", sagte sie. „Aber sie sprechen nicht darüber. Was war es also, wenn es nicht Sprengstoff war?"

„Ist er dort umgekommen, wo er gearbeitet hat?"

Hada nickte langsam. Sie wusste etwas, das sie nicht sagen wollte. „Niemand hat bemerkt, dass dort etwas geschehen ist. Keine Explosion. Aber es ist etwas geschehen, denn die Menschen mussten den Ort verlassen. Jetzt sind sie zurückgekehrt, um zu trauern."

„Was hat er gebaut?", fragte ich in den Schatten hinein. „Bomben?"

„Bomben aus Stoffen – geräuschlos und todbringend wie ein Nebel."

„Sagen das die Leute?"

Hada nickte. „Immer reden die Leute. Niemals schweigen sie."

„Werden sie Umar befragen?" Hada war die Halbschwester von Umar. Sie war ein Teil von ihm, aber sie war wie eine Freundin in der Dunkelheit. Nicht wie ein Licht – wie eine Stimme war sie.

„Nein", sagte sie, „niemand wird kommen. Sie werden in Khurmal nicht fragen, und niemand wird zu uns kommen."

„Warum nicht? Wer hat Karuan erschossen? Wollen sie es nicht wissen?"

„Nein, Chalat, niemand will es wissen."

„Aber warum nicht? Es war ein Scharfschütze – das ist bekannt! Goran hat mir gezeigt, wo er gestanden hat."

Hada nahm meine Hand. „Es ist Krieg[18]", sagte sie, „niemand wird uns Frauen Fragen stellen."

„Krieg? Wo ist Krieg? Bei uns?"

Hada nickte.

„Ich habe nichts gehört." Was redete sie von Krieg? Es gab Krieg. Aber in Sulaimaniyya – wo gab es hier Krieg?

„Ein unsichtbarer Krieg", sagte Hada.

„Aber warum? Woher weißt du das?"

„Schreckliche Kämpfer sind gekommen. Sie sprechen keine Sprache."

„Hada, wovon redest du?"

„Sie beten zu einem Himmel aus Feuer, sagen die Leute."

„Wo kommen sie her?"

„Aus keinem Land."

Ich sah Hada an. Sie war verwirrt. Was redete sie von Krieg und Himmelskämpfern? Von Sprachlosen, von Heimatlosen?

„Es gibt sie, Chalat. Die Leute erzählen von ihnen. Sie sind wirklich."

„Sind Scharfschützen darunter?"

Hada schwieg.

„Hat Umar mit ihnen zu tun?"

Sie nickte. „Das Unsichtbare führt Krieg", sagte sie, als ich bereits in eigenen Gedanken versunken war.

Nach diesen Ereignissen kam Umar mit einem Wagen nach Hause. Ich hatte diese Art von Wagen in Byara gesehen. Auf ihren Ladeflächen waren Waffen gewesen. Auf der Ladefläche dieses Wagens stand diesmal ein Fernseher, den er ins Haus trug.

Er setzte ihn in der Mitte des großen Raumes ab. „Für euch ist das Fernsehen haram", sagte er. „Deshalb habe ich das Gerät mit einem Passwort geschützt."

„Für dich ist das Fernsehen nicht haram?", fragte ich. „Nur für uns?"

„Sei ruhig, Chalat", sagte Hada. „Ärgere ihn nicht."

„Wenn die Polizei kommt, werden sie fragen, warum wir keinen Fernseher haben. Sie werden denken, dass ich ein Islamist bin." Umar lächelte zufrieden. Er hatte den Fernseher nur als Tarnung gekauft. „Religiöse Sendungen könnt ihr schauen", sagte er. „Ich werde sie euch einstellen."

„Und wenn die Polizisten sehen, dass du nur religiöse Sendungen eingestellt hast?"

Hada drückte meine Hand, weil sie Angst vor Umar hatte.

„Ich stelle auch politische Nachrichten ein", sagte Umar. „Du hast recht, Chalat."

Als Erstes sahen wir CNN. Dort gab es Nachrichten. Wir sahen Bomben, startende Flugzeuge, die gebügelten Uniformen der Amerikaner, Explosionen, Rauchwolken, eine Amerikanerin, die einen Zeigestock hielt, wunderschöne Zähne und lange blonde Haare hatte.

„Allah wird sie strafen!", sagte Umar und suchte den nächsten Sender.

„War das eine politische Nachricht über Byara?", fragte Hada leise.

Umar nickte. Er stelle den Sender wieder ein. Erst sahen wir das Bild von einem fremden Mann, dann sahen wir das Bild von Mullah Krekar.

„Den Mann kenne ich!", rief Hada.

„Den Mann gibt es für dich nicht!", sagte Umar streng.

„Ist er tot?", fragte Hada.

„Nein, er ist in Norwegen und hat dort Asyl bekommen", sagte Umar und lachte über das ganze Gesicht.

„Ich kenne seine Schwester", sagte Hada.

„Seine ganze Familie hat in Norwegen Asyl bekommen – Allah ist groß."

„Ich wasche mir den Bart, damit Hada ihn abschneidet." Umar klopfte mit der Hand auf den neuen Fernseher, als seien sie Freunde geworden. Dann drückte er auf einen Knopf, und wir sahen nur noch das Bild von Mullah Krekar. Nichts bewegte sich mehr.

„Krekar ist ein schlechter Mensch", flüsterte Hada. „Ein sehr schlechter Mensch."

Ich unterbrach sie nicht, ich wollte hören, was sie über Byara wusste.

„Das Feuer, das vom Himmel gefallen ist – es ist die Strafe dafür, dass diese Menschen Schande über den Namen Allahs gebracht haben. Die Strafe Allahs dafür, was sie in seinem Namen getan haben. Dieser Mann hat Gefangenen die Ohren abgeschnitten. Ich habe gesehen, wie er sie einem Gefangenen vor die Augen gehalten hat, während er aus dem Koran zitierte."

Da du unser Wort hörtest
Hast du dich abgewandt
Als hörtest du es nicht
Als seist du taub geworden
So sieh mit Augen deine Strafe.

„Dieser Mullah Krekar – der Mann aus dem Radio?"

Hada nickte. „Er hat einen Mann in den Tod geschickt und seine Frau geheiratet."

„Um für sie zu sorgen?"

Hada lachte bitter. „Ich kannte diese Frau. Sie wollte seine Hilfe, weil sie arm war. Da hat er ihr das Kopftuch abgenommen. Er hat ihr Haar gefasst und es geküsst." Hada horchte nach oben, dann sagte sie: „Er hat einem Mann die Hand abschlagen lassen."

„Als Strafe?"

Sie nickte. „Und jeden Tag hat er dem Mann ein weiteres Stück von seinem Arm abschlagen lassen."

Wir hörten, dass Umar aus dem Bad kam.

„Das Feuer – es ist die Strafe Allahs für diesen Ungläubigen", flüsterte sie.

Mit dem Wagen aus Byara hatte Umar ein Geschäft gegründet. Er fuhr in der ganzen Stadt umher und verkaufte verschiedene

Dinge. Er sprach mit Männern und mit Frauen. Es gab niemanden, den er nicht kannte. Oft riefen die Leute ihn an. Dann machte er sich auf einem Zettel Notizen. Ich sah nicht viel von seinen Waren. Oft stand sein Wagen nicht bei uns in der Straße. Dann kam er mit einem Freund in einem anderen Auto.

Immer hatte er eine Tasche dabei. In dieser Tasche hatte er Geld, zwei Handys, seinen Pass und Papiere. Wenn er sie auspackte, konnte ich manchmal einen Blick hineinwerfen. Oft hielt er SIM-Karten in der Hand und notierte sich Nummern auf langen Zetteln. Auch Speicherkarten hatte er in einem kleinen Fach. Seine Tasche ließ er nie aus den Augen. Wenn er im Bad war, nahm er sie mit. Ich glaube, er traute seiner Schwester, aber mir nicht. Manchmal dachte ich am Morgen, wenn ich die Tasche sah, dass er am Abend nicht mehr zurückkommen würde.

Ich war schwanger mit meinem zweiten Kind, aber auch wenn ich nicht schwanger gewesen wäre – ich hätte kein Verlangen danach gehabt, in die Stadt zu gehen. Es war zu unsicher dort. Früher wurde manchmal eine Frau mit Säure angegriffen, weil ein Mann den Verstand verloren hatte. Jetzt aber wurde ein Salon angegriffen. Ein Brandsatz wurde hineingeworfen. Das war vorbereitet und mit Helfern abgestimmt. In der nächsten Woche brannte ein Buchgeschäft. In der Woche darauf wurde eine Mädchenschule beschossen. Die unsichtbare Hand des Todes hatte meine Stadt ergriffen.

Umar berichtete wie von einem Krieg. Mit seiner Tasche saß er mit uns vor dem Fernsehen und ballte die Faust, als etwas Schreckliches geschah. Sein Mund war fest verschlossen, aber er hätte am liebsten laut gejubelt. Das Fernsehen konnte nicht sagen, wer die Täter waren.

Terror, Terror, Terror – davon sprachen die Reporter. Sie hatten ein unsinniges Wort gewählt und wiederholten es, um ihm einen Sinn zu geben.

Umar sprach von Al-Qaida – das war sein Wort für Terror. Al-Qaida hatte einen Plan. *Plan* – auch das war sein Wort für Terror.

Alles hing zusammen. Die Mädchenschule, der Salon, das Buchgeschäft, dort wurden die Ungläubigen angegriffen. Die Ungläubigen hatten Flugzeuge, aber Allah hatte einen *Plan*. In allem, das in die Luft ging, in jedem, der starb, vollzog sich Allahs Wille. Es war ein Siegestaumel, den niemand verstehen konnte, der den Willen Allahs nicht verstand. Und es war erst der Anfang. Die Erde würde brennen, der Himmel würde schwarz werden von Rauch.

„Ich gehe morgen nicht auf den Platz vor dem Basar", sagte er. „Ich fahre nicht mit dem Auto dorthin."

„Ich muss Gemüse einkaufen", sagte Hada. „Dann fahre ich mit dem Bus."

„Nein, das wirst du nicht tun!", sagte Umar streng und wechselte einen Blick mit ihr.

„Wir haben noch Gemüse im Haus", sagte Hada sofort.

Am nächsten Tag explodierte ein geparktes Auto auf dem Platz vor dem Basar. Im Fernsehen sahen wir die Bilder von Menschen, die sich aus dem Schutt gekämpft hatten, mit offenen Mündern, blutverkrusteten Gesichtern, verdrehten Gliedmaßen. *Terror, Terror, Terror* schienen sie rufen zu wollen. Es war unsere Stadt, die wir bei CNN sahen, aber wir erkannten sie nicht. Haustrümmer, Marktwagen, Fahrzeuge – alles war bedeckt von weißem Staub. Eine fremde Landschaft, in der die Überlebenden nach den Toten riefen.

Ich beobachtete Umar, als er die Bilder betrachtete. Er verriet sich durch kein Wort, aber er ballte wieder die Fäuste. Schnell schaute ich wieder auf das Bild, damit er meine Gedanken nicht erriet.

Millionen Kinder

Nach meinem ersten Mädchen bekam ich ein zweites Mädchen. Wieder konnte ich mir einen Namen aussuchen.

„Ich werde das Kind Niga nennen", sagte ich, als Umar in meinem Zimmer stand.

Doch er schaute mein Baby nicht an, sondern starrte auf Nigin, die neben meinem Bett stand. Ich hatte sie hübsch gemacht. Sie trug ein rotes Kleid, ein weißes Band um die Hüfte und ein wenig glitzernden Schmuck im langen Haar. Sie war ein Mädchen – gerade mal vier Jahre alt. Mit Hadas Hilfe hatte ich sie ausstaffiert, denn Umar gab mir kein Geld für Kleider. Wir hatten Stoff gekauft und sie selbst genäht.

„Wie sieht dein Kind aus!?", fuhr er mich an.

„Nigin, Niga?" Ich war überrascht, wie wütend er war. Dabei war es doch ein Tag der Freude.

„Das erste Kind! Das da!" Er zeigte auf Nigin.

„Was ist mit ihr?" Umar hatte Niga nicht einmal angeschaut. Nicht einmal an mein Bett gekommen war er.

„Was hat sie an? Was hat sie im Haar? Was für ein Kleid ist das?"

Nigin sah ihren Vater mit großen Augen an. Sie verstand nichts, sie sah nur, dass er wütend auf sie war.

„Es ist alles haram an ihr!", sagte er wütend. „Was für ein Mädchen soll sie werden, wenn du sie so kleidest?"

„Umar, sie ist ein Kind", sagte ich. „Umar, ein Kind."

Ich streckte die Hand nach ihm aus. Er sollte an mein Bett treten, mein Baby betrachten.

Er trat einen Schritt vor und gab Nigin eine Ohrfeige. Ich hörte ein lautes Klatschen, dann rannte das Kind aus dem Zimmer. Sie weinte nicht, ich hörte nur ihre kleinen Schritte, wie sie rannte.

„Was bist du nur für ein Vater, Umar!", schrie ich ihn an. „Ein Monster bist du, kein richtiger Mensch!"

„Du weißt, dass ich fromm bin! Was ziehst du sie so an, dass ich sie nicht ansehen kann?"

„Fromm bist du, aber ein Mensch bist du nicht."

„Ich führe ein gottgefälliges Leben", sagte er und streckte sich aus. „Was wagst du es, daran zu zweifeln."

„Gefällt es Allah, dass du deine Kinder nicht liebst? Gefällt es ihm, dass du dein kleines Mädchen schlägst?"

„Was verstehst du davon, du Dumme? Kleide sie nicht so, dann schlage ich sie nicht!"

„Ein hübsches Kleid ist also Sünde? Vierjährige Mädchen verführen die Augen der Frommen – ist es so? Was geht in den Köpfen dieser Frommen vor, frage ich mich?"

So hatte ich noch nie mit Umar gestritten. Aber ich hatte ein Kind im Arm – er würde nicht wagen, mich zu schlagen.

„Was weißt denn du, Frau?" Er lachte laut. „Es ist Krieg!", rief er. „Schau aus dem Fenster, dann siehst du es. Krieg zwischen den Gläubigen und den Kufr. Es gibt Frauen, die kämpfen. Aber du liegst hier in deinem weißen Bett und streitest mit mir!"

„Soll ich sein wie diese Frauen, die ins Paradies wollen?"

„Schweig, von diesen Frauen redest du nicht!" Er sah mich so wütend an, dass ich Angst bekam.

„Einen Vater wie meinen Vater wünsche ich für meine Kinder. Er war nicht weniger fromm als du, Umar."

„Was redest du!? Wie viele Kinder hatte dein Vater – sag es mir?"

„Sechs Kinder, die er geliebt hat. Du hast zwei und bist ohne Liebe für sie!"

„Ich habe Millionen Kinder", sagte er und lächelte mich an, als sei er verrückt geworden.

Ich schüttelte den Kopf und betrachtete die kleinen Finger meines Kindes.

„Meine Kinder sind die Menschen im Irak!"

Wie sollte ich mit diesem Mann reden?

„Der Irak ist das Haus, das wir bauen!"

„Umar, dein Haus ist hier, aber du siehst es nicht."

„Die Menschen werden glücklich sein, in Frieden werden sie leben, Wohlstand wird über sie kommen."

„Nach dem Krieg wird das sein?", fragte ich.

„So spricht Allah: Wir werden die Höllen füllen mit ihnen, die keinen Glauben haben!"

„Ihr werdet alles zerstören."

„Die Todesengel werden die Ungläubigen zu sich nehmen. Zu einem Garten des Herrn werden wir den Irak machen!"

Umar zog mich vor den Fernseher. Hada saß bereits dort. Neben ihr waren Nigin und Niga.

„Die Kinder können schauen, auch wenn sie Mädchen sind." Umar drehte seine Handflächen wie zum Gebet.

Wir saßen und schauten in das Fernsehen. Erst sahen wir Werbung, dann ein rotes Band, das über einen Film lief.

„BREAKING!", sagte Umar. „Seht ihr!"

Wollte er uns das Band zeigen?

„BREAKING!", rief Umar. „Es ist in den *News*." Er sprach das Wort amerikanisch aus.

Wir sahen in den Fernseher und warteten still. Dort erschien das Datum: May 20, 2004, dann lief ein Sekundenzeiger. Umar sprang auf, zog die Vorhänge vor die Fenster und setzte sich wieder. „Jetzt sind die *News*", sagte er und hob die Hand.

Als habe die blonde Frau auf sein Zeichen gewartet, begann sie sehr schnell zu sprechen. Als ihr Bild verschwand, sahen wir fünf schwarz gekleidete und vermummte Männer. Vor ihnen ein kniender Mann in einem orangefarbenen Kittel.

Der Mann sagte: „My name is Nicholas Berg." Dann redete er weiter, aber ich verstand nicht, was er sagte. Am Ende sagte er: „Philadelphia." Dann schwieg er. Die fünf Männer warteten. Jeder von ihnen trug ein anderes Kopftuch.

Der Mann in der Mitte hinter Nicholas Berg las von einem Zettel eine Erklärung in arabischer Sprache ab: *„Nun zu dir, Bush, christlicher Hund. Sieh jetzt, was dir passieren wird. Schreckliche Tage warten auf dich. Deine Soldaten werden den Tag verfluchen, an dem sie den Irak betreten haben, um die Stätten der Muslime zu entweihen."*

„Die Soldaten des Islam erheben sich gegen die Ungläubigen!", rief Umar in die aufgeregte Stimme der blonden Frau hinein. Sofort drehte er ihr den Ton ab. „Wir sind das Schwert am Hals unserer Unterdrücker und werden Furcht in ihre Herzen bringen!", rief er. „Unser Leben zählt nur, wenn wir es opfern oder wenn wir siegen."

Seine beiden Kinder schauten ihn mit offenem Mund an.

Wir sahen, wie sich die fünf Männer auf den sitzenden Mann stürzten. Wir sahen ein Messer neben seinem Kopf blitzen. Dann stoppte das Video, und wir sahen den Kopf der blonden Frau, die ohne Laut ihren Mund bewegte, bis Umar den Fernseher ausstellte. Es war alles so schnell gegangen und war so schlimm gewesen, dass wir erst jetzt den Kindern die Augen zuhielten.

„Al-Qaida kämpft auf Allahs Weg!", rief er. „Dankt ihm, dass ihr ein Leben habt in dieser Zeit!"

Wir waren wie benommen, weil alles so schnell gegangen war. Wie ein Schatten hatte Umar uns verlassen.

Dann hörten wir, dass er draußen das Auto startete. Wir sahen in den schwarzen Fernseher und wagten nicht, etwas zu denken.

Die Kinder spielten bereits wieder.

„Gehört er zu diesen Männern?", fragte ich.

„Er ist kein Mörder", sagte Hada fest.

„Wie feige sie waren!"

„Allah wird sie für ihre Feigheit bestrafen", sagte Hada. „Feuer wird vom Himmel fallen."

„Sie haben Byara bombardiert – werden sie jetzt Sulaimaniyya bombardieren?"

Wir sahen auf die schwarze Scheibe des Fernsehers. Es war, als wäre ein Mensch in unserem Haus ermordet worden. Es war, als hätte uns die Welt dabei zugeschaut.

Allah ist gerecht

Im Kopf von Umar war der Krieg. Er fuhr in die Stadt mit seinem Auto, von dem ich nicht einmal wusste, ob es sein Auto war. Mal stand es bei uns vor der Tür, mal stand kein Auto dort, manchmal stand ein anderes dort. Jeden Morgen ging er aus dem Haus, jeden Abend kam er spät zurück.

Wir sahen, dass er reich war. Dicke Bündel voll Geld sah ich manchmal in seiner Tasche. Ständig wurde er angerufen. Er hatte drei Handys, die er bediente. Wenn er telefonierte, drehte er uns den Rücken zu und beugte sich vor. Wenn er fertig war, begann er wieder zu essen. Oft war er nach einem Gespräch in Gedanken. Er sprach nur wenig, wenn er bei uns saß.

Meistens saßen wir gemeinsam vor dem Fernsehgerät. Wenn ich an die Zeit zurückdenke, dann kommt sie mir vor, als hätten wir von unserem Wohnzimmer aus den Krieg geführt. Als seien wir mit Umar in einem verborgenen Gefechtsstand gewesen. Schweigend haben wir die Zerstörung angesehen.

Mit den Kindern sprach Umar nicht ein einziges Mal. Er sah nur in den Fernseher, als habe er Macht über die Bilder wie ein Dschinn des Krieges.

Immer wieder sagte er Ereignisse voraus: „Dort wird morgen ein Wagen explodieren. Allah wird die Ungläubigen treffen." Er hatte eine Karte vor sich liegen, wenn das Essen weggeräumt war.

„Aber es ist eine Polizeistation", sagte ich. „Es sind Muslime wie wir, die sterben werden."

„Wenn sie sich Allah in den Weg stellen, sind sie keine Muslime." Er gab uns Befehle über unser Denken, als hätten wir darauf gewartet.

An einem Abend im Sommer 2006 saßen wir zusammen. Er hatte uns Geld für das Essen gegeben, wie er es sonst nicht tat. Er hatte mir einen neuen Umhang gekauft. Er war nicht schön – er war rau und erdfarben –, aber er war neu. Und Hada besah ihn neidisch an mir, obwohl nichts an ihm war, nur Frömmigkeit.

Wir aßen mit großem Appetit, wir schauten auf das, was wir gekocht hatten. Wir lobten die Bohnen, die Nigin geschnitten hatte, und lachten, weil Niga keine dieser Bohnen essen wollte.

Hada war eine gute Freundin geworden, aber Welat war eine bessere Freundin, weil sie mir immer Mut machte. Ganz heimlich sprach ich manchmal mit ihr darüber, wie es wäre, ein Leben ohne Umar zu führen. Oft redeten wir darüber, dass alles vorbeigehen werde. Wir stellten uns vor, wie es früher war. Und wir malten uns aus, wie das Zerstörte wieder aufgebaut würde.

Dann erhielt Umar einen Anruf. Wir dachten uns nichts dabei, wir lachten und zeigten den Kindern, wie es war, glücklich zu sein.

Mit einem Mal stand Umar auf. „Abräumen!", sagte er. Er sagte es so drohend, dass wir keinen Augenblick zögerten.

Er saß bereits vor dem Fernseher, als wir aus der Küche zu ihm kamen. Wir sahen das Bild einer Karte. Ein kleiner Ort wurde gezeigt: Hidhib. Ich kannte den Ort, weil wir dort einmal auf dem Weg nach Bagdad Rast gemacht hatten. Aber das war, als ich noch ein Mädchen gewesen war und große Brüder hatte, die ich dafür bewunderte, dass sie Auto fahren konnten.

Wir sahen ein Haus, das in Trümmern lag. Es kann auch etwas anderes gewesen sein, denn es war nicht mehr zu erkennen. Dann sahen wir das Bild eines bärtigen Mannes. Er hatte die Augen geschlossen. Seine Lippe war blutverkrustet. Unter dem Bild stand sein Name: *Abu Musab az-Zarqawi.*

Umar war still, dann sahen wir, dass Tränen an seinem Gesicht herunterliefen.

„Papa weint!", rief Niga, als hätten wir es nicht selbst gesehen.

Hada hielt ihr sofort die Hand vor den Mund. Ohne ein Wort zu sagen verließ Umar das Haus.

Erst als Niga zappelte, bemerkte Hada, dass sie ihr immer noch die Hand vor den Mund hielt.

Im Fernsehen sahen wir das Bild eines Mannes in einem orangefarbenen Kittel. Er kniete, fünf schwarz vermummte Männer standen hinter ihm. Im nächsten Bild starteten Flugzeuge, wenig später warfen sie Bomben auf eine Anzahl von Häusern. Dann das Bild des toten Mannes.

„Allah ist gerecht!", flüsterte Hada.

Der Engel des Todes

Ich stritt mit Umar über viele Dinge, aber am meisten stritt ich mit ihm über Nigin. Sie war sechs Jahre alt, und sie war ein Schulmädchen.

„Als ich in ihrem Alter war, bin ich zur Schule gegangen", sagte ich.

„Solange sie kein Kopftuch tragen will, wird sie nicht zur Schule gehen", sagte Umar.

„Soll sie das einzige Mädchen mit einem Kopftuch in der Klasse sein? Sie ist sechs Jahre alt."

„Ein schwarzes Kopftuch."

„Dann sieht sie aus wie eine schwarze Witwe! Was sollen die Leute von uns denken?"

„Wenn ich in der Stadt bin, sehe ich Mädchen, die ein schwarzes Kopftuch tragen."

Die Kinder kamen ins Zimmer, aber wir schickten sie zu Hada. Dann stritten wir weiter. Umar sah mich mit hasserfüllten Augen an, aber er beherrschte sich. Die Kinder waren ein Schutz für mich. *Er wird mich nicht wie früher schlagen*, dachte ich.

„Warum bringst du dem Kind nicht Beten bei, Chalat?"

„Sie betet mit mir. Ich zeige ihr die Dinge, die sie wissen muss."

„Und warum spricht sie nicht mit mir über Allah? Warum stellt sie keine Fragen, wie andere Kinder es tun?"

„Welche Kinder?“, fragte ich.

Darauf wusste er keine Antwort, weil er keine Kinder kannte. „Sie soll in eine Koranschule gehen“, sagte er. „Geh mit ihr dorthin.“

„Was soll sie dort lernen?“

„Sie lernt Arabisch, um den Koran zu lesen. So weiß sie alles, was sie wissen muss.“

Ich sah ihn fassungslos an, denn ich hatte mir nicht vorstellen können, dass Umar im Ernst so dachte. Die Mädchen, die aus der Koranschule kamen, sahen bleich und verängstigt aus. Es gab niemanden, der nicht Mitleid mit ihnen hatte, wenn er sie auf der Straße sah.

„Jedes Mädchen lernt heute Rechnen und Schreiben“, sagte ich. „Meine Mutter hat mich an der Schule angemeldet, als ich sechs Jahre alt war. Ich war nie in einer religiösen Schule!“

„Es ist eine andere Zeit“, sagte Umar. „Wenn du das nicht siehst, bist du dumm.“

„Ich sehe Mädchen, die so alt sind wie Nigin. Ich sehe, dass sie zur Schule gehen. Wenn du sie nicht siehst, bist *du* blind, Umar!“

„Wir werden die Ungläubigen aus dem Irak vertreiben. Die Mädchen werden den Koran lesen. Das werden wir ihnen beibringen. Sie werden die Mütter der Gläubigen sein.“ Er sah mich verächtlich an. In seinen Augen war ich eine Frau, die ihr Kind nicht fromm erzogen hatte.

„Wenn mein Vater nicht gestorben wäre, dann hätte ich auf der Schule bleiben können, damit eine Lehrerin aus mir wird oder eine Ärztin.“

„In unserer Gesellschaft werden die Frauen sich der Mutterschaft hingeben.“

„Sind wir Ungläubige in deinen Augen?“

Umar lächelte.

„Deshalb also darf ich keinen Kontakt mit meinen Verwandten haben!? Weil wir ungläubig sind. Nicht nur ich, alle – meine Mutter, meine Schwester, meine Brüder.“

„Was denkst du, wo sie am Tag des Gerichts stehen werden?"

„Die Peschmerga – sie sind Ungläubige!?"

„Sie werden im Flammenmeer brennen", sagte er. „Sie haben sich mit den Kufr verbündet und sind wie sie geworden. Es ist die Zeit der Rechtgläubigen. Wer nicht bei ihnen ist, der ist verloren."

„Sie werden euch töten, wie sie diesen Zarqawi getötet haben."

„Zarqawi ist nicht tot. Der Löwe des Islam lebt. Allahu akbar."

„Und wer war der Tote im Fernsehen? War er ein anderer Mann?"

„Du hast nur seinen Körper gesehen. Zarqawi ist der Engel des Todes. Er lebt!"

„Nigin soll vernünftige Dinge lernen!", sagte ich fest.

„Ich verbiete es dir! Ich bin dein Mann – füge dich in Allahs Willen!", sagte er und wandte mir den Rücken zu.

„Wenn du wirklich an Allah glauben würdest", schrie ich ihn an, „dann würdest du keine Filme mit nackten Frauen schauen. Ich weiß es, wenn du das Zimmer abschließt. Umar – warum fordert Allah Gehorsam nur von mir? Hat Allah dir erlaubt, nachts bei einer Iranerin zu sein, die nicht deine Frau ist? Hat Allah dir gesagt, dass Gebote nur für mich sind? Ich darf meine Schwester nicht besuchen – deine Schwester aber wohnt bei dir. Soll es so sein nach Allahs Willen?"

Wenn ich von dir und Allah träume, dann habe ich den ganzen Tag Kopfschmerzen. Ich will weg von Allah. Irgendwohin, wo Allah nicht ist. Er ist wie eine Schleife, die kein Ende nimmt in meinem Kopf. Er macht, dass ich wie eine Gefangene bin in mir selbst. Er macht, dass ich kein Licht sehe. Ich will dorthin fliehen, wo dein Allah nicht ist.

Gäbe es Allah – gäbe es ihn wirklich, dann hätte ich nicht ein Leben mit dir wie im Grab, nur ein Luftloch zum Atmen, nicht breiter als ein Strohhalm. Wenn er zu dir spricht – warum hat er dir nicht befohlen, mir mehr von meinem Leben zu lassen? Wenn du, Umar, Diener Allahs bist – warum hat er mich lebendig vergraben lassen von dir?

Warum ist Allah für meine Brüder da und nicht für mich? Warum durfte ich nicht weiter zur Schule gehen? Hat ihn empört, dass ich klug bin? Hat er nicht gehört, was mein Lehrer gesagt hat? Warum wurde ich verkauft? Warum hat er das zugelassen? Warum will er Nigin Gehorsam lehren, aber nicht das Rechnen?

Warum bestraft Allah gerade mich? Ich habe niemandem wehgetan, ich rede nicht, ich schaue nicht einmal hin, was die Nachbarn tun. Ich tue Gutes, aber sie sagen: *Dein Mann ist ein guter Mensch!* Ich helfe, ich koche, ich teile das Essen, ich putze sogar für andere, aber Allah zeigt nur auf Umar. Was ist er – ein blinder Allah?

Ich kann nicht an Allah glauben. Er ist nicht da, es gibt ihn nicht! Du hast ihn dir ausgedacht!"

Ich hatte Tränen vor Wut in den Augen und hatte nicht bemerkt, dass Umar hinter mich getreten war. Nun packte er mein Haar und riss meinen Kopf nach hinten. Ich hörte sein wütendes Schnaufen in meinem Ohr. Er zog seinen schweren Schlappen aus, hielt ihn vor mein Gesicht; weißes, billiges Plastik. Dann holte er aus und schlug zu. Zweimal traf er mein Ohr. Beim zweiten Mal spürte ich einen Schmerz, als hätte er ein Messer in mein Ohr gestoßen. Er packte noch einmal meine Haare und riss mich nach hinten. Dann schlug er mit der Faust mehrmals zu. Immer wieder wurde es schwarz vor meinen Augen, Blitze und Blitze. Er traf meine Nase, er traf meine Lippe, er traf mich über meinen Augen.

Alles war dunkel. Er stieß mich zu Boden. Als ich dort gekrümmt lag, trat er mir mit großer Kraft in den Magen. Einmal, zweimal. Wieder das wütende Schnaufen. Er überlegte, ob es genug war. Dann hörte ich einen verächtlichen Laut, und ich wusste, dass er von mir abgelassen hatte.

Ich zog mich über den Boden, um von ihm wegzukommen. Immer wieder musste ich das Blut von meinen Augen wischen, um etwas sehen zu können. Langsam schleppte ich mich zu der Wand, zu dem kleinen Tischchen, an dem das Telefon stand. Ich würde Schuxan anrufen, und wenn er mich dafür töten würde!

Ich schob meinen Rücken an der Wand hoch und wählte mit zittriger Hand. Und immer wieder wischte ich mir das Blut aus dem Gesicht. Meine Nase war verschoben, sie war nicht mehr an ihrer Stelle. Vor mir lagen meine ausgerissenen Haare. Und viel Blut, überall.

„Hilfe", flüsterte ich in den Hörer, „Hilfe, er schlägt mich tot."

Von dort, wo er saß, hörte ich sein Lachen.

„Hilfe, Schuxan, komm!"

Ich lehnte an der Wand und sah durch blutige Schleier dorthin, wo er saß. Wenn er aufstehen würde, um mich zu töten – es war mir egal.

Aber er saß in seinem Stuhl und lächelte mich an. Keine Wut war mehr in seinem Gesicht. Er saß, als denke er nach. Er schaute mich an, als gefalle ihm, wie ich aussah.

„Was ist –!", rief Nigin, als sie im Zimmer stand. Entsetzt sah sie erst mich an. Dann wie versteinert ihren Vater.

„Geh ruhig zu deiner Mutter", sagte er ruhig.

„Was ist mit dir, Mama?", fragte sie mich leise, als dürfe ihr Vater nicht hören, dass sie fragte.

„Schuxan kommt gleich", sagte ich. „Es wird alles gut."

Sie zeigte auf ihre Nase und dann auf mein Gesicht. Vor Schreck konnte sie nicht weinen.

„Niga ist bei Hada?", fragte ich. Meine Lippen waren geschwollen.

Sie nickte. Dann setzte sie sich neben mich und fasste vorsichtig meine Hand. So saßen wir und schauten Umar an, aber es war ihm völlig egal. Er gähnte sogar. Nigin war ganz still, aber ich wusste, dass sie das niemals vergessen würde.

Auf dem Boden lagen überall meine langen Haare. Der Boden war voller Blut, Tropfen und Schlieren.

Als Schuxan kam, stellte sie sich ohne Angst vor Umar hin. „Warum hast du das gemacht?", fragte sie. Ihre Stimme zitterte vor Wut.

„Sie hat Allah beleidigt“, sagte er gleichgültig. „Ich bin ihr Mann.“

Schuxan schüttelte nur den Kopf. Sie sah ihn nicht mehr an und redete nicht mehr mit ihm. „Komm, Chalat“, sagte sie und half mir hoch. Dann fasste sie mich unter dem Arm und ging Schritt für Schritt mit mir durch den Raum.

„Das Kind bleibt hier“, sagte Umar ganz ruhig.

Nigin sah mich an, was ich sagen würde.

„Hada wird sich um euch kümmern“, sagte ich sehr leise.

Eine Verbündete

Schuxan hatte mich ins Krankenhaus gebracht. „Deine Nase muss gerichtet werden“, hatte sie gesagt. „Außerdem blutest du aus dem Ohr.“

Die Ärzte hatten ein geplatztes Trommelfell festgestellt. Dann hatten sie meine Nase gerichtet und bandagiert. Über meinen Augen war die Haut aufgeplatzt. Mein ganzer Kopf war mit Pflastern bedeckt, und hinten, wo Umar mich gepackt hatte, war eine große kahle Stelle auf meinem Kopf.

„Wenn Sie Anzeige erstatten wollen, holen wir die Polizei“, hatte die Ärztin gesagt. „Kein Problem. Sie sind bei uns sicher.“

Als ich die Augen schloss, spürte ich die Tränen aufsteigen. Sie würden die schrecklichen Bilder wegschwemmen. Ich lag in einem Krankenbett, nicht in einem Grab. Ich hatte Luft zum Atmen.

„Kind, was ist mit dir passiert?“, fragte eine Stimme. „Ich liege neben dir, deine Nachbarin. Hier bin ich, aber bleib ruhig, beweg dich nicht.“

Als ich ihr antworten wollte, spürte ich, dass meine Oberlippe dick geschwollen war.

„Ich habe gehört, er ist Islamist“, sagte sie.

Ich nickte ein wenig.

„Die Islamisten sind schlimmer als die Alkoholiker“, sagte die Nachbarin. „Die sehen, wohin sie schlagen.“

Ich konnte meinen Kopf nicht bewegen. Weil ich sie nicht sehen konnte, wusste ich nicht, ob meine Nachbarin auch geschlagen worden war.

„Nein, mein Mann schlägt mich nicht", sagte sie, als habe sie meine Gedanken erraten. „Das Haus gehört mir. Alles, was wir besitzen, gehört mir. Aber er ist auch ein guter Mann."

Hatte die Frau ihren Mann gekauft? Gab es so etwas? Der Gedanke kitzelte mich zu einem inneren Lachen. Goldringe hatte sie wohl nicht für ihn gegeben. Vielleicht war es etwas anderes. Ein neues Auto oder ein Büro, wo er in einem schönen Anzug saß und seine schönen Hände betrachtete.

Schuxan besuchte mich noch am selben Tag. Sie nahm meine Hand, sie betrachtete mich lange, und die Tränen liefen über ihr Gesicht. „Du hättest ihn nicht heiraten sollen", sagte sie. „Karuan war dagegen, ich war dagegen, aber niemand hat auf uns gehört."

„Wenn ich eine Anzeige gegen ihn machen will …", sagte ich, „die Ärztin hat gesagt, das kann ich."

Schuxan schüttelte langsam den Kopf. „Das geht nicht."

„Warum nicht?", fragte ich.

„Ich habe noch nie von einer Frau gehört, die ihren Mann angezeigt hat."

Schuxans ganzes Leben richtete sich danach, was sie von anderen Frauen gehört hatte. Ich war nicht wütend auf Umar, ich fühlte mich nur elend. Alles tat mir weh. Ich wollte nicht mehr gegen ihn kämpfen.

„Wenn du ihn anzeigst, wird er sich scheiden lassen", sagte sie schließlich. „Und wenn ihr geschieden seid, bekommt er die Kinder."

Damit war entschieden, dass ich ihn nicht anzeigen würde. „Was machen die Kinder?", fragte ich.

„Nigin ist zu einer Schwester von ihm gebracht worden, Niga zu einer anderen."

„Sind sie nicht bei Hada?"

„Nein, Hada ist bei ihm. Jemand muss für ihn kochen und putzen."

Schuxan sah mich lange schweigend an. Dann sagte sie: „Du weißt doch, wie viel ihm Allah bedeutet – er sagt, du hast Allah beleidigt."

„Ich habe gesagt, dass Allah nur in seinem Kopf ist." Mehr wusste ich nicht mehr.

Ich hörte ein unterdrücktes Lachen von meiner Nachbarin.

Als sie gegangen war, kam die Ärztin und untersuchte mich. „Sie möchten keine Anzeige erstatten, Frau Saeed?", fragte sie. „Ihre Schwester hat das gerade gesagt."

Ich nickte. „Keine Anzeige, bitte."

„Ihr Mann ist ein Islamist", erklärte die Nachbarin. „Sie hat ihm gesagt, Allah gibt es nur in seinem Kopf."

Ich sah ein Lachen in den Augen der Ärztin aufblitzen.

„Allah wird dir verzeihen", sagte meine Mutter. „Er erbarmt sich, er ist der Allbarmherzige." Sie saß neben meinem Krankenbett und schaute nach den Stellen auf meinem Kopf, die kahl waren. Von allen Seiten sah sie mein Nase an.

„Er hat mich in den Bauch getreten, als ich auf dem Boden lag, aber sie haben keine inneren Verletzungen gefunden."

„Was sagt Schuxan?" Meine Mutter konnte mich nicht anschauen. Sie wollte nicht sehen, was er mit mir gemacht hatte.

„Schuxan sagt, ich darf ihn nicht anzeigen."

„Auf keinen Fall darfst du ihn anzeigen, Kind! Schuxan hat recht. Die Nachbarinnen reden bereits über uns. Sie schweigen, wenn ich vorbeigehe. Sie schauen weg. Die Ehre unserer Familie!"

„Aber wie kann ich zu ihm zurückgehen?", frage ich.

„*Nicht* zurückgehen – wie könntest du das?", entgegnete sie mir schnell.

„Aber schau mich an. Was wird beim nächsten Mal geschehen?"

„Wie konntest du Allah beleidigen?", fragte meine Mutter vorwurfsvoll. „Wir sind eine fromme Familie!"

„War Vater ein Islamist?"

„Was ist das – ein Islamist?"

Ich sah zu meiner Nachbarin, weil ich nicht wusste, was ich antworten sollte.

„Ein Islamist tötet sogar seine Glaubensbrüder, wenn sie ihm auf seinem Weg nicht folgen", erklärte sie mir.

„Nein, ein Islamist war er sicherlich nicht!", rief meine Mutter. Sie nahm meine Hand und küsste sie. Sie traute sich nicht, mich zu umarmen. „Dein Vater war ein gläubiger Mensch, Chalat. Er hat oft im Koran gelesen. Du weißt, dass er lesen konnte? Oft hat er daraus vorgelesen mit seiner schönen Stimme. Ein schönes Buch, ein wahres Buch. Ein Buch wie ein Wunder – so hat er es angesehen, wenn er es in seinen Händen gehalten hat."

„Aber, Mutter, Umar ist ein Islamist!"

„Nein, Chalat, du musst dich irren. Er darf dich nicht schlagen, aber er ist fromm."

„Wie kann ich zu ihm zurückgehen?", fragte ich.

„Allah ist der Barmherzige. Wende dich im Gebet an ihn. Bete mit deinem Mann, dann wird alles gut."

Meine Nachbarin drehte sich in ihrem Bett weg.

„Chalat, die demütigen Frauen mag Allah am liebsten. Ihnen wird er alles verzeihen."

Meine Mutter versuchte eine vorsichtige Umarmung. *„Von ihm ist, was an Gutem kommt, von dir ist, was an Schlechtem kommt."* Diese Worte flüsterte sie in das Ohr, auf dem ich hören konnte.

„Ich will zu euch, wenn sie mich hier entlassen", sagte ich fest.

Es war unvorstellbar, mit Verband und Pflaster zu meinem Mann zurückzukehren. Meine Mutter redete von Gebeten – sah sie denn nicht, was Umar mit mir gemacht hatte?

„Ich werde mit Goran sprechen", sagte sie und ging kopfschüttelnd aus meinem Zimmer.

„Ich kenne eine Frau, die ist zum Sheikh gegangen", sagte meine Nachbarin.

„Zu einem Sheikh, weil sie verprügelt wurde?"

„Nicht nur verprügelt, der Mann wollte ihr auch die Scheidungspapiere schicken."

„Eine Nachbarin?"

„In unserer Straße." Sie sah es vor sich. „Er hat sie mit dem Messer verfolgt. Alle haben es gesehen. Als er gestolpert ist, haben ihm die Männer das Messer abgenommen."

„Und sie ist zum Sheikh gegangen, die Frau?"

„Beten hilft nicht", sagte meine Nachbarin knapp.

Wir wussten beide, dass meine Mutter eine alte Frau war, die sich nicht anders zu helfen wusste.

„Die Frau ist zu einem Sheikh gegangen. Er hat ihr gesagt, dass sie die getrockneten Geschlechtsteile einer Wildsau im Haus verstecken muss."

„Und, hat es geklappt?"

Die Nachbarin nickte. „Sie sagt, ihr Mann ist jetzt der beste Mann der Welt."

Wir mussten beide über die Frau und meine Mutter lachen.

„Wenn du dich scheiden lassen willst, dann soll es so sein", hatte Goran gesagt.

Meine Mutter hatte entsetzt aufgeschrien. Schuxan hatte einen Teller fallen gelassen. „Das geht nicht!", hatte meine Mutter gerufen. „Die Nachbarinnen!"

„… aber sag deinen Kindern, dass du nicht mehr kommst. Du selbst sagst es ihnen! Dann sagst du es mir, und dann soll es geschehen", hatte Goran gesagt und mich eindringlich angesehen.

Die Ärztin hatte mir die Verbände abgenommen. „Was werden Sie tun, Frau Saeed?“, hatte sie gefragt.

„Was wirst du tun, Chalat?“, hatte meine Bettnachbarin gefragt.

Aber ich hatte ihnen keine Antwort geben können.

Ich war mit Schuxan in die Stadt gegangen, um Dinge für die Kinder zu kaufen. Ein paar Kaugummis, die Nigin liebte – ein paar Haarklammern für Niga. Dann waren wir zu der Schwester von Umar gegangen.

„Ich gehe allein.“ Ich war zur Tür gegangen und hatte geklopft. Und wieder geklopft, aber sie hatte mir nicht aufgemacht, obwohl sich jemand hinter dem Vorhang bewegt hatte.

Dann waren wir zur anderen Schwester von Umar gegangen. Sie war eigentlich seine Cousine. Das wusste Schuxan jetzt, weil sie mit Frauen in der Straße gesprochen hatte.

Wieder klopfte ich, diesmal machte sie mir auf.

„Ich möchte Niga sehen“, hatte ich gesagt.

„Nein“, hatte sie gesagt, „die Kinder gehören Umar. Geh, verschwinde von meiner Tür!“

Dann waren wir zu Nigins Schule gegangen, obwohl es mir verboten war, die Kinder zu sehen. Ich konnte nur hoffen, dass niemand wusste, wer ich war.

Und so wartete ich auf die Pause und auf mein Kind wie eine Schuldige. Nigin kam als Erste aus der Schule gerannt, um sich nach mir umzuschauen. Ich stellte mir vor, wie oft sie aus der Schule gerannt war, ohne ihre Mutter zu sehen. Wie verzweifelt sie sein musste! Wie ihre Hoffnung jedes Mal enttäuscht wurde!

Als sie mich sah, war sie so glücklich, dass sie über den ganzen Schulhof „Mama!“ rief. Die Pausenaufsicht hatte uns beobachtet, aber sie wandte sich um, als Nigin auf mich zugerannt kam. Sie wollte zulassen, was nicht geschehen durfte.

Ich umarmte Nigin ganz fest. Als ich sie wieder losließ, fasste sie an mein Gesicht, meine Nase, meine Lippe und stammelte: „Du bist wieder gesund, ganz gesund. Holst du uns ab, mich und

Niga, endlich?“ Ich sah, wie die Tränen über ihr Gesicht liefen, aber sie hielt die Augen geöffnet, als könne sie nicht genug von mir sehen.

„Ja, Nigin“, sagte ich, „ich werde wieder bei euch sein.“

„Versprochen?“

Ich nickte und umarmte sie. Dann sah ich sie an. Ihre Sachen waren schmutzig. Ihre Haare waren strohig. „Was hat diese Schwester mit dir gemacht?“

„Ich darf nur arbeiten in ihrem Haus“, sagte sie. „Wenn ich nicht arbeite, bekomme ich nichts zu essen. Ich muss immer diese Sachen tragen, und waschen darf ich mich nur alle zwei Tage. Und ich muss die Kacke von ihren Kindern wegmachen! Sie will mich aus der Schule nehmen, aber sie kann nicht schreiben. Da hat die Lehrerin gesagt, sie muss es aufschreiben, wenn ich nicht mehr zur Schule darf.“ So viel, so schnell kam aus ihr heraus. Sie redete wie eine Autostraße.

„Das ist vorbei“, sagte ich. „Ich komme zurück.“

Sie nickte und war sprachlos vor Glück.

Dann war die Pause vorbei. Ich winkte der Lehrerin. Sie nickte kurz. Schuxan nahm mich unter dem Arm, als wir gingen. „Es wird alles gut, Chalat“, sagte sie. „Deine Kinder brauchen dich.“

Ja, sie hatte recht. Ich wusste nun, was ich Goran sagen würde.

Wenn du Reue zeigst

Meine Familie fuhr mich mit dem Auto zu Umar. Ich trug einen schwarzen Niqab, nur meine Augen waren frei, aber sonst war ich verhüllt. Es war mir recht so, weil mein Gesicht noch blau war und weil mir viele Haare fehlten. Ich trug schwarze Handschuhe und schwarze Socken, wie ich es in Byara getan hatte.

„Wir bringen sie vor die Tür“, sagte Schuxan.

„Wir sind ihre Familie“, sagte meine Mutter.

Also fuhr Goran langsam die Straße entlang. Die Kinder, die dort spielten, wichen uns aus. Die Mütter schauten neugierig in den Wagen.

„Wissen sie, dass ich komme?", fragte ich.

„Nein", sagte meine Mutter, „woher sollten sie es wissen?"

Sie konnten es von Hada wissen. Wenn es in der Moschee bekannt wurde, dann wussten sie es von ihren Männern. Oder sie hatten erlebt, wie mich Schuxan mit blutigem Gesicht abgeholt hatte.

„Chalat steigt aus, dann fahren wir weiter", entschied Goran.

Also ging ich allein in die Straße und zum Haus von Umar. Die Kinder schauten die fremde schwarze Frau an. Sie vergaßen für einen Augenblick ihr Spiel oder ihren Streit. Die Mütter wussten, wer unter dem Umhang war. Und sie wussten, warum die Frau ihr Gesicht nicht zeigen konnte. Und die Frau, die es noch nicht wusste, erfuhr es von den anderen Frauen.

Das Tor zum Haus von Umar war verschlossen. Er hatte Hada verboten, mich einzulassen. Welat winkte mich zu sich, aber ich wandte mich ab. Er hatte gewollt, dass ich auf der Straße stand. Wenn ich meine Kinder wiedersehen wollte, dann musste ich auf ihn warten. Er wollte mich hier treffen. Vor den Augen der Frauen. Umar, der Fromme, der vom Gebet kam – so sollten sie ihn sehen. Chalat, die Schuldige, die Bettlerin – so sollten sie mich sehen.

Als Umar die Straße entlangkam, trug er sein weißes Gewand und seine weiße Kappe. Sein Blick war nach innen gekehrt. Das Gebet zu Allah hielt ihn gefangen. Nichts drang von außen zu ihm. Nicht der Anblick seiner schwarz verhüllten Frau, nicht die Blicke der anderen Frauen, die auf ihr lagen wie ein zweiter Umhang. Mullah Umar war allein mit Allah.

„Ich bin zurück", sagte ich, als er vor dem Tor stand und mich bemerkt hatte.

Er nickte und wartete, was ich sagen würde.

„Ich bitte dich um Verzeihung", sagte ich.

„Bitte Allah um Verzeihung, nicht mich, Chalat. Ich bin nur ein Gläubiger. Ein Mensch, der den rechten Weg sucht."

Dann trug er einige Verse vor, als spreche sein Prophet zu mir.

Siehe, Allah ist barmherzig
Er wird denen vergeben
Die ohne Wissen Böses tun.
Und wenn sie Reue zeigen
Wird Allah vor sie treten
Denn er ist weise und gütig.

„Komm in mein Haus, Chalat", sagte er. „Wie Allah dir verzeiht, will auch ich dir verzeihen."

So trat Umar vor mich hin, hielt eine Hand auf sein Herz. Als ich mich vor ihm verbeugte, war mir verziehen vor allen Frauen. „Denke nur, wie viel Güte dir widerfährt, Chalat", sagte er.

Ein kleines Kind begann zu weinen, weil es so still war.

„Darf ich meine Kinder sehen?", fragte ich.

Umar nickte würdevoll. „Chalat, dir ist verziehen. Geh und hole deine Kinder", sagte er. „Siehe, Allah tut nichts, was unrecht ist – nicht von der Größe eines Staubkorns."

„Schau dir die Kinder an, wie schmutzig sie sind", sagte ich zu Umar. „Was hat deine Schwester mit ihnen gemacht?"

„Frag sie selbst", sagte Umar mürrisch.

Dann rief ihn jemand auf dem Handy an. Er schaute auf das Display, las den Namen und ging nach unten, wo wir ihn nicht stören durften.

Allah ist also nur da, wenn die Nachbarn zuschauen?, dachte ich. *Allah ist kein Gott der Mädchen, kein Gott der Frauen*, dachte ich bitter.

Hada hatte mir geholfen, die beiden Kinder zu waschen. Wir hatten ihre schmutzigen Kleider im Garten verbrannt. Nigin hatte Exkremente beseitigen müssen, um etwas zu essen zu bekommen.

„Ich schäme mich für meine Schwester", sagte Hada, als sie die Kleider nahm.

„Warum hat unser Vater dich geschlagen?", fragte Nigin. Es war die einzige Frage, die sie mir stellte.

„Wir hatten Streit, Nigin, aber es ist vorbei."

„Versprochen – ganz vorbei?"

Ich nickte. „Wenn du in eine Koranschule gehst, kaufe ich dir einen schönen Stoff und lasse dir ein wunderschönes Kleid nähen", sagte ich und nahm ihre Hand, weil es ein Versprechen war.

„Für Niga auch?"

Ich nickte.

„Gib ihr auch eine Hand."

Also gab ich auch Niga eine Hand, obwohl sie zu klein war, um zu wissen, dass ich ihr etwas versprach. Sie schaute in meine Hand, ob ich etwas darin versteckt hatte.

„In so eine Schule, in die Agrin nachmittags gehen muss?"

„Ja, in so eine Schule."

„Sie hat aber kein schönes Kleid bekommen. Ihr Kleid ist sehr hässlich, so braun wie –"

„Das Kleid, das du bekommst, ist nicht für die Koranschule. Du darfst es dort nicht tragen, weil die Mädchen sonst neidisch sind. Es ist ein sehr schönes Kleid, aber du sollst dort Arabisch lernen, wie Allah es spricht."

„Wenn er Gott ist, warum spricht er nur Arabisch? Hat er keine andere Sprache gelernt? Ich spreche Kurdisch und Arabisch. Und Sarin spricht Englisch."

„Nein, Allah spricht nur Arabisch. Wenn du ihn verstehen willst, musst du sein Arabisch lernen. Er ist Allah, und du bist Nigin."

„Er hat alles gemacht?"

„Alles, Nigin. So steht es in seinem Buch."

„Aber wenn er alles geschaffen hat, warum hat er dann Sprachen geschaffen, die er nicht versteht?“

Ich war nur froh, dass Nigin diese Fragen nicht ihrem Vater stellte.

„Er ist der Gott von Umar“, sagte sie. „Ihr habt über ihn gestritten, nicht wahr?“

„Stell dir ein rotes Kleid vor, Nigin. Aus einem Stoff, der glänzt.“ Ich zeigte ihr, wie es aussehen würde. An den Schultern, um den Hals, am Körper, vorne und hinten und an den Beinen.

Als Hada mit der gewaschenen Niga kam, zeigte Nigin ihr, wie das Kleid aussehen würde.

„Rot?“, fragte Hada.

„So rot, wie Mohnblumen rot sind!“, sagte Nigin. „Aber Mohnblumen glänzen nicht.“

„Es muss genäht werden!“, sagte Hada. „Das wird Umar niemals bezahlen!“

Nigin sah mich an. Ich hatte es versprochen.

„Ich spreche mit Umar“, sagte Hada.

Die Koranschule

Als Umar aus der Moschee kam, verschwand er nicht nach unten, wie er es sonst tat.

Er setzte sich zu uns und behielt seine weiße Gebetskappe auf.

„Hast du schon gebetet, Nigin?“

Sie hob ihre Hände, die beide noch feucht waren. Sie zeigte die Hände innen und außen.

„Ich zeige ihr die Waschungen vor dem Gebet“, sagte ich und hoffte inständig, dass er sich mit meiner Auskunft zufrieden gab.

„Das Wichtigste ist zu verstehen, dass Allah barmherzig ist“, sagte er und sah Nigin an.

„Es ist alles noch sehr verwirrend für sie“, sagte ich schnell.

Umar nickte. Nigin beobachtete ihn.

„Warum spricht Allah nur Arabisch?“, fragte Nigin.

„Weil Arabisch die Sprache Allahs ist“, sagte Umar würdevoll.

Nigin überlegte, ob sie mit dieser Antwort zufrieden war. Dann überlegte sie, ob es klug war, mit dieser Antwort nicht zufrieden zu sein.

„Es ist schön, dass du fragst, Nigin“, sagte Umar. „Allah ist überall, auch in deiner Frage.“

Ich stieß Nigin mit dem Knie an. Sie musste verstehen, dass ich das Gespräch beenden wollte. Allah war überall, auch im klugen Schweigen der Frauen.

„Ihr wisst, ich bin ein angesehener Mann in der Moschee“, sagte Umar und wartete, bis wir genickt hatten. Nur Niga verstand noch nichts. Aber sie nickte auch. „Ich habe mich umgehört. Vor allem für dich, Nigin.“

Er darf mit ihr über alles sprechen, dachte ich. *Nur nicht über Allah – warum er so ist und nicht anders.*

„Unser Imam hat einen Platz in der Koranschule für dich frei. Du musst wissen, dass es viele Väter gibt, die ihre Töchter dort anmelden.“

Gott, erhöre mich, betete ich. *Lass sie nicht sagen, dass sie nur Agrin kennt, die dort nicht hingehen will!*

„Kann ich dort auch Englisch lernen?“, fragte Nigin.

„Nein, Englisch ist die Sprache der Ungläubigen“, sagte Umar streng.

„Allah spricht kein Englisch?“, fragte sie.

„Nein, natürlich nicht“, sagte Umar. „Die Amerikaner sind die Feinde des Islam. Der Shaitan spricht Englisch!“

„Umar, ich zeige ihr gerade, wie gebetet wird“, sagte ich schnell. Es konnte nicht gut sein, wenn Nigin Fragen zum Shaitan stellte.

„Allah spricht Arabisch, der Shaitan spricht Englisch – sie verstehen sich also nicht?“, fragte Nigin.

„Allah spricht nicht mit dem Shaitan! Aber das lernst du alles in der Koranschule.“

„Okay“, sagte Nigin. „Okay.“

„Nun zu dir, Chalat. Auch um dein Anliegen habe ich mich gekümmert.“

Allah ist wirklich überall, dachte ich.

„In der Moschee wird ein Nähkurs stattfinden. Die Frau eines Freundes wird ihn leiten. Eine fromme Frau ist sie, über allen Zweifel erhaben.“

Wir werden also Niqabs nähen, dachte ich.

„Ich erlaube dir, mit Nigin zur Moschee zu gehen“, sagte Umar.

Allah ist voller Güte, dachte ich. *Außerdem spart Umar Geld, wenn ich die Kleider selbst nähe.*

„Nigin wird auf dem Weg ein Kopftuch tragen“, sagte Umar.

„Was ist mit dem roten Stoff? Wann kaufen wir ihn?“, fragte Nigin.

„Roten Stoff?“, fragte Umar. „Welchen roten Stoff?“

„Rotbraunen Stoff“, sagte ich. „Eigentlich eher braun.“

„Rot, hast du gesagt, Mutter. Rot und glänzend.“

„Ich werde lernen, Kleider zu nähen, wie es Allah gefällt.“

Nigin sah mich streng an. Hatte ich nicht gehört, was sie gesagt hatte?

„Es gibt dort Stoffe“, sagte Umar. „Sie sind eine Spende.“

Mit Allahs Hilfe war das Nähen umsonst, und der Stoff war umsonst.

„Dankt nicht mir“, sagte Umar. „Dankt Allah, dem Allgütigen.“

„Wenn ich wieder bete, werde ich mich bedanken“, sagte Nigin. „Versprochen.“

Dann kam Hada mit dem Essen. Umar schwieg, während er aß. Er hatte sehr lang mit uns geredet, nun musste er über andere Dinge nachdenken.

Ich brachte Nigin in ihren Raum in der Koranschule. Die Mädchen saßen wie in einer Schule zu zweit nebeneinander. Zehn Mädchen sahen mich und Nigin an.

„Bin ich hier richtig?“, fragte ich.

„Ja, wir sind richtig“, sagte Nigin.

„Rück mal“, sagte sie zu einem Mädchen. Dann sah sie mich an, damit ich sie endlich allein ließ.

Nigin ist ein freies Mädchen, dachte ich. *Ich war auch ein freies Mädchen, aber Nigin hat einen sehr starken Willen. Vielleicht ist es gut, dass sie in einer Koranschule unterrichtet wird.*

Unser Nähraum war kleiner, aber er war hell durch hohe, schmale Fenster. Draußen stand ein Sichtschutz, eine schwarze Plane. Wir waren vor den schamlosen Blicken der frommen Männer geschützt. Vorne saß eine sehr alte Frau vor einer sehr alten Nähmaschine. Das war unsere Lehrerin. Vier Frauen saßen an einzelnen Tischen. Ich setzte mich an den fünften Tisch. Die Lehrerin hatte nicht einmal aufgeblickt.

„Sie hört nichts, wenn sie liest“, sagte die Frau neben mir. „Ich heiße Rokan.“

Ich stellte mich den anderen Frauen vor. Jede sagte ihren Namen.

„Bist du die Frau von Mullah Umar?“, fragte Rokan.

Alle sahen mich neugierig an.

„Ja, das bin ich. Kennt ihr ihn?“

„Reden wir nicht über die Männer und was sie machen“, sagte Rokan schnell.

„Einverstanden“, sagte ich.

Ich sah, dass etwas Besonderes mit Umar war. Etwas, worüber sie nicht sprechen wollten.

Die Lehrerin las den Koran, als sei sie allein mit sich.

„Sie ist die Mutter des Imam“, sagte Rokan.

„Meine Tochter geht auf die Koranschule“, sagte ich. „In dieser Zeit lerne ich Nähen.“

„Meine Tochter ist auch dort“, sagte eine Frau. „Es wäre besser, sie würde Nähen lernen statt Arabisch.“

Die Lehrerin sah kurz auf, als habe sie doch etwas gehört. Dann las sie weiter.

„Der Lehrer nimmt ihnen nicht einmal die Handys ab. Kein Wunder, dass sie kein Arabisch lernen.“

„Sie ist gleich fertig“, sagte Rokan. „Sie spricht ein sehr lustiges Arabisch, weil ihr ein paar Zähne fehlen.“

Dann verteilte die Lehrerin Bögen mit Papier und Stifte. „Zeichnet einen Tschador“, sagte sie. Dann setzte sie sich wieder an ihren Tisch und las.

Die Frauen schauten, wie ich zeichnete. In der Schule war ich immer sehr gut gewesen im Zeichnen. Oft hatte der Lehrer allen Kindern gezeigt, was ich gezeichnet hatte.

Als ich den Tschador fertig gezeichnet hatte, malte ich der Frau ein Gesicht. Es war das Gesicht unserer Lehrerin.

Rokan lachte, weil sie es erkannt hatte. „Seht mal, wie gut Chalat zeichnen kann!“, rief sie.

Alle Frauen standen auf, um meine Zeichnung anzuschauen. Auch die Lehrerin stand auf. „Du malst ein lebendiges Bild“, sagte sie streng. „Das ist haram. Der Islam duldet keine solchen Bilder.“ Sie nahm mir das Bild ab und zerriss es. Kopfschüttelnd warf sie es in den Korb. Dann las sie wieder im Koran.

Es ist in meinem Kopf, dachte ich. *Wie will sie es dort zerreißen?*

„Wer solche Bilder malt, schafft Leben“, sagte sie, als stehe es im Koran. „Willst du schaffen, wie Allah schafft? Wie anmaßend du bist!“

Dann zeigten mir die Frauen einige Schnittmuster. Sie zeigten mir viele Dinge, die ich noch nicht kannte.

„Das Nähen ist nicht schwer“, sagte Rokan. „Schwer ist es, sich Dinge auszudenken.“

„Soll ich einen Saum malen?“, fragte ich.

Sie gaben mir ein Blatt Papier, auf das ich einen schön verzierten Saum malte, mit kleinen Steinen und glitzernden Wellen, als würde ich mit meinen nackten Füßen über einen Strand gehen.

„Toll!“, sagte Rokan.

Wieder stand die Lehrerin hinter mir. „Was ist das?“, fragte sie.

„Kleine Steine und Wellen“, sagte ich.

„So etwas auf den Stoff zu nähen ist haram“, sagte sie streng. „Das ist modisches Zeug, das nur den Ungläubigen gefällt.“

„Es ist das erste Mal, dass Chalat etwas für uns zeichnet“, sagte Rokan.

„Meinst du, ich bin zu alt, um zu sehen, dass sie Talent hat?“ Die Lehrerin sah Rokan streng an. „Aber ein Talent, das nicht Allah dient – was ist das wert!?“

Eine Gesellschaft der Frommen

Rokan erzählte mir, dass ich nach dem Abschluss der Nähschule ein Zertifikat bekommen würde. Zur Prüfung musste ich ein Kleid nähen, ein islamisches Kleid. Wenn meine Leistungen sehr gut seien, könne ich ein Geschäft eröffnen und für andere Frauen Kleider nähen, islamische Kleider. Dies würde von der Stadt gestattet.

„Niemals wird mir Umar erlauben, ein Geschäft zu eröffnen“, sagte ich. „Niemals, niemals!“

Ich hatte dreimal *Niemals* gesagt, aber Rokan sagte gleichgültig: „Mach dein Zertifikat, dann redest du mit deinem Mann, dann redest du mit mir.“

Als die Lehrerin kam, wollte ich zeigen, was ich genäht hatte, aber sie wollte über etwas anderes reden. „Ihr habt viel bei mir gelernt“, sagte sie an mich gewandt. „Wir werden den Kurs bald beenden. Lasst uns über das Wichtigste sprechen. Lasst uns darüber sprechen, warum wir nähen. Lasst uns darüber reden, in wessen Dienst wir stehen. Lasst uns über Allah sprechen!“

Sie sah mich finster und schweigend an. Diese Frau war schrecklicher als Umar. Etwas war an ihr, das Umar klein machte.

„Ein kluges Mädchen hast du, Chalat“, sagte sie. „Sie lernt Arabisch, wie ein Fisch Schwimmen lernt. Wenn nur alle Mädchen so wären.“ Da sah sie Rokan vorwurfsvoll an, die auch eine Tochter in der Koranschule hatte. „Andere interessieren sich mehr für ihre Handys als für den Koran. Traurig ist es. Nichts Gutes kommt aus den Handys – nur die eigene Dummheit."

„Ach, so sind sie, die jungen Mädchen", sagte Rokan leichthin.

Ich musste ein Zertifikat von dieser Frau bekommen und Nigin vor ihr retten.

Sie wischte Rokans Entschuldigung mit einer Handbewegung fort. Wie eine Staubfluse auf einem ansonsten makellosen Stoff. „Was denkt ihr, in was für Zeiten wir leben? Sind es Zeiten, ein gleichgültiges Leben zu führen? Was denkt ihr, wer Saddam vertrieben hat? Es war Allah! Was denkt ihr, wer die Amerikaner vertreiben wird? Es wird Allah sein, der Allmächtige! Er wird eine Gesellschaft begründen nach seinem Bild, wie er alles erschaffen hat. Es wird ihm ein Leichtes sein."

Wir nickten gehorsam.

„Eine Gesellschaft der Frommen!", rief sie. „Die Menschen werden niederfallen im Gebet. Sie werden Allah danken. Diese Gesellschaft wird kommen, sie ist uns versprochen. Die Mädchen, die jetzt in der Koranschule lernen, werden die Mütter der Gläubigen sein."

Ich hatte Umar immer allein gesehen, aber er war Teil von etwas Größerem. Die Frauen in Byara waren Fremde gewesen. Diese Frau aber war aus Sulaimaniyya. Sie ging umher wie ein schwarzer Dschinn in der Nacht. Ich musste Nigin vor ihr retten.

„Wenn eine Frau näht, dann steht sie im Kampf gegen die Ungläubigen. Alles folgt Allahs Plan. Nicht ein Stich wird falsch sein. Es ist der rechte Weg. Nicht ein Steinchen wird sich lösen. Ein Mann opfert sein Leben im Kampf für Allah, eine Frau gibt ihr Leben für die Kinder, dass sie Allah dienen. Sie opfert ihre Söhne, sie fällt nieder vor Allah und dankt ihm, wenn er ihre Töchter zu Witwen macht!"

Nun war sie erschöpft. Ihre Haut war gelb, Speichel lief dort hinaus, wo ihr Zähne fehlten. Ihre Augen waren wie heiße Klingen, also wolle sie die Worte in unser Inneres einbrennen.

„Eine Frau, die Allah ein Leben gibt, darf den Tod für Allah nicht fürchten!", rief sie.

„Eine Maschine zum Nähen kann ich dir leihen", flüsterte Rokan.

Als Prüfungsaufgabe mussten wir einen Niqab nähen. Wir hatten eine lange Bahn dunkelgrünen Stoff bekommen. Ich hatte für Rokan einen Niqab genäht, sie hatte einen Niqab für mich genäht. Der Schlitz für ihre Augen war schmal und blieb an seinem Platz, wenn sie den Kopf ein wenig drehte. Wenn ich Rokans Niqab anzog, dann war ich wie eine Blinde. Rokan bestand den Kurs, aber ich bekam als Einzige das Zertifikat und konnte mich nun bei der Stadt anmelden, um eine Näherei zu eröffnen.

Die Lehrerin verbot uns das Lachen und das Reden. Wir saßen also in den Niqabs da und waren so still, dass wir die Männer hörten, die in den Gebetsraum gingen.

„Eine gottesfürchtige Muslima zeigt ihre Freude nicht vor anderen. Sie hütet sie wie einen Schatz. Warum wird mir eine fremde Freude aufgedrängt? Ich frage euch: Wird sie dadurch größer?"

Ich berührte Rokan mit meinem Knie. Sie berührte mich. Wir trugen Handschuhe, weil wir heute nicht nähen würden.

„Aber ich habe eine Überraschung für euch", sagte die Lehrerin.

Wir zeigten ihr unsere Neugierde nicht.

„Die Mädchen aus der Koranschule werden heute etwas vortragen."

Die Mädchen kamen eine nach der anderen in den Raum. Alle trugen den gleichen Umhang, das gleiche Kopftuch, nur die Schuhe waren ihre Straßenschuhe. Es waren zehn Mädchen. Ich sah Nigin als Erste hereinkommen, aber sie erkannte mich nicht. Sie schaute immer zu Rokan, weil ich ihr gesagt hatte, dass ich die beste Näherin war. Sie konnte sehen, dass Rokans Niqab besser gearbeitet war als die anderen. Sie konnte nicht wissen, dass Rokan meinen Niqab trug.

„Die Mädchen wollen etwas vortragen", sagte die Lehrerin.

Vier Mädchen lasen aus dem Koran vor. Unsere Lehrerin stand daneben und bewegte die Lippen. Das erste Mädchen schaute verblüfft die Lehrerin an, als sie das sah. Aber dann las sie weiter, was sie gelernt hatte.

„Und nun haben wir ein Mädchen, das uns einige Verse auswendig vortragen wird", sagte die Lehrerin voller Stolz. „Nigin trägt eine sehr schöne Stelle aus dem Koran vor."

Nigin stellte sich nach vorne und sagte langsam auf Arabisch, was sie gelernt hatte:

Und wenn ihr in Türmen wohntet
Hoch gebaut und fest auf dem Grund –
Wo immer ihr auch seid
Euch kann überall der Tod ereilen.

Das Leben ist den Gläubigen nichts
Denn ihnen ist das Paradies gewiss.
Die Gläubigen kämpfen mit Allah
Die Ungläubigen aber vor Götzen.

„Sehr schön, Nigin", sagte die Lehrerin.

„Alles ist von Allah", flüsterte sie auf Arabisch und verneigte sich.

Vor der Moschee warteten die beiden Mädchen auf Rokan und mich. Ich küsste Nigin und lobte sie. Auch Rokan lobte ihre Tochter. Dann gingen wir gemeinsam den Weg entlang und lachten über die Lehrerin.

„Dort", sagte Rokan plötzlich, „habt ihr den Mann gesehen, der uns entgegenkam?"

Nein, wir hatten nicht auf ihn geachtet.

„Er ist verrückt geworden", flüsterte Rokan.

„Verrückt?", fragte ich.

„Richtig verrückt?", fragte Nigin.

„In der Nacht ist er mit einer Schere an das Bett seiner Frau geschlichen und hat ihr alle Haare abgeschnitten!"

Wir sahen sie ungläubig an.

„Und heute hat er seine beiden Töchter – dreizehn und vierzehn Jahre alt – an zwei fremde Männer in der Moschee *verschenkt*."

Auf dem Weg nach Hause sagten die Mädchen kein einziges Wort mehr – weder auf Kurdisch noch auf Arabisch.

„Beim nächsten Mal erzähle ich euch die ganze Geschichte – alles, wie es anfing. Denn meine Nachbarin sagt, der Mann sei der Einzige in der Familie, der nicht verrückt geworden sei."

„Der Mann, der seine beiden Töchter verschenkt hat, ist nicht –?", flüsterte Nigin ungläubig.

Rokan lächelte geheimnisvoll.

Es wird Krieg geben

Während ich mit ihm sprach, sah Umar in das Fernsehen. Eine sehr blonde Nachrichtensprecherin sah ihn starr an. Sie redete in ihrer fremden Sprache – schnell und aufgeregt.

Ich legte mein Zertifikat neben ihn auf den Tisch. „Ich kann als Näherin in der Stadt arbeiten", sagte ich.

„Ich verbiete es dir", sagte er, ohne die Nachrichtensprecherin aus den Augen zu lassen.

„Warum habe ich in deiner Moschee gelernt, wenn ich nichts damit tun darf?"

„Was bist du für eine lächerliche Frau!", sagte Umar.

Amerikanische Soldaten sprangen aus einem Flugzeug. Die Nachrichtensprecherin war verschwunden. Musik erklang, dort wo sie den Boden betraten.

„Wir werden euch besiegen!", rief er den Soldaten zu. „Unsere Waffe ist der Glaube!"

„Es wäre nur für ein paar Stunden", sagte ich.

Ich nannte ein Viertel von Sulaimaniyya, in dem es ruhig war. Dort würde ich arbeiten können. Es war nicht weit, und Soldaten gab es dort nicht. Ich war mit Hada dort gewesen und hatte in einem Nähstudio gefragt. Der Besitzer war ein junger Mann gewesen. Er hatte mein Zertifikat gesehen und nicht gelacht, weil ich in einer Moschee gelernt hatte.

„Ich verbiete dir, bei Fremden zu arbeiten. Wie kannst du nur daran denken!?"

„Dann werde ich zu Hause arbeiten", sagte ich leise.

„Mir egal", sagte er mürrisch. „In die Stadt gehst du nicht – das verbiete ich dir!" Umar streckte sich, als sitze er auf Luft. „Wir kämpfen gegen diese Soldaten, die Allahs Himmel mit ihren Bombern und Drohnen herausfordern. Wir stellen uns ihnen entgegen mit unserem Leben."

Umar zeigte auf die Bilder im Fernsehen. Aufgetürmter Asphalt, als stemme er sich den Armeefahrzeugen entgegen. Gebäude wie die Körper von Hungertoten. Dächer, die keinen Halt mehr gefunden hatten. Und amerikanische Soldaten, die den Irak betraten, als sei es der Mond, kein Land von dieser Welt.

„Siehst du nicht, dass dort Krieg ist?" Umar und die Nachrichtensprecherin redeten gleichzeitig auf mich ein, weil ich nicht sehen wollte, was geschah.

„Aber in Sulaimaniyya ist kein Krieg", sagte ich trotzig.

„Bald ist hier Krieg!", fuhr mich Umar an. „Wenn wir die Heiden besiegt haben, dann werden wir Krieg führen gegen die Ungläubigen, gegen die Verderbten, die von Allah abgefallen sind. Wer sein Gebet verlernt hat, den werden wir töten! Wer den Ruf Allahs nicht gehört hat, den werden wir töten! Und alle, die uns verraten haben, werden in der Hölle brennen! Und diese Hölle wird den Namen Sulaimaniyya tragen!"

Er war nicht mehr der Umar, der er gewesen war. Ich hatte ihn gehasst, wenn ich nur seinen Wagen auf der Straße hörte. Ich hatte nicht schlafen können, wenn er neben mir atmete. Ich hatte nicht essen können, wenn ich das Essen in seinem Mund sah. Mein Kopf war taub gewesen, wenn er mit mir sprach.

Etwas aber war anders als früher. Er war nicht mehr der Umar, der mich allein unterdrückte. Dieses Haus – es war nicht nur *mein* Grab. Es erschien mir, als habe er Macht auch über andere Dinge erlangt. Er war ein Schrecken geworden für alle Menschen. Mein Schrecken dagegen war um vieles kleiner geworden. Wenn er träumte, dann war ich klein in seinen Träumen. Dann gab es viele Türen für mich, die ich öffnen konnte. Dann war ich träumend eine Zuschauerin geworden.

Umar hatte sich von mir entfernt. Wenn er in den Fernseher schaute, dann wurde er groß und fremd. Als geschehe alles, was dort geschah, von seiner Hand. Er sprach zu den Frauen des Irak. Seine Verbote galten allen Frauen. Seine Verachtung galt ihnen. Er hatte Macht über sie. Ich war nur eine von ihnen, nicht einmal sehr nah. Ich musste mich nicht tiefer verbeugen als sie.

Was war dabei, nicht arbeiten zu dürfen? Was war dabei, eingesperrt zu sein? Was war dabei, die Familie verloren zu haben? Was war dabei, wie eine Tote zu leben?

Ich war nicht mehr allein.

Nigin war klein für ihr Alter, Niga war groß für ihr Alter.

„Wir wollen ein Kleid, als wären wir Zwillinge", hatte Nigin vorgeschlagen.

„Das geht nicht", hatte ich gesagt.

Dann hatte ich gemessen. Die Größe stimmte überein, und Niga war begeistert, eine Zwillingsschwester von Nigin zu sein.

„Siehst du", sagte Nigin, „ich habe immer recht."

Ich lasse diesem Kind zu viel Freiheit, dachte ich. *Sie ist wie ein Junge – nein, sie ist wie zwei Jungen.*

Rokan hatte ihre Freundinnen gefragt, ob es eine Maschine für mich gab. Und Welat hatte gefragt. Und jeden Tag hatte ich sie gefragt, ob sie eine Maschine gefunden hatten. Sogar Hada musste für mich fragen, wenn sie einkaufen ging.

„Sag ihnen, wir haben ein Nähstudio, aber wir haben keine Nähmaschine", hatte Nigin sie angewiesen.

„Ich kenne niemanden", hatte Hada gesagt.

„Trau dich einfach!"

„Nigin, wie sprichst du mit Hada!?", sagte ich streng.

Aber Nigin lachte nur und verschwand.

„Du erziehst sie nicht richtig", sagte Hada leise.

„Und wie soll ich sie erziehen?"

„Wie ein Mädchen", sagte Hada. „Wie wir erzogen wurden."

„Ich erziehe sie nicht, damit sie unglücklich wird."

„Du wirst sehen", sagte Hada düster. „Dein Weg ist falsch."

Und ich wusste, dass sie recht hatte, aber ich konnte es nicht anders.

„Wenn eine Mutter will, dass ihre Tochter anders wird – wo soll das enden?" Hada sah mich voller Sorge an.

Und dann hatte ich eine Maschine bekommen. „Sie ist geliehen", sagte Rokan. „Du kannst sie zurückgeben, wenn du sie nicht mehr brauchst." Dann erklärte sie mir, was es an dieser Maschine alles gab.

„Ich werde die Maschine in meinem ganzen Leben nicht zurückgeben", sagte ich, halb im Spaß.

„Sie gehört Diman. Wenn du anfängst, wird sie zu dir kommen. Diman ist eine reiche Frau. Du wirst Kleider für sie nähen, und dann wird die Maschine dir gehören."

Niga saß neben mir und schaute mir zu, wenn ich an meiner Maschine arbeitete. Nigin las im Koran. „Bald kann ich Arabisch", sagte sie.

„Niemand spricht dieses Arabisch, das im Koran steht", sagte ich.

„Ich lerne Arabisch, nicht um es zu sprechen, sondern weil es eine Sprache ist."

Dieses Kind war ein merkwürdiges Kind. In der Schule lernte sie nur das, was sie wollte. Ich hatte alles gelernt, was der Lehrer uns aufgab.

„Wenn ich klug bin – wozu brauche ich einen Lehrer?“, fragte sie.

Niga lernte wie ich. Es gab kein Fach, in dem sie nicht sehr gute Noten hatte. Über Nigin sagten die Lehrer, dass sie nicht wüssten, was sie mit ihr machen sollten.

„Dann sollen sie nichts mit mir machen“, sagte Nigin frech. „Ich bin eine Schülerin von mir!“

Und dann war das erste Kleid fertig. Erst zog Nigin es an, dann Niga. Ein wenig musste ich ändern, dann nähte ich ein zweites Kleid, genauso wie das erste.

Und als sie im Zimmer standen, waren sie wie Zwillinge.

„Und jetzt?“, fragte Hada.

„Jetzt warten wir auf Frauen, die zu uns kommen und Kleider genäht haben wollen.“

„Gut“, sagte Niga und setzte sich vorsichtig.

„Nein“, sagte Nigin, „wir gehen auf die Straße.“

„Wir?“, fragte Hada. „Auf die Straße?“

Nigin zeigte auf sich, dann auf Niga. „Nur wir zwei! Ihr bleibt im Haus und schaut aus dem Fenster.“ Sie zeigte auf Hada und mich.

Und dann gingen die beiden Kinder vorsichtig in ihren Kleidern – rot glänzend, mit einem feinen goldenen Saum an den Ärmeln.

„Du wirst sehen, welches Ende es mit ihr nimmt.“ Hada sah mich vorwurfsvoll an.

„Warte ab“, sagte ich und wich ihrem Blick aus.

„Dann wird es zu spät sein“, sagte sie.

„Sieh mal“, sagte Hada. „Eine Frau steht vor unserem Haus und schaut.“

Als ich mich am Fenster zeigte, winkte die Frau vorsichtig. Eigentlich hob sie nur ein wenig die Hand. Weil ich neugierig war, was sie wollte, ging ich in den Garten.

Sie stand am Tor, als warte sie auf mich. „Ist hier das Nähstudio Chalat?“, fragte sie.

Ich nickte unentschlossen. Einen Namen hatte ich eigentlich noch nicht für mein Studio.

„Ihre Mitarbeiterin hat mir gesagt, dass es schwierig zu finden ist.“

Ich versuchte meine Verblüffung zu verbergen und bat sie herein.

„Ihre Mitarbeiterin hat gesagt, dass sie ihr Nähstudio geheim halten wollen“, sagte die Frau.

Meine erste Kundin. Ich war ein wenig stolz, als ich hinter ihr ins Haus ging.

Hada hatte uns einen Tee bereitet. Auch sie war eine Mitarbeiterin geworden.

„Ihre Mitarbeiterin sagte, sie hätten viele Kundinnen.“ Die Frau sah sich um.

„Es geht in Wellen“, antwortete ich ihr. „Manchmal haben wir viele Kundinnen, manchmal müssen wir Werbung machen.“

„Ich habe Ihre beiden Mädchen gesehen – es sind doch Ihre Mädchen?“ Ich nickte vorsichtig. „Ihre große Tochter bringt alle Leute zum Lachen.“ Die Frau schaute mich glücklich an. „In diesen Zeiten – das Lachen ist so selten geworden!“

„Wo haben Sie Nigin und Niga angetroffen?“, fragte Hada und warf mir einen Blick zu.

„In der Stadt“, sagte die Frau. „Sie gingen dort mit ihren wunderschönen Kleidern umher. Wie Zwillinge, wie kleine Engel. Und Nigin hat die Frauen gefragt, ob sie nicht wissen wollen, wer so gut nähen kann.“

Wir tranken Tee. Hada schwieg vorwurfsvoll. Dann sah sie wieder aus dem Fenster. „Dort steht wieder eine Frau“, sagte sie nach einer Weile.

Als ich zum Tor kam, sah ich eine Frau, die einen Niqab trug. Selbst als ich vor ihr stand, konnte ich ihre Augen nicht sehen. Sie war eine Frau, die sich dem Islam unterworfen hatte, eine Strenggläubige war sie.

„Ist dies ein Nähstudio für islamische Kleider?“, fragte sie.

Ich wusste nicht, was ich sagen sollte.

„Dein Mitarbeiter-Mädchen hat gesagt, du nähst nur Kleider, die halal sind.“

Ich nickte. Meine Mitarbeiterin wusste am besten, was ich tat und was ich nicht tat.

„Sie hat gesagt, du hast in einer Moschee nähen gelernt. Du hast für die Frau des Imam genäht, sagt sie. Er ist sehr zufrieden mit dir gewesen.“

„Ja, ich habe ein Zertifikat von der Moschee bekommen.“ Meine Mitarbeiterin übertrieb ein wenig, aber sie handelte in bester Absicht.

„Ihr Kleid war recht … auffallend“, sagte die Frau nachdenklich.

„Der Stoff war geschenkt.“

„Deine Mitarbeiterin konnte eine Sure rezitieren“, sagte die Frau. „Sie hat mein Herz berührt, wie sie Arabisch gesprochen hat.“

„Nigin liebt den Koran“, sagte ich. „Niemand hat sie gezwungen.“

„Es ist schön, dich zu treffen“, sagte die Fromme. „Die meisten Nähstudios in der Stadt dienen den Ungläubigen. Allah wird sie strafen.“ Dann ging sie ohne einen Gruß.

„Es war eine Frau mit Niqab“, sagte ich, als ich im Haus war. „Sie hat mir Fragen gestellt.“

„Sei vorsichtig“, sagte meine erste Kundin. „Die Nähstudios in der Stadt leben in großer Angst.“

„Vor diesen Frauen, die fromm sind?“

Die Kundin war wachsam geworden. War ich auch eine von den Frommen?

„Ich habe keine Angst!“, sagte ich.

„Dein Mann ist ein Islamist“, sagte sie wie beiläufig. „So habe ich gehört.“

Die Frauen hatten also über mich gesprochen. Diese Frau war gekommen, um herauszufinden, ob meinem Studio zu trauen war.

„Mein Mann ist mein Mann – ich bin Chalat!“

Die Frau nickte. Sie war zufrieden. „Sei vorsichtig“, sagte sie. „In der Stadt brennen die Nähstudios. In der letzten Woche hat mein Friseursalon geschlossen. Sie haben der Besitzerin eine Drohung geschickt. Ich kenne sie. Eine mutige Frau ist sie. Aber sie ist nicht verrückt.“

Als letzte Kundin kam eine Frau, die nicht am Tor stehen blieb. Sie klopfte nicht einmal richtig. Als die Tür aufging, war sie da. Hada sah erschrocken auf.

„Oh, Chalat, ich sehe, du hast schon zwei Kundinnen in deinem Nähstudio!“, rief sie und umarmte mich, als würde sie mich schon lange kennen. „Lass dich anschauen!“

„Heute ist mein erster Tag“, sagte ich vorsichtig.

„Sei zufrieden!“, rief sie. „Das ist ein großer Erfolg!“

Ich hatte noch nie eine solche Frau getroffen. Sie war nicht schön – ein wenig dick, ein wenig klein –, aber sie war stark. Wie ein Wind, den nichts aufhalten konnte. *So wie diese Frau*, dachte ich. *So wird Nigin eines Tages sein. Wie ich meine Tochter erziehe – was immer Hada denkt, es ist falsch!*

„Bist du Diman?“, fragte ich.

„Vergiss es!“, rief sie und bedachte meine neue Nähmaschine mit keinem Blick.

„Danke“, sagte ich leise.

„Ich bin deine dritte Kundin!“, rief sie. „In aller Bescheidenheit“, fügte sie lächelnd hinzu.

Als Nigin in der Schule war, kam meine Schwester Schuxan zu Besuch. Ich freute mich sehr. Stolz führte ich sie in mein Heimstudio. Ich hatte Kleider in Arbeit, ich verdiente Geld. Ich musste jetzt den Haushalt bestreiten, den Rest behielt ich für mich. Meine Nähmaschine zeigte ich wie einen Schatz. Ich redete von Diman, von Rokan, von Welat. Ich redete davon, dass ich sie alle vermisst hatte, meine ganze Familie – niemand hatte mich besucht in dieser ganzen Zeit. Ich war sehr lange allein mit Hada gewesen, die nicht viel sprach. Jetzt aber kamen wieder Frauen zu mir

„Wir müssen mit dir reden, Chalat", sagte Schuxan. Sie hatte sich neben Hada gestellt und sagte „wir". „Du weißt, dass Nigin in dem Alter ist, in dem sie eine junge Frau wird."

Hada nickte ernst. Sie hatten miteinander gesprochen.

„Männer werden aus Gläsern trinken, die sie berührt hat. Alles, was sie mit ihren Händen berührt, ist unrein. Du weißt, dass es haram ist, wenn sie nicht beschnitten wurde."

Hada wusste, wie ich zu Nigin stand. Sie ließ Schuxan reden. Furcht vor meiner Antwort war in ihren Augen.

„Und wenn sie heiratet – es reicht nicht, wenn ein junges Mädchen eine Jungfrau ist. Die Frauen aus der Familie des Mannes werden sie vor der Heirat untersuchen. Auch deine Tochter wird angeschaut werden, ob sie ein anständiges Mädchen ist."

Schuxan nahm meine Hand, als ergreife sie meine Zustimmung. „Ein unbeschnittenes Mädchen wird angesehen wie eine Schlampe", sagte sie.

„Hör mir zu, Schuxan, ihr werdet mein Kind nicht verstümmeln. Dich und mich haben sie fast getötet. Niemand fasst mein Kind an! Dieses Mädchen wird sich wehren, es wird um sein Leben kämpfen. Wie eine Verrückte wird sie um sich schlagen. Und wenn ihr versucht, sie festzuhalten, werde ich mit dem Messer hinter euch stehen. Ich werde euch töten, als wärt ihr Männer, die mir Gewalt antun wollen."

„Denk an die Ehre der Familie", sagte Schuxan. Doch Unsicherheit war in ihrer Stimme.

„Tötet mich, bevor ihr kommt – könnt ihr das nicht, dann rührt mein Kind nicht an!"

„Was für eine Zukunft wird dein Kind haben?", fragte Hada leise.

Viele Menschen kamen bei Anschlägen ums Leben. Das Fernsehen berichtete täglich über Kirkuk und Erbil. Ich beobachtete Umar, wenn er die Bilder sah. Er zeigte keine Regung, aber ich schaute auf seine Hände, deren Knöchel weiß vor Anspannung waren. Aber ich hatte keine Vorstellung, wie Umar an diesen furchtbaren Dingen beteiligt sein konnte. Er schwieg, wenn die Bilder kamen, weil er vorsichtig vor mir geworden war.

Als Nigin aus der Koranschule kam, ließ er sie nicht aus den Augen. Sonst war er gleichgültig, heute aber war er voll innerer Anspannung. Er war in einer gefährlichen Verfassung. Um das zu wissen, kannte ich ihn gut genug. Er war mir unheimlich geworden. Tagelang hatte er nicht mit mir oder Hada gesprochen.

„Wie war der Unterricht heute?", fragte er Nigin.

Hada schaute ihn überrascht an, denn nie hatte er ein Interesse an den Kindern gezeigt.

„Sie haben mich nach meinem Namen gefragt", sagte Nigin gleichgültig.

Ich dachte mir nichts dabei, aber Umar schreckte sofort auf. „Wer hat gefragt?"

„Männer", sagte Nigin.

„Was für Männer waren es?"

„Bewaffnete Männer", sagte Nigin. „Sie haben alle Kinder gefragt, wie sie heißen."

„Weiter, weiter – erzähl schon!", drängte Umar.

„Ich habe meinen Namen gesagt. Das war doch richtig, oder?"

„Was ist noch passiert?", fragte Umar. Seine Lippen waren wie weiße Striche in seinem Gesicht.

„Nichts", sagte Nigin. „Sie haben die Lehrerin mitgenommen."

„Was hast du gehört?" Umar war sehr ungeduldig. Am liebsten hätte er Nigin geschüttelt.

„Die Männer haben sie nach ihrem Bruder gefragt."

„Und dann?"

„Zwei Frauen haben sie in ein Auto gebracht. Wir haben es aus dem Fenster gesehen. Dort waren andere Männer mit Waffen."

„Ist der Imam zu euch gekommen?"

„Ja, er hat gesagt, der Unterricht ist aus. Die meisten Mädchen haben sich gefreut. Sie haben gesagt, die Lehrerin kommt nicht wieder, weil sie ins Gefängnis muss."

„Sie stellen der Lehrerin nur ein paar Fragen", sagte ich.

Hada nickte. Umar rieb sich die Schläfe.

„Ich gehe nicht mehr in die Koranschule", sagte Nigin fest. „Niemand glaubt dort richtig an Allah – nur die Lehrerin."

Er gab ihr eine heftige Ohrfeige. So unerwartet, dass Nigin nur ungläubig schaute, ehe sie auf ihr Zimmer rannte.

Ich versperrte ihm den Weg in ihr Zimmer. Aus roten Augen starrte er mich an. „Schlag sie ruhig – so wird sie nicht an Allah glauben!", fuhr ich ihn wütend an.

„Was bist du für eine Mutter, dass du sie keinen Glauben lehrst!" Er spuckte mir die Worte ins Gesicht.

Dann war er wieder ruhig, wie gleichgültig. Seine Selbstkontrolle war wieder da. Was in seinem Inneren war, es war wie ein Bild, das vor meinen Augen verschwand, als sei es nicht dort gewesen. Alle Wut löste sich auf, weil er die völlige Macht über sich hatte.

Er drehte das Teeglas auf dem Tisch und wartete auf etwas. Er würde Stunden so sitzen können, bis es eintrat. Er hatte in seinem Leben gelernt, dass Ungeduld eine Gefahr darstellte.

Als ein Mann draußen nach ihm rief, stand er auf und ging. Ich stellte mich an das offene Fenster und hörte, wie sie über einen Cousin sprachen, der im Gefängnis war. Dann verschwanden sie. Kurze Zeit später hörte ich, wie er sein Auto startete.

„Komm, Nigin“, rief ich. „Er ist fort.“

Nigin kam aus ihrem Zimmer, zitternd vor Wut. „Ich spreche nie wieder ein Wort von Allahs Arabisch“, zischte sie. „Nicht ein einziges Wort!“

So fühlt sich die Freiheit an

Es war gefährlich in der Stadt. Wenn die Frauen in mein Nähstudio kamen, dann blieben sie lange. Über alles wurde gesprochen, über Wichtiges und Unwichtiges. Verhüllt gingen wir durch die Stadt, aber bei mir gab es keine Geheimnisse. Manche Frauen hatten sich die Haare blondiert, manche die Augenbrauen gezupft, die Nägel lackiert, manche hatten sich rasiert.

Nigin saß immer dabei. Manchmal machte sie Hausaufgaben. Manchmal tat sie nur so und lauschte. Und Hada war eine richtige Mitarbeiterin geworden, weil sie Tee machte, weil sie bediente und Gebäck einkaufte. Es gab viele Frauen, die zu Besuch kamen. Nicht jede war eine Kundin.

Aber es war gefährlich, sich in der Stadt auf den Weg zu machen. Alles war gefährlich geworden, auch der Schulweg der Kinder. Nigin hatte einen Toten auf dem Weg gesehen, aber niemand hatte angehalten. Die Leute waren weitergegangen, als sei nichts dabei, wenn ein Mann, der erschossen worden war, auf der Straße liegt.

Von hinten wurde sie gestoßen. „Was stehst du im Weg, Mädchen?“, hatten die Leute gesagt. „Geh, bleib in Bewegung, danke Allah, dass du lebst!“

Über allem war Diman, die mehrmals am Tag aufstand, um mich zu umarmen. Nicht ein Wort verlor sie über die Nähmaschine, die sie mir geliehen hatte.

Die Frauen kamen, um sich Kleider nähen zu lassen, um über Kleider zu reden, über Mode, aber viele kamen auch, um Diman zu sehen – die freie Frau. Es war mir nicht bewusst gewesen, aber

Diman war reich. Gut, das waren andere Frauen auch, aber Dimans Mann war arm.

„Mein Mann tut nichts", sagte sie. „Er liegt im größten Zimmer und schaut Fernsehen. Manchmal vergesse ich, dass er dort liegt, dann stolpere ich über ihn."

Und die Frauen lachten. „Aber verbietet er dir nichts?"

„Nichts!", sagte Diman. „Es gibt nichts, was ich nicht tun darf!"

Es gab so viele Dinge, die den Frauen verboten waren. Sie zählten sie alle auf. Und Diman schüttelte immer den Kopf. Sie durfte alles tun. Ihr Mann verbot ihr nichts. Er schaute Fernsehen. Aber keine Politik, denn die Politik machte Diman Kopfschmerzen. Also schaute er türkische Serien und Kochsendungen. Dabei kochte er nicht und konnte auch kein Türkisch.

Immer wieder brachte Diman die Frauen zum Lachen. Nur Nigin blieb ernst, sie sog jedes Wort in sich auf.

„Kind", sagte Diman, „nimm dir kein Vorbild an mir. Ich bin nur eine einfache Frau, die sich tapfer durch ihr Leben kämpft."

Und wieder lachten alle Frauen. Nur Nigin lachte nicht.

Diman nahm nichts ernst. Alles war ein Spaß für sie. Nur die Politik hasste sie. „Müssen so viele Kinder für den Islam sterben?", fragte sie.

Dann waren die Frauen still.

„Sie haben Allah zu einem Gott der Bärtigen gemacht", sagte sie.

Es war gefährlich, was sie sagte, sehr gefährlich. Aber mein Studio war ein sicherer Ort.

„Wie können Kurden gegen Kurden kämpfen?", rief sie. „Welcher Gott hat die Brüder angestiftet, gegen die Brüder zu kämpfen?"

„Sie sind Lügner – vor allem sind sie Lügner. Sie kämpfen nicht für Allah, sie kämpfen für schmutzige Dollars!", rief eine andere Frau.

„Die Bärtigen kämpfen gegen uns Frauen. Sie wollen uns alle einsperren!"

„Kindchen, was denkst du, wenn du uns reden hörst?", fragte Diman. Sie hatte sich Nigin zugewandt.

Alle waren still und wollten hören, was Nigin sagen würde. „Sind Sie eine freie Frau?", fragte Nigin mit großen Augen.

Diman hielt sich vor Lachen an mir fest. „Ich bin nicht frei – du solltest dir von meiner Cousine in Europa erzählen lassen, was frei ist."

„Und was sagt sie?"

„Wenn sie hört, was ich ertragen muss, kommen ihr die Tränen. Sie fragt mich ständig, wie ich mein Leben ertragen kann."

„Aber ein bisschen frei sind Sie doch?", fragte Nigin.

„Hach", rief Diman und legte sich mit großer Geste die Hand auf die Stirn, „nicht größer als ein Zuckerkrümel ist meine Freiheit."

„Und wie fühlt es sich an?", fragte Nigin ganz ernst.

„Wie fühlt sich die Freiheit an? Wie fühlt sich die Unfreiheit an? Sag es mir!"

„Die Unfreiheit fühlt sich an, als würde man ersticken. Wie in einem Niqab, der zugenäht ist. So fühlt sie sich an!"

„Dann weiß ich, wie die Freiheit sich anfühlt", sagte Diman. „Denk dir den Irak ohne Männer – so fühlt sich die Freiheit an!"

„Manchmal träume ich davon, alle Männer zu töten. Ich träume, dass ich sie alle in einen Fleischwolf stecke und Gehacktes aus ihnen mache", sagte eine Frau.

Wir wussten nicht, ob sie es ernst meinte, aber wir hatten Spaß.

„Dann formen wir Klößchen", rief eine andere. „Wir müssen sie mit Kräutern und Zwiebeln würzen. Das dürfen wir nicht vergessen."

„Wir braten sie in einer großen Pfanne, wir kommen alle zusammen und tanzen und haben Spaß miteinander."

„Und wir essen sie!", rief Diman. „Klößchen – den ganzen Abend essen wir kleine Klößchen."

„Ich träume wirklich davon", sagte die Frau. „Wenn ich die Augen schließe, sehe ich einen Fleischwolf vor mir."

Die Frauen lachten und lachten über sie.

„Und ich träume davon, dass die Männer sich ändern", sagte eine andere Frau.

Nun waren wir alle still für einen Moment. Jede von uns träumte für sich.

„In meinem Traum ist mein Mann gut zu mir. Er hat sich geändert, es tut ihm leid, wie es zwischen uns war. Er gibt mir das Geld zurück, das er mir abgenommen hat. Und ich darf alles behalten, was ich verdiene."

„Er zwingt mich nicht, ein Kopftuch zu tragen und einen hässlichen Umhang", sagte eine andere. „Er geht mit mir in die Stadt, wir schauen schöne Kleider, und was ihm gefällt, das kauft er mir."

„Und mein Mann geht mit mir am Abend aus. ‚Komm', sagt er, ‚wir gehen in das Hassan-Restaurant. Da essen wir etwas.' Und wir kommen so spät nach Hause, dass es bereits Nacht ist. Und am nächsten Morgen gehen wir im Park spazieren, Hand in Hand."

„Mein Mann soll aufhören, mich zu schlagen. Er soll mich nicht Schlampe nennen, für nichts, das ich getan habe."

„Und ich träume davon, dass mein Mann mit mir spricht, wenn er noch ein Kind mit mir will. Jedes Jahr soll ich ein Kind bekommen von ihm, dass ich die Augen nicht mehr offenhalten kann. Sprechen soll er mit mir, nicht jedes Jahr ein Kind!"

„Ihr müsstet meine Cousine reden hören!", rief Diman. „Die europäischen Frauen – sie haben das alles! Sie brauchen nicht zu träumen."

„Nein, sie brauchen sich nicht hässlich zu verhüllen."

„Sie gehen in Unterhose am Strand spazieren", sagte eine Frau. „Und alle Männer schauen auf ihren …"

Die Frauen kicherten.

„Aber das ist normal in Europa", sagte Diman. „Wenn es jede Frau macht, dann schaut der Mann nur auf die eigene Frau."

Es gab viele Frauen, die ihr nicht glauben wollten.

„Unsere Männer dürfen vier Frauen heiraten, sie haben Augen für acht Frauen!", riefen sie.

„Ich habe gehört, sie haben viele Rechte. Wenn der Mann sie schlägt, dann kommt die Polizei und nimmt den Mann mit. Das habe ich von meiner Schwägerin gehört. Sie hat eine Tante in Europa."

„Und ein Mann, der eine Frau erschießt, wird bestraft, als hätte er einen Mann erschossen!"

Die Frauen hielten sich die Ohren zu. Davon wollten sie nichts hören.

„Und die Frauen können sich aus einem einfachen Grund scheiden lassen. Auch wenn der Mann sie nicht schlägt. Und der Mann muss die Scheidung bezahlen. Und die Kinder – das stimmt wirklich! –, die Kinder bekommt die Frau."

„Und sie kann im Haus wohnen bleiben. Der Mann muss zurück zu seiner Familie. Das habe ich gehört!"

„Aber ich würde mich in Europa nicht scheiden lassen", sagte eine Frau. „Ich bin eine Kurdin. Es ist unsere Kultura, dass ich eine Schlampe bin, wenn ich mich scheiden lasse. Ich will nicht, dass meine Familie schlecht über mich spricht."

Nein, keine der Frauen würde sich scheiden lassen. Für sie war eine Scheidung eine Schande, weil sie Kurdinnen waren.

„Ich will mich auch nicht scheiden lassen", sagte Diman. „Mein Mann schaut den ganzen Tag Fernsehen. Er ist ein guter Mann."

Und wieder lachten alle Frauen, weil sie so lustig von ihrem Mann sprach.

Ich hatte still zugehört und meine Arbeit gemacht. Zum ersten Mal sah ich einen Weg für mich und meine Kinder.

Gott, erfülle mir diesen Wunsch, betete ich sehr leise.

Als ich das Geld für die Nähmaschine zurückgab, wollte Diman es nicht annehmen. Aber ich war sehr stolz auf meine Leistung. Ich nähte viel. Wenn die Kundinnen kamen, dann tat ich, was sie wollten. Und ich wurde bekannt dafür, dass ich Kleider nähte, die haram waren.

Ich fragte immer, wie die Kundinnen es wollten: islamisch oder ein wenig freier. Es gab keine, die nicht wollte, dass ich ihr das Kleid körperbetont nähte und kürzer an den Beinen und den Armen. Auch der Ausschnitt rutschte nach unten. Für meine Haram-Kleider war ich bald bekannt.

Ich hatte eine Bluse genäht, die mir bis zu den Knien ging. Deshalb hatte Umar mir erlaubt, sie zu tragen. Aber sie wurde immer kürzer, bis Umar es eines Tages bemerkte.

„Warum ist die Bluse jetzt so kurz?", fragte er mürrisch. „Sie war doch mal länger?"

„Ich habe sie gewaschen. Es ist normal, dass sie dabei kürzer wird", sagte ich.

Ich erzählte es den anderen Frauen, und wir lachten über Umar, der einen Kopf aus Holz hatte wie alle Männer.

„Was wollen diese Männer?", fragte eine Frau. „Sie wissen nichts vom Nähen, sie wissen nichts vom Kochen, sie wissen nichts von Kindern, sie wissen nichts von den Frauen."

„Aber sie lesen den Koran!", rief Rokan lachend.

„Der Koran ist schlecht zu uns", sagte die Frau. „Warum muss eine Frau gesteinigt werden, wenn sie einen Geliebten hat, aber die Männer dürfen Unzucht treiben!?"

„So steht es im Koran." Alle Frauen nickten.

„Mein Mann sagt immer, die Frauen haben eine eigene Sure. Aber was steht in dieser Sure – nichts als Beleidigungen der Frauen!"

„Warum erlaubt der Koran den Männern vier Frauen? Warum genüge ich nicht für meinen Mann?"

„Schlecht ist der Koran zu den Frauen!" Die Frauen riefen durcheinander.

„Warum müssen sich die Frauen verhüllen? Warum mischt der Koran sich ein? Bin ich eine Schlampe – denkt Allah so von mir?"

„Warum bekommt eine Frau bei einer Scheidung ihre Kinder nicht? Hat sie die Kinder nicht geboren? Trägt sie die Kinder nicht an ihrem Herzen?"

„Mein Mann hat meine Tochter verprügelt, weil sie keinen Hidschab in der Schule getragen hat. Mit einem Schuh hat er sie ins Gesicht geschlagen, sodass sie morgen nicht zur Schule kann, weil ihr Auge ganz zugeschwollen ist, so hat er sie geschlagen. Und in der Moschee loben ihn die Männer, weil er tut, was der Koran sagt."

„Im Park ist ein Mädchen getötet worden." Alle Frauen hatten davon gehört. „Ja, im Park – dort, wo sich die Wege kreuzen!"

„In der Moschee haben sie gesagt, dass sie einen Liebhaber hatte. Mein Mann sagt, Allah hat sie gerichtet."

„Warum richtet Allah nur die Frauen?"

Alle Frauen redeten aufgeregt durcheinander, keine Frau dachte an das Nähen.

„Ich habe von meiner Cousine gehört, dass die europäischen Menschen keine Religion haben", rief Diman.

„Auch die Männer nicht? Was glauben die Männer dort?", fragte eine Frau.

Aber das wusste Diman nicht.

„Meine Cousine spricht nur über die europäischen Frauen", sagte sie. „Ich muss sie fragen."

„Diese europäischen Schlampen sind hübsch!"

„Ja, hübsch sind sie! Eine schöne Figur und lange Beine."

„Blaue Augen haben sie und blonde Haare wie Puppen!"

„Aber sie tun nichts – sie kochen nicht, sie putzen nicht. Keine Kinder kriegen sie, weil sie zum Arzt gehen."

„Sie sind nicht stark wie die kurdischen Frauen!"

„Zehntausend Kinder bekommen wir – jede von uns!"

Die Frauen klatschten in die Hände und riefen: „Zehn mal zehntausend Kinder!"

Nigin saß dabei und hörte zu. Ich sah, dass sie überlegte.

„Mein Onkel Awer ist in England", sagte sie. „Er wird eine Engländerin heiraten."

Mein Bruder war in England – das stimmte. Aber dass er eine Engländerin heiraten würde, wusste nur Nigin.

„Sie ist bestimmt keine Jungfrau mehr!", rief eine Frau. „Wenn er mit ihr geschlafen hat, wird er sehen, dass sie nicht geblutet hat. Und dann kann er nichts machen, weil er in Europa ist. Wenn er das Tuch zeigt, lachen die Polizisten, dass er nicht weiß, was für Schlampen ihre Frauen sind."

„Und wie will er sie untersuchen, bevor er sie heiratet? Er ist ein Mann, da kann sie ihn leicht täuschen. Es gibt Ärzte, die aus ihr eine Jungfrau machen. Nur eine Frau kann es erkennen."

Die Frauen nickten. Die Untersuchung der Braut war Frauensache. Kurdische Männer wussten von diesen Dingen nichts.

„Er soll sie fragen, ob sie eine Jungfrau ist. Sie soll es schwören." Doch die Frau, die das gesagt hatte, merkte selbst, dass sie Unsinn geredet hatte, denn worauf sollte sie schwören, wenn sie den Koran nicht kannte?

„Er soll sie nicht heiraten", sagte Rokan. „Sag deinem Onkel, dass die englische Schlampe seinen Kindern kein Kurdisch beibringen wird. Wie sollen sie Kurden werden, wenn sie kein Kurdisch sprechen?"

Alle Frauen sahen mich an. Also nickte ich auch.

„Sie wird sich scheiden lassen. Egal, ob er sie liebt. Sie wird sich scheiden lassen, weil sie eine Engländerin ist. Eine Kurdin wird sich nicht scheiden lassen, aber eine Engländerin lässt sich scheiden, weil es ihre Kultura ist."

„Und wenn er eine Tochter hat, dann kann er sie nicht verheiraten, weil sie eine Engländerin ist. Kein Kurde wird sie nehmen wollen, seine Tochter, wenn sie die Tochter einer Engländerin ist."

„Die Engländerin nimmt die Kinder mit. Die Frau verheiratet sie später an einen Engländer!"

„Genau", sagte Nigin. „Sie bekommt die Kinder, wenn sie sich scheiden lässt, glaube ich."

„Das Haus auch!"

„Und wenn er seine Kinder liebt?", fragte Nigin mit erstaunten Augen.

„Er sieht seine Kinder nie wieder, wenn sie es nicht will."

„Nur wenn er ihr Geld bezahlt, darf er seine Kinder sehen!"

„Und wenn er versucht, die Kinder mitzunehmen, wird er an der Grenze verhaftet!"

Nigin schüttelte den Kopf. Unvorstellbar, was ihrem Onkel passieren würde.

Voller Mitleid waren die Frauen für unsere Familie.

„Ich weiß nicht einmal, wie er nach Europa gekommen ist", sagte Nigin nachdenklich.

Niemandem fiel auf, dass ein Kind sich diese Fragen nicht stellen sollte.

„Es ist gefährlich", berichtete eine Frau. „Ich kenne eine Familie, nur der Mann ist nach Europa gekommen, die Frau und die Kinder sind ertrunken."

„Ich kann nicht schwimmen", sagte Nigin.

„Du bekommst eine Weste, die schwimmen kann. Bete zu Allah, er wird dir helfen."

„Es kostet Geld, dann ist es sicher."

„Viele Leute gehen nach Deutschland."

„Warum nach Deutschland?", fragte Nigin.

„Die Deutschen mögen die Syrer. Viele Iraker sagen, sie sind Syrer. Sie bekommen syrische Pässe von Daesh."

„Viele Syrer mit Bart sind dort – alle Iraker, alle Daesh!"

Die Frauen lachten.

„In Deutschland sind sie?", fragte Nigin. „Warum?"

„Es ist leicht für Daesh, in die Türkei zu gehen. Erdogan mag Daesh. Und dann gehen sie weiter nach Deutschland."

Die Frauen hatten viele Geschichten gehört. Einen ganzen Nachmittag erzählten sie.

Ein Angriff auf Erbil

Hada weinte. Ich hatte noch keine Frau gesehen, die so weinte wie sie. Sie stand aufrecht mit dem Rücken zur Wand. Die Hände an den Seiten, regungslos wie vor einem Erschießungskommando. Ihre Augen waren weit aufgerissen. Keine Tränen, nur ein Zittern ihrer Lippen.

Ich wagte es nicht, sie anzufassen. Also setzte ich mich und wartete. Es dauerte lange, aber ich wartete. Wenn ich sie nicht berühren konnte, dann war es das, was ich tun konnte. Sie war eine Freundin, aber ich wusste nichts von ihr. Ich glaube, das war ihr recht. Sie wollte nichts für andere sein.

„Es ist mein Cousin", sagte sie stockend. „Ich habe dir nie von ihm erzählt." Ich hatte nie gefragt, warum Hada nicht verheiratet war. Alles an Umar hatte ich gehasst, auch seine Familie. Ich wartete.

„Sie haben ihn verhaftet. Die Peschmerga."

Ich nahm sie bei der Hand und setzte sie vor mich an den Tisch. Diesmal machte ich ihr einen Tee. Vorsichtig legte ich ihre Hand um das Glas.

„Seine Mutter hat mich angerufen."

„Was ist mit ihm? Warum?"

„Sie haben Erbil angegriffen."

„Wer?" Ich hatte nichts in den Nachrichten gehört. Erbil war so groß wie Sulaimaniyya.

„Daesh hat Erbil angegriffen. Er war dabei. Sein Freund hat sich in die Luft gesprengt. Vor einer Absperrung der Peschmerga. Sie wollten sich dort töten. Aber er ist verhaftet worden." So erzählte sie stockend.

Ich hatte von Welat gehört, dass Daesh jetzt überall im Nordirak war. Aber überall hieß für mich *nirgendwo*. Dagegen Erbil – das war eine Großstadt! Und Hada – das war eine Freundin.

Wir warteten auf Umar.

Als er kam, sah er sofort, dass Hada mit mir gesprochen hatte. Und er wusste, worüber sie mit mir gesprochen hatte. Es lag alles offen vor ihm, aber er ließ sich nichts anmerken. Er war ein Mensch, der nicht ein einziges Gefühl zeigte! Sein Cousin war verhaftet worden. Eine schreckliche Strafe wartete auf ihn. Ein paar Stunden waren vergangen. Aber Umar war wie immer.

„Brennt das Feuer?", fragte er Hada. Ärgerlich schaute er auf sein Handy.

Sie nickte müde. Was wollte er?

Umar entfernte die SIM-Karte aus seinem Handy. Dann warf er sie ins Feuer. Eine Speicherkarte, die er aus seiner Tasche zog, folgte. „Musstest du mit ihr darüber sprechen?" Er zeigte auf mich.

Hada schlug die Augen nieder.

„Egal", sagte er. „Es ist gleich in den Nachrichten." Dann setzte er sich vor den Fernseher und wartete.

In der Küche umarmte ich Hada. „Sie haben ihn lebend gefangen", flüsterte Hada.

Wir wussten beide, was das bedeutete. „Er wird Namen nennen", flüsterte Hada.

Die Nachrichtensprecherin war eine Kurdin. Erst achtete ich nicht auf ihr Gesicht. Erkannt habe ich sie an ihrer Stimme.

„Das ist Dilan!", rief ich. „Sie war in der Schule meine Freundin!"

„Ruhig!", sagte Umar. „Halt den Mund!"

Dilan zeigte eine Karte. Mit großen Pfeilen wurde das Vorrücken von Daesh gezeigt. Gerichtet waren die Pfeile auf die drei großen kurdischen Städte Kirkuk, Erbil und Sulaimaniyya. Dilan berichtete, dass Erbil von einer Daesh-Einheit angegriffen worden war. Peschmerga-Kämpfer hätten die Angreifer stoppen können. Aber Daesh habe Helfer in Erbil gehabt – Spione, Kundschafter und verdeckte Kämpfer. Ziel sei die Polizeizentrale von Erbil gewesen. Das wisse man aus Befragungen der Gefangenen.

„Es ist Dilan“, flüsterte ich. „Sie hat es geschafft!“

Es folgten Bilder von einem verbrannten Auto, dahinter ein Wall, auf dem die Peschmerga standen. Es gebe nun eine Verhaftungswelle, um den Vormarsch zu stoppen. Moscheen würden von Peschmerga durchsucht. Die konspirativen Häuser seien bekannt. Es folgten Bilder von Männern, die vor Moscheen standen und ihre Handys den Polizisten übergaben. Bilder von weißen Kastenwagen, die langsam durch leere Straßen fuhren.

Dann begann eine türkische Serie. Frauen, die keinen Schleier trugen. Frauen, die geschminkt waren. Frauen, die im Meer schwammen. Frauen, die sangen. Umar schaute teilnahmslos zu.

„Musst du nicht zur Moschee gehen?“, fragte ihn Hada.

„Alle Moscheen werden von den Ungläubigen durchsucht“, sagte er knapp.

Mit den „Ungläubigen“ meinte er die Peschmerga. Meine Familie waren Peschmerga, aber sie waren keine Ungläubigen. Aber ich sagte nicht, was ich dachte.

Und dann sagte er etwas, das neu war. „Wenn wir gehen müssen – bist du vorbereitet?“, fragte er mich.

„Wer muss gehen?“, fragte ich.

„Ich, du, die Kinder. Vielleicht muss es schnell gehen.“

„Ziehen wir um?“ Ich verstand nicht, was er sagen wollte.

„Eine Reise“, sagte er. „Vielleicht machen wir eine Reise.“

Jetzt begriff ich. Ich dachte an das, was die Frauen beim Nähen erzählt hatten: dass die Türkei für Daesh ein offenes Land war, dass Verletzte dort versorgt wurden, dass Kämpfer von Daesh dorthin flohen, um nicht in Gefangenschaft zu geraten. Und dass man von da aus weiterkonnte, nach Deutschland, in ein Land, in dem niemand unterscheiden konnte, wer für Daesh gekämpft hatte und wer vor Daesh geflohen war. Und in dem die Freiheit wohnte.

„Ja, es kann schnell gehen“, sagte ich. „Ich werde vorbereitet sein.“ Mein Herz pochte wie wild, aber ich durfte mir nichts anmerken lassen.

Gott hatte auf mich geschaut. Mit einem Mal sah ich, dass Gott immer bei mir gewesen war. Er war unsichtbar zu mir gekommen. Er war bei mir gewesen, als ich ihn brauchte. Als mein Vater starb, trat er an seine Stelle. Ein heimlicher Freund war er, mein stiller Helfer. Kein Muezzin ruft ihn, aber die Tränen der Mädchen und Frauen. Gott hatte sich gezeigt, ohne sich selbst bemerkbar zu machen. In den Dingen, in den Menschen war er zu mir gekommen: in Welat, die Nachbarin, die ich auf dem Dach getroffen hatte. In meinem Nähstudio. In Diman, die nichts anderes als ein Engel war. In Hada, die so gut war, wie ihre Mutter böse gewesen war. In zwei Mädchen, die ich für keine zwei Jungen der Welt eintauschen würde. In einer Reise.

Nicht nur Umar war mein Leben.

Mit einem Mal war ich dankbar. Als mein Vater zu schwach gewesen war, hatte Gott mich beschützt.

Ich blickte Dilan an, die mir wie eine Erscheinung aus meiner Vergangenheit vorkam. Ich sah ihren ausgemergelten Körper vor mir. Den Abdruck des erhitzten Messers auf ihrer Haut. Nichts hatte sie aufhalten können. Auch mein Leben war nicht mehr das Leben von Umar. Er konnte mich nicht mehr aufhalten.

Ich musste noch ein wenig warten, aber Gott hatte mir einen Weg gezeigt.

Der Weg in die Freiheit

Am Morgen kam es mir vor, als habe Umar im Traum mit mir gesprochen.

„Wir treffen uns heute Abend am Flughafen“, sagte er zu mir. „Hörst du, Chalat?“

„Ich höre dich“, sagte ich, ohne wach zu werden.

„Hier ist eine SIM-Karte“, sagte er. „Wenn ihr aus dem Haus geht, verbrennst du die alte und steckst die neue Karte ein. Und ruf kein Taxi – nimm einen Bus, hörst du?“

„Einen Bus, Umar“, wiederholte ich.

„Seht zu, dass euch niemand folgt. In einem Niqab werdet ihr in der Menge unsichtbar sein.“

„Wir machen eine weite Reise“, sagte ich.

„Wach auf!“, sagte Umar und stieß mich an.

Als ich die Augen aufschlug, war er verschwunden. In dem Bett neben mir lag niemand. In der Hand aber fühlte ich eine kleine Plastikkarte. Ich führte sie an den Mund und küsste sie.

Als ich aufgestanden war, umarmte ich Hada. Dann nahm ich ihr Gesicht in meine Hände und betrachtete sie. Ich war, wenn ich zurückblicke, sehr übermütig. Hada schüttelte ihren Kopf in meinen Händen, als wolle sie sich gegen meine Gedanken wehren. Ich drückte ihr einen Kuss auf die schweißnasse Stirn.

Dann machte ich mich fertig, um in die Stadt zu gehen. Sie blieb in der Küche, weil sie Angst vor mir hatte. Wenn ich mir etwas holte, wandte sie ihr Gesicht ab, als fürchte sie in meinen Augen lesen zu müssen.

„Ich besuche Nigin“, sagte ich zu Hada.

„Aber Umar? Was sagt Umar?“ Sie war jetzt verwirrt, weil ich eine äußere Grenze übertrat.

„Siehst du ihn denn?“, fragte ich sie.

„Dann warte auf ihn!“ Hadas Stimme schnappte über vor Angst.

Aber ich war schon an der Tür, nicht aufzuhalten.

Die Leute sahen sich nach mir um, weil ich keinen ängstlichen Blick hatte wie sie. Ich kam mir vor – ja, als hätte ich Daesh besiegt. Als sei Sulaimaniyya befreit worden – durch mich.

Die Stadt war so schön, als habe sie sich extra herausgeputzt für mich. Die Hitze wich mir aus, wo sie konnte. Das Licht legte sich um meine Schultern. Ich stellte mir die Kleider vor, die ich genäht hatte. Ich stellte mir vor, sie würden mir entgegenkommen. Überall waren sie. Ich hatte die Frauen schön gemacht, die Frauen machten die Stadt schön.

Doch die Schritte der Menschen waren eilig. Ihre Blicke wichen aus. Geduckt und vorsichtig waren sie. Für niemanden als für mich war diese Stadt schön. Sie machte den Menschen Angst.

Ich dachte an Europa, ich ging in Sulaimaniyya umher wie in einer europäischen Stadt. Ich war eine europäische Frau geworden.

Als ich zu Nigins Schule kam, wartete ich auf das Pausenzeichen. Die Hoffläche war leer. Die Hitze schwamm darauf in kleinen Wellen. Kinderfüße würden sie aufwirbeln, wenn die Zeit gekommen war. Dann würden die Strahlen der Sonne schwanken wie Reisig am grauen Ufer – so viel Strahlen, wie es Kinder waren.

Nigin blieb erst am Tor stehen, als sie mich sah. Dann rannte sie zu mir. Ich nahm sie in die Arme und drehte mich.

„Was machst du hier?", rief sie außer Atem.

„Ich bin in der Stadt – warum soll ich nicht vorbeikommen?"

„Ja, du bist in der Stadt", sagte Nigin und sah mich an, als glaube sie nicht, dass ich vor ihr stand.

Eine Lehrerin kam auf uns zu. Nigin zeigte stumm auf mich, als sie neben uns stand. „Ich bin die Mutter", sagte ich. „Sie kennen mich nicht."

„Manchmal habe ich gedacht, dass Nigin keine Mutter hat", sagte die Lehrerin freundlich. „Aber ich habe mich getäuscht, wie ich sehe."

„Nigin hatte immer eine Mutter", sagte ich fest.

Am liebsten hätte ich der Lehrerin gesagt, dass ich nun bald eine geschiedene Frau war. Eine europäische Frau. Eine Frau, die ihre Kinder behalten durfte, weil sie zu ihr gehörten.

Nigin musste in die Schule, die Lehrerin folgte den letzten Schülerinnen in das Gebäude, die schwere Tür schwang ein wenig hin und her, dann schnappte das Schloss ein.

Ich erinnerte mich, wie ich als kleines Mädchen auf dem Hof gestanden hatte, in einem schönen Kleid. Das Leben war groß und neu gewesen. Und als ich mich erinnerte, wusste ich, wohin ich gehen musste.

In der Stadt, dort, wo der Park die Straße ein Stück begleitet, als seien sie Freunde geworden, dort war ein Blumengeschäft. Oft bin ich daran als Mädchen vorbeigegangen, ohne etwas zu kaufen, denn Blumen hatte es in unserem Garten genug gegeben.

„Ich möchte Blumen, einen Kranz für meinen Vater", sagte ich.

„Ist dein Vater tot?", fragte der Händler mitleidig.

„Er ist ein kurdischer Held", sagte ich. „Die Blumen sollen weiß und rot sein, mit grünen Blättern wie die Farben Kurdistans."

„Das ist eine gute Idee", sagte der Händler.

Seine Frau zeigte mir einige Blumen. Dann begann sie einen Kranz zu binden.

„Es gibt keine kurdischen Helden mehr", sagte der Händler. „Die Helden von heute werden von den Amerikanern bezahlt. Es sind Taxifahrer und Laufburschen, die sich auf Listen eintragen. Die Amerikaner haben sehr viel Geld. Das Taxifahren lohnt sich nicht mehr. So ist es heute."

„Mein Vater hat in den Bergen gekämpft", sagte ich. „Er ist dort gestorben. Auch mein Bruder war Peschmerga und ist getötet worden."

„Ich weiß", sagte der Händler, „die alten Familien hier, sie haben für die Peschmerga gekämpft. Die Peschmerga von heute sind *amerikanische* Helden. Sie haben Angst vor jedem Schatten. Es ist eine Zeit ohne Helden."

Die Frau überreichte mir den Kranz.

„Ein Kranz für einen kurdischen Helden – dafür nehme ich kein Geld", sagte der Händler.

Der Friedhof lag zu Füßen der Berge, als seien die toten Kämpfer von der Höhe in ihre Gräber geglitten. Das Tor war rostig. Es stand so weit offen, wie es in meiner Erinnerung offen gestanden hatte.

Nichts hatte sich geändert. Ein Mädchen war eine erwachsene Frau geworden. Sie legte einen Kranz auf das Grab, keine losen Blumen. Das war alles.

„Vater, ich war lange nicht hier", sagte ich. „Lange, sehr lange."

Die Berge waren schön. Wie graues Haar lag der Schnee auf ihnen. Mein Vater hatte graues Haar gehabt. Wenn ich auf seinen Schultern ritt, hatte ich mich daran festhalten können. Die Erinnerung kam zurück wie ein Foto, das ich verloren und wiedergefunden hatte.

„Vater, ich habe mich aus meiner Gefangenschaft befreit", sagte ich. Ich wiederholte die Worte des Blumenhändlers, denn ich wusste nichts von der Welt der Männer. „Es ist eine gefährliche Zeit", sagte ich. „Es ist eine Zeit ohne Helden. Ich weiß, du hast für die Kurden gekämpft – ich habe nur für mich und meine Kinder gekämpft, aber es war schwer. Einmal hat er mich fast getötet."

Die Berge hatten so viele Kämpfe gesehen, dass sie gleichgültig geworden waren. Mein Vater war in einem dieser Kämpfe gestorben. So viele Kämpfe, und in einem von ihnen hatte ich meinen Vater verloren.

„Ich werde nicht mehr wiederkommen", sagte ich traurig. „Ich werde nach Europa gehen. Dort werde ich ihn endgültig besiegen."

„Wer wird auf dich aufpassen, Chalat?", fragte er.

„Gott wird auch mich aufpassen, Vater." Dann weinte ich, weil es ein Abschied für immer war.

„Ich habe etwas für dich, Chalat", sagte mein Vater.

Als ich meinen Kranz auf sein Grab legte, sah ich eine kleine Blume neben dem Grab. Eine rote Mohnblume. Allein auf dem sandigen Friedhof.

„Sieh, Chalat, eine Blume, wie du es bist", sagte eine Stimme wie die Stimme meines Vaters. „Eine Blume in der Wüste. Meine Liebe ist dort, wo nichts ist."

Lebensland

Dem ersten Flugzeug, das sich in den Himmel hob, sah ich lange nach. Es verschwand in einem Streifen von Wolken und tauchte dahinter wieder auf.

„Seht ihr es, Kinder?“, fragte ich. „Erst verschwand es, dann war es wieder da.“

Aber sie sahen mich verwundert an, weil es nur ein Flugzeug war.

„Wird Vater hierherkommen?“, fragte Nigin. „Zum Flughafen?“

„Er wird kommen, wenn ich ihn anrufe.“ Ich hielt das Handy mit der neuen SIM-Karte in der Hand.

„Wohin gehen wir, wenn wir in der Türkei angekommen sind?“, fragte Nigin.

„Wir gehen in ein Land, in dem wir ein anderes Leben haben werden.“

„Wie heißt das Land?“

„*Lebensland* heißt es.“

„Gibt es ein Land, das so heißt?“, fragte sie ungläubig.

„Es muss ein solches Land geben“, sagte ich.

Hier endet die Geschichte, in der ich erzähle, wie ich mich befreit habe. An einem späteren Tag bin ich geschieden worden. Eine Flucht lag dazwischen, viele Dinge, die neu für uns waren. Die Geschichte meiner Scheidung und unseres Neuanfangs soll Nigin erzählen, denn es ist ihre Geschichte. Es ist die Geschichte der starken Töchter. Ich weiß, unsere Töchter werden den Islam herausfordern.

Mein Teil der Geschichte aber ist hier zu Ende. Möge sie gelesen werden, damit die Frauen von Sulaimaniyya nicht vergessen werden.

Nachwort

Ein langer dunkler Winter lag hinter uns. Als wir zur Kirche gingen, hatte es geregnet. Am Ende hatte sich ein wenig Schnee daruntergemischt.

„Puuh!", sagte Nigin, „was für ein scheußliches Wetter."

„Puuh", sagte ich.

Dunkle Wolken hatten sich übereinander geschichtet. Wie der schwere Bauch eines Regen-Dschinns lagen sie über den Menschen, die so früh zur Kirche gingen. Zwei Kurdinnen hatten Kopftücher umgebunden, die sie sonst nicht trugen.

Viele kleine Dinge hatten sich in meinem Leben verändert. Am Ende war es ein neues, ein wirklich *neues* Leben geworden. Ein Zeitungsartikel war über uns geschrieben worden. Ein Journalist und eine Fotografin waren zu Nigin und Niga in die Schule gekommen. An Heiligabend erschien der Artikel. Die Fotografin hatte mit ihrer Kamera durch einen Adventskranz geschaut und von Nigin und Niga ein großes Foto gemacht.

So habe ich eine Arbeit als Näherin gefunden. Denn am Heiligabend hatte ein Mann bei Monika angerufen. Der Mann hatte gesagt: „Ich habe eine Großwäscherei. Ich kann Frau Saeed eine Arbeit anbieten." Erst war ich eine Wäscherin bei ihm gewesen, dann hatte der Mann mich zu einer Näherin gemacht. Diese Arbeit mache ich wirklich gerne. Der Mann ist aus Libyen und Christ, glaube ich. Aber er muss nicht darüber sprechen.

Der Pfarrer hat heute von Ostern gepredigt, vom Licht, von unserer Welt, die aufersteht. Und tatsächlich hat ein heller Strahl den Weg durch die Wolken zu uns gefunden. Erst lag er wie erschöpft am Boden, dann aber ist er den ganzen weißen Vorhang entlanggewandert, von einem Ende zum anderen. Ich bin ihm mit den Augen gefolgt, weil ich die Worte des Pfarrers noch nicht verstehen konnte. Den Kopf musste ich drehen, um ihm folgen zu können, bis er in der farbigen Glastür verschwand.

Als wir nach dem Gottesdienst vor die Tür gingen, stand ich mit den freundlichen Leuten zusammen. Jetzt war ich allen diesen Menschen bekannt. Aber Nigin war natürlich noch viel bekannter. Es dauerte lange, bis sie mit allen Freunden und Freundinnen gesprochen hatte. Sie kannte auch viele Kinder, weil sie die Lehrerin in einer Bibelstunde ist. Aber das wird alles in Nigins Buch erzählt werden. Ich stand dort und war umgeben von freundlichen Blicken, aber niemand sprach mit mir, weil die Deutschen so sind.

Als wir nach Hause gingen, lag der Park neben uns im Sonnenlicht.

„Er ist auferstanden", sagte ich zu Nigin.

„Ja. Ich erkläre es dir, wenn wir zu Hause sind", sagte sie.

Weil sie ihr Handy einschaltete, machte auch ich mein Handy an. Es vibrierte, als tippte mich ein Finger an. Dann las ich die Nachricht:

Kennst du mich noch, Chalat? Ich bin der Nachbarsjunge! Das Loch im Gartenzaun. Evro aus Sulaimaniyya.

„Geh schon mal voraus", sagte ich zu Nigin. Nicht weit von der Straße setzte ich mich auf eine Parkbank.

Ich bin nun drei Jahre in Deutschland, ich bin Christin geworden, ich habe mich scheiden lassen, ich habe einen Beruf, meine Töchter gehen in die Schule – ich könnte ein neues Leben beginnen, ohne mich umzusehen. Aber das will ich nicht. Ich will zurückblicken.

Ich sah mich wieder in Sulaimaniyya. Das Schäfchen Dilan kam auf mich zu und schnupperte mit seiner feuchten Nase an meinen Händen. Ich sah ein kleines Mädchen, das einen sehr hohen Baum hinaufstieg, um Äpfel zu pflücken. Wie klein die Menschen unter ihr waren! Wie nah die Wolken, die schneebedeckten Berge! Ich sah, wie das Mädchen einen Apfel aussuchte – groß und rot wie ein kleiner Ball. Diesen Apfel warf sie versehentlich so weit, dass er auf dem Grundstück des Nachbarn landete, nicht weit hinter dem hölzernen Zaun, wo ein Junge stand, der ihn auffing.

Evro ist nun ein Flüchtling in England. Es ist eine komplizierte Welt, und doch ist sie voller Licht. Aber das ist eine andere Geschichte.

Ich bin glücklich, und jetzt bin ich erschöpft. Ich habe die Wahrheit gesagt und weiß nicht, wie meine Familie darauf reagieren wird. Die Situation macht mir Angst. Trotzdem war es richtig, dieses Buch zu schreiben.

Goran und seine Frau beziehen in Bochum Leistungen. Er wird es nicht wagen, mir etwas anzutun. Er fürchtet die Abschiebung mehr als die Familienschande. Also sind wir in Sicherheit.

Es wird eine Zeit kommen, da werden die Frauen im Irak in einer Gesellschaft leben, die sie schützt. Die Gesellschaft der Männer, der Milizen, der Clans, der Prediger des Hasses wird sich selbst zerstören. Die Frauen werden ihr Leben in die Hand nehmen, wie ich mein Leben in die Hand genommen habe. Ich wollte über diese Frauen schreiben – sie sollen nicht unsichtbar bleiben, denn ihnen gehört die Zukunft, wenn es eine gibt.

Und wenn nicht ich erzähle, was Millionen und Abermillionen von jungen Mädchen und Frauen hinter verschlossenen Türen passiert – wer dann?

Anmerkungen

1 Der Islamische Staat (*IS*) ist eine seit 2003 aktive, terroristisch agierende, salafistische Miliz mit Tausenden Mitgliedern, die ein als „Kalifat" deklariertes dschihadistisches „Staatsbildungsprojekt" anstrebt. Sie wird des Völkermords, der Zerstörung von kulturellem Erbe der Menschheit wie auch anderer Kriegsverbrechen beschuldigt. Organisatorische Anfänge gehen auf den irakischen Widerstand zurück. 2004 war die Gruppierung unter *Al-Qaida im Irak (AQI)* und unter *Islamischer Staat im Irak und in Syrien (ISIS)* sowie auch unter dem transkribierten arabischen Akronym Daesch bekannt.

2 Als Kalifat bezeichnet man eine islamische Regierungsform, bei der die weltliche und die geistliche Führerschaft in der Person des Kalifen vereint sind.

3 Haram: das Verbotene im islamischen Recht.

4 Peschmerga, frei übersetzt: „Die dem Tod ins Auge Sehenden", bezeichnet die Streitkräfte der Autonomen Region Kurdistan.

5 Kufr: die Ungläubigen, die nicht dem Islam anhängen.

6 Hidschab ist ein arabischer Begriff, der verschiedene Bedeutungen (Hülle, Vorhang, Schleier, Schirm) umfasst und unterschiedliche Formen der Abtrennung der Frau, speziell in Gestalt der Verschleierung, bezeichnet.

7 Das Misstrauen von Goran dem frommen Fremden gegenüber war berechtigt, denn vor den Toren von Sulaimaniyya gab es ein

autonomes Gebiet im an sich schon autonomen Nordirak, das unter Kontrolle von Islamisten stand.

8 „Friede sei mit dir." – „Und auch mit dir."

9 Von Byara aus kontrollierten die Islamisten die Dörfer südöstlich von Sulaimaniyya. Es ist ein Bergdorf an einem über 3000 m hohen Bergmassiv und liegt auf der Grenze zwischen dem Iran und dem Irak. Diese Lage macht es zum perfekten Rückzugsgebiet für Aufständische.

10 Shaitan, deutsch: „*Enttäuscher*", „der *Enttäuschte*", ist eine dem Teufel vergleichbare Gestalt im Islam und der arabischen Mythologie.

11 Der Tschador ist ein großes, meist dunkles Tuch in Form eines umsäumten Halbkreises, das vor allem von muslimischen Frauen im Iran als Umhang um Kopf und Körper gewunden wird und lediglich das Gesicht oder Partien des Gesichtes frei lässt.

12 Die Islamisten von Byara hatten sich heftige Kämpfe mit den kurdischen Peschmerga geliefert. Nachdem ein Friedensabkommen zwischen ihnen ausgehandelt worden war, hatten die Islamisten die Möglichkeit, sich in Sulaimaniyya anzusiedeln.

13 Halal bezeichnet alle Dinge und Handlungen, die nach islamischem Recht zulässig sind.

14 Ein Dschinn ist in der islamischen Vorstellung ein übersinnliches Wesen, das aus rauchlosem Feuer erschaffen ist, über Verstand verfügt und neben den Menschen und den Engeln die Welt als Geistwesen bevölkert.

15 Die Scharia beschreibt die Gesamtheit aller religiösen und rechtlichen Normen, Mechanismen zur Normfindung und Interpretationsvorschriften des Islam.

16 Byara wurde vor 2001 von der Gruppe Al-Salafi kontrolliert, die sich später den Namen Ansar al-Islam gab, dann zu Al-Qaida im Irak wurde und später als Daesh (arabisch für IS) in Erscheinung trat. Aus Islamisten von regionaler Bedeutung wurde eine internationale Terrorgruppe und die Armee des „Kalifats".

17 Als *Dschihad* wird die religiöse Verpflichtung jedes Muslims zum gewaltsamen Kampf zur Verteidigung des Islam gegen Ungläubige interpretiert.

18 Im März 2003 wurde Byara von amerikanischen Flugzeugen bombardiert. Die meisten der schlecht gebauten Häuser fielen durch die schweren Druckwellen in sich zusammen. Dann marschierte eine Armee von Peschmerga-Kämpfern in den Ort ein. Zehntausend Kämpfer sollen es gewesen sein. Der Ort wurde fast völlig zerstört. Die kurdischen Kämpfer von Ansar al-Islam und die ausländischen Kämpfer hielten sich in Berghöhlen versteckt und konnten fliehen.

Der Verlag weist ausdrücklich darauf hin, dass im Text enthaltene externe Links vom Verlag nur bis zum Zeitpunkt der Buchveröffentlichung eingesehen werden konnten. Auf spätere Veränderungen hat der Verlag keinerlei Einfluss. Eine Haftung des Verlags ist daher ausgeschlossen.
Die Namen der Personen wurden geändert.

MIX
Papier aus verantwortungsvollen Quellen
FSC® C014496

1. Auflage Juni 2019
Bestell-Nr. 835 238
ISBN 978-3-86334-238-8

Umschlaggestaltung: Mareike Schaaf
Umschlagfoto: Boris Breuer • www.borisbreuer.com
Innenfotos: privat / Shutterstock
Satz: Uhl + Massopust, Aalen
Druck und Verarbeitung: GGP Media GmbH, Pößneck
Printed in Germany

www.adeo-verlag.de

Schwarzes Meer
TIFLIS
ANKARA
ARMENIEN
TÜRKEI
JEREWAN
BAKU
TURKMENISTAN
Kaspisches Meer
ASGABAT
ZYPERN
SYRIEN
Sulaymaniyah
BEIRUT
TEHERAN
Mittelmeer
DAMASKUS
BAGDAD
JERUSALEM
AMMAN
IRAK
IRAN
KAIRO
KUWAIT
SAUDI-ARABIEN
Rotes Meer
Persischer Golf
Kurdische Gebiete im mittleren Osten
Karte: shutterstock / Peter Hermes Furian

Irakische Landschaft rund um Erbil, Duhok und Sulaymaniyah.

Niga und Nigin auf der Hochzeit ihres Onkels (Irak 2006)

Blick über Sulaymaniyah.

Nigin schneidet ihren Geburtstagskuchen an (Irak 2006)

Zu Besuch im Dorf von Jande und Awer
(Irak 2008; v.l.n.r.: Chalat, Jande, Awer und Schuxan)

Fotos: privat

Chalat mit Niga und Nigin (Irak 2008)

Niga beim kurdischen Neujahrsfest (Irak 21. März 2010)

Nigin im Wohnzimmer (Irak 2010)

Chalat beim Picknick (Irak 2013)

Niga beim Picknick (Irak 2013)

Chalat beim Newroz-Fest (Irak 2014)

Blumen zum Taufgottesdienst von Chalat
(Deutschland, 12.11.2017; v.l.n.r.: Martin Redies, Nigin, Chalat, Niga)

Spontanes Foto des Autors von der Familie
(Deutschland 11.04.2019; v.l.n.r: Niga, Chalat, Nigin)